普通高等教育会展经济与管理专业“十三五”应用型规划教材

活动管理知识体系(EMBOK)

EVENT MANAGEMENT BODY OF KNOWLEDGE

主编 王春雷

中国旅游出版社

项目策划： 段向民
责任编辑： 李志忠
责任印制： 谢　雨
封面设计： 姚鸿飞

图书在版编目（CIP）数据

活动管理知识体系（EMBOK）/ 王春雷主编．-- 北京：中国旅游出版社，2018.9

普通高等教育会展经济与管理专业“十三五”应用型规划教材

ISBN 978-7-5032-6106-0

Ⅰ．①活… Ⅱ．①王… Ⅲ．①活动－组织管理学－高等学校－教材 Ⅳ．①C936

中国版本图书馆 CIP 数据核字（2018）第 215474 号

书　　名： 活动管理知识体系（EMBOK）

作　　者： 王春雷　主编
出版发行： 中国旅游出版社
（北京建国门内大街甲9号　邮编：100005）
http://www.cttp.net.cn　E-mail:cttp@mct.gov.cn
营销中心电话：010-85166503
排　　版： 北京旅教文化传播有限公司
经　　销： 全国各地新华书店
印　　刷： 北京明恒达印务有限公司
版　　次： 2018年9月第1版　2018年9月第1次印刷
开　　本： 787毫米×1092毫米　1/16
印　　张： 15.5
字　　数： 306千
定　　价： 39.80元
ISBN　978-7-5032-6106-0

普通高等教育会展经济与管理专业“十三五”应用型规划教材编审委员会

总　序

组织编写这套丛书，是我很久以来的一个愿望。2005 年，受当时的工作单位上海师范大学旅游学院资助，我有幸到美国乔治·华盛顿大学（GWU）访学半年，时间虽短，但信息摄入量极大，更重要的是让我开阔了视野，这对我后来的研究兴趣及在会展教育领域的思考和探索产生了深远的影响。从那时起，我开始用“活动”的框架来观察和理解会展业，并逐渐将活动思维应用到会展教育教学改革中。

在 GWU 访学期间，在 Larry Yu 教授的帮助下，我选修了会议与展览会管理（Conferences & Expositions）、体育赛事营销（Sporting Events Marketing）和特殊活动与媒体管理（Special Events and Media Management）等课程，并有机会旁听了国际旅游研究院推出的活动管理证书（EMC）的 3 门培训课程：活动营销（Event Marketing）、展览会管理（Trade Show Management）和婚礼工作坊（Wedding Workshop）。

EMC 是面向业内人士的继续教育项目，为获得该证书，学员必须修完 4 门必修课和 3 门选修课，参加时长 100 小时的实践，并按要求提交一份完整的报告。4 门必修课分别为“活动协调”（Event Coordination）、“活动营销”（Event Marketing）、“活动风险管理”（Risk Management）和“最佳实践”（Best Practices），每门课是 1.2 个继续教育学分（CEU）；选修课主要有“会议”（Meetings & Conferences）、“展览会管理”（Trade Show Management）、“体育赛事管理”（Sport Management）、“餐饮服务”（Catering）、“婚礼工作坊”（Wedding Workshop）、“融资与赞助”（Fundraising & Sponsorship）、“活动礼仪”（Event Protocol）、“活动娱乐”（Event Entertainment）及“绿色会议与活动”（Green Meetings & Events）等课程，每次开设的选修课不同，两天的课 1.2 个 CEU，学员要获得 3.6 个选修课学分。这一体系为我们设计本套丛书的书目提供了很好的参照。

本套丛书是国内第一套按活动管理思维来打造的会展专业教材。其基本设计思路是将整套教材分为 3 个部分：第一部分是活动管理的基础知识，主要书目包括《活动产业概论》《活动管理知识体系（EMBOK）》《节事活动赞助》《活动风险管理》及《活动研究方法》。细心的读者可能已经发现，丛书中第一本是《活动产业概论》，我们这样做的目的是让广大读者理解不同学者对会展和活动的不同解释，这也是“会展学”（Eventoloy）或“活动研究”（Event Studies）处于前科学阶段的一种表现；第二部分是不同类型活动的策划与组织原理及实务，涉及会议、展览会、奖励旅游、体育赛事、公司活动、婚礼、宴会等领域；第三部分是支持各类活动管理的相关内容，涵盖场馆经营与管理、活动场景设计与布置、活动礼仪等。

策划这套丛书并组织教育界的精英力量来编写，还源于我们对会展和活动产业发展的观察。2006 年 4 月，原国际展览管理协会（International Association for Exhibition Management，IAEM）在其官方杂志 E2 上刊载了一篇文章——《展览会+活动 = 展览业的未来》（*Exhibitions + Events = Designing the Future*），同年 12 月，该协会正式更名为“国际展览与活动管理协会”（International Association for Exhibition and Events，IAEE）。IAEM 在新的战略规划中将活动（Events）明确列入组织使命中，标志着美国展览业将展览会与营销活动进一步融合。为了展望展览业发展的未来，IAEE 董事会专门成立了一个“未来趋势特别小组”（Future Trends Task Force）。该特别小组 2014 年的报告名为《2014 年白皮书：影响展览和活动产业发展的未来趋势》（*2014 White Paper—Future Trends Impacting the Exhibitions and Events Industry*），明确将 Exhibitions and Events Industry 相提并论，这就好比目前我们在很多场合提“会展与活动产业”一样。

2017 年 4 月，美国会展和活动行业的权威机构“会议产业委员会”（Convention Industry Council）正式更名为“活动产业委员会”（Event Industry Council）。Event 作为一个包容性更强的基础词汇，能够把会议、展览会、公司活动、奖励旅游及婚庆等不同领域的力量聚集在一起，这有助于提升整个会展业和活动产业的地位和影响力。

在我国，中国会展经济研究会（CCES）也于 2013 年将英文名称的缩写改为 CCEES，其中，第二个 E 就是活动（Event）。

综合分析会展学科、会展教育教学及会展产业发展的趋势，我们觉得非常有必要用活动管理的思维和框架来策划和编写一套专业书籍。借此机会，我还希望与读者朋友们就几个基本问题做些沟通。

一、是会展，还是活动？

关于会展的定义和专业术语问题，早在 12 年前，Ladkin（2005）就明确提出，尽管 MICE 业（注：为体现原文，此处没有翻译）的发展和重要性已经得到公众的广泛认同，但在大多数数据中，并没有包含奖励旅游和展览，因而其结果必将误导和掩盖该产业的真正价值。因此，一开始，在 MICE 业中出现不同的定义并不会令人感到奇怪，只要每一个定义能够清晰阐述所表达的信息即可，定义上的不同并不会引起误解。其实，更重要的是要认识到由于定义的不同而有可能会带来数据可比性方面的问题。

我非常同意 Ladkin 的观点，但个人觉得在概念上还界定得不够清晰。其实，和中文中对“会展”的解释一样，即使同样对于“MICE”，国外业界也有不同的看法。一种观点认为，MICE 分别代表 Meeting，Incentive，Convention 和 Exhibition，也有人认为，最后的“E”是 Events。

针对概念不一的问题，比较好的做法是清晰界定研究对象的边界。例如，2015 年，联合国世界旅游组织（UNWTO）和欧洲旅游委员会（ETC）联合发布了一份名为《会议和奖励旅游组织者的决策过程》（*The Decision-making Process of Meetings*，*Congresses*，*Conventions and Incentives Organizers*）的报告。与美国会展业委员会（CIC，注：现已更名为 EIC）的观点基本相同，该报告明确提出完整的会展业（MCCI/Meetings Industry）由 4 部分组成：协会会议和大会，公司活动，奖励旅游和展览（图 1）。UNWTO 和 ETC 同时提到，Meetings Industry 有时候被称为 MICE Sector，即 meetings，incentives，conferences and exhibitions，本报告只讨论前三个组成部分。

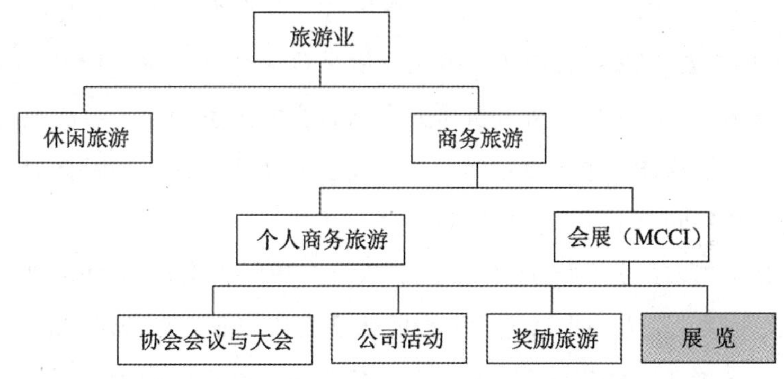

图 1　旅游产业框架下会展业（Meetings Industry）的组成

我曾经在一篇小文章——《一种理解会展基本概念的脉络：活动—节事活动—商务活动—会展》中提出，为了更好地理解会展的相关基本概念，从大到小，我们是否可以遵循一种脉络：活动—特殊活动—商务活动—会展？这里的“会展”是指商业性的会议和展览会，属于狭义的“会展”。

在上述几个概念中，“活动”的含义最广。但需要注意的是，人们一般所提的“活动”是指那些经过精心策划、目标明确的特殊活动（Special/Planned Events）。按照不同的标准，可以将活动划分为不同的类型。在各种划分方式中，我们要特别注意以活动内容为标准的划分。早在 20 年前，国际著名节事活动和节事旅游学者 Getz（1997）根据活动内容的不同，把经过事先策划的活动（Planned Events）分为以下 8 种基本类型：

（1）文化庆典，包括节日、狂欢节、宗教事件、大型展演、历史纪念活动等。

（2）艺术娱乐活动，主要包括音乐会、文艺展览、授奖仪式和其他表演。

（3）会展及商贸活动，如会议、展览会/展销会、博览会、广告促销、募捐/筹资活动等。

（4）体育赛事，主要包括职业比赛、业余竞赛和商业性体育活动。

（5）教育与科学活动，包括研讨班、专题学术会议、学术讨论会等。

（6）休闲活动，包括演唱会、游戏和趣味体育、娱乐活动。

（7）政治/政府活动，包括就职典礼、授职/授勋仪式、贵宾 VIP 观礼、群众集会。

（8）私人活动（个人庆典，如周年纪念、家庭假日、宗教礼拜等；社交活动，如私人舞会、家庭聚会、同学/亲友联欢会等）。

Wagen（2004）也有类似划分，他将活动分为体育、娱乐、文化和艺术，市场营销和促销、会展、节日庆典、家庭活动以及筹资活动等类型。由此可见，会展与商贸活动只是其中的一种。

或正是出于上述原因，2008 年 12 月，美国东卡罗来纳大学酒店与旅游管理学院教授、《会展与节事旅游研究》（JCET）主编乔治·费尼奇（George G. Fenich）博士在出席由上海应用技术大学和中国会展经济研究会联合主办的世博会·会展教育与研究国际研讨会时明确提出了这样一个观点：尽管各种提法五花八门，但国际会展学术界和业界都倾向于使用一个共同的术语——EVENT。

近几年，越来越多的国内会展学者、业界人士和城市会展业的管理者都开始认同“大会展”的概念。我个人一直认为，大会展就是活动产业（Event Industry）。但一个比较大的问题是“会展业”的提法在国内已经约定俗成，在一定程度上限制了人们对会展的认识。会展业的产业地位和就业形象要提高，需要放大其平台作用和社会价值。近年来，很多会展业界人士在大谈“互联网+”，其实，“会展+”或“活动+”也是一种思维方式。

另外，我们还要特别关注一种现象——在大会展业内，各领域之间的融合越来越明显。以展览会为例，相对公司活动而言，贸易展览会（Trade Show）显得更加成熟，不仅得到很多专业协会和企业的支持，而且已经形成了不少代表性的理论和研究报告。然而，近几年，展览会和公司活动之间的关系正在发生微妙的变化。《贸易展览会与活动营销：规划、促销与利润》（Trade Show & Event Marketing：Plan，Promote & Profit）一书的作者鲁斯·史蒂芬（Ruth P. Stevens）认为，不仅展览会和其他买家—卖家活动（Buyer-seller Events）之间的差异越来越难以区分，而且各种形式多样的活动在功能和内容上彼此交叉，这使得对活动的分类也更加困难。

二、从活动管理知识体系到会展经济与管理知识体系

2009 年，美国会展业委员会（CIC）和加拿大旅游业人力资源委员会（CTHRC）、国际会议专家联盟（MPI）合作，完成了会展管理和运营岗位分析（Job Analysis），然后结合 CTHRC 的《国际会展管理能力标准》（Event Management International Competency Standard），MPI 的《会展和商务活动从业人员能力标准》（Meetings and Business Events Competency Standard，简称 MBECS）以及 CIC 的《注册会展专家能力标准》（CMP Blueprint）等三个标准，于 2012 年发布了"注册会展专家国际标准"（CMP International Standards，简称 CMP-IS），具体描述了会展从业人员需要具备的 106 项专业技能。

2014 年 4 月，《CIC 工作手册（第九版）》（CIC Manual 9th Edition）一书出版。该书是 CMP 考试的推荐用书，主要依据 CMP-IS 来编写。

1. 两个有影响的活动管理知识模块框架

CMP-IS 由 10 个知识模块（Domains）、30 项技能（Skills）和 106 项子技能（Sub Skills）构成。其中，10 个知识模块如下：

①战略规划（Strategic Planning）　16%

②项目管理（Project Management）　15%

③风险管理（Risk Management）　8%

④财务管理（Financial Management）　10%

⑤人力资源（Human Resources）　3%

⑥利益相关者管理（Stakeholder Management）　8%

⑦会展/活动策划（Meeting or Event Design）　16%

⑧场地管理（Site Management）　12%

⑨市场营销（Marketing）　11%

⑩职业化（Professionalism）　1%

注：上述每个模块后的百分比为 CMP 考试中该模块所占的分值比例。

其实，最值得深读和掌握的是在每一类子技能（Sub-skill）下对应的知识与能力。例如，在知识模块 A（战略规划）下有 3 项主要技能，即会展和活动的战略计划管理；制订会展和活动的可持续发展计划；制定会展和活动的长期商业计划，其中，技能 1 是"会展和活动的战略计划管理"（Manage Strategic Plan for Meeting or Event）。技能 1 又由 5 项子技能组成，子技能 1 是"制定会展和活动的使命、目标和目的"（Develop Mission Statement，Goals and Objectives of Meeting or Event）。

MPI 认为，在会议和商务活动领域，随着知识的积累和能力的提高，一个会展从业人员将在角色和责任上逐渐取得进步。为此，MBECS 将会议和活动专家的责任分为三种依次递进的工作角色，即协调（Coordinate）、管理（Manage）和指挥（Direct）。MBECS 描述了会展行业中所有相关专业人员应具备的能力，而不仅仅是某一个单一的岗位。它把一个会议和活动专家应该具备的知识、技巧和能力（KSAs）分成 12 个知识模块（Domains/Blocks），共计 33 项技巧（Skills）和 140 项子技巧（Sub-skills），如表 1 所示。

表 1 MBECS 知识和技能对照检查表

知识模块/Domain	技巧/Skill	子技巧/Sub-skills	是否包含这项内容	处于什么水平？	
				知识水平	技巧水平
A. 战略规划/Strategic Planning	1. 会议或活动的战略规划管理	1.1 明确使命、目标和目的 1.2 可行性分析 1.3 分析实施要求 1.4 制定财务概要 1.5 监控战略规划			
	2. 制订可持续发展计划	2.1 执行可持续发展管理计划 2.2 展示环境责任			
	3. 测量价值	3.1 制订评估计划 3.2 测量投资回报率（ROI） 3.3 评估/审计 3.4 评估风险管理计划的有效性			
B. 项目管理/Project Management	4. 制订会议/活动项目计划	4.1 制订项目计划 4.2 制订质量标准、政策和流程 4.3 开发活动主题 4.4 制订采购计划 4.5 建立里程碑和关键路径 4.6 制订综合沟通计划 4.7 制定评估/审计程序			
	5. 管理会议/活动项目	5.1 管理关键路径 5.2 合同管理 5.3 管理会议/活动的运行			
C. 风险管理/Risk Management	6. 制订和执行风险管理计划	6.1 识别风险 6.2 风险分析 6.3 制订风险管理与实施计划 6.4 制订和实施应急计划 6.5 安全安排			

续表

知识模块/Domain	技巧/Skill	子技巧/Sub-skills	是否包含这项内容	处于什么水平？	
				知识水平	技巧水平
D. 财务管理/Financial Management	7. 财务资源开发	7.1 管理赞助过程 7.2 管理捐赠过程 7.3 管理项目融资过程 7.4 管理注册登记过程			
	8. 预算管理	8.1 制定预算 8.2 建立定价体系 8.3 制定财务控制程序 8.4 管理现金流 8.5 监测预算绩效 8.6 修改预算			
	9. 管理货币交易	9.1 建立现金交易程序 9.2 监控现金交易程序			
E. 行政管理/Administration	10. 执行行政管理任务	10.1 协调办公室管理 10.2 管理信息系统 10.3 撰写报告			
F. 人力资源管理/Human Resources	11. 人力资源规划管理	11.1 确定人力资源需求 11.2 建立人力资源政策和程序 11.3 制订培训计划 11.4 监控人力资源计划			
	12. 获得员工和志愿者	12.1 制定选择标准 12.2 招募新员工和志愿者 12.3 面试应聘者 12.4 选择最合适的候选人并提供具体岗位			
	13. 培训员工和志愿者	13.1 提供方向 13.2 提供培训			
	14. 管理员工关系	14.1 监督员工和志愿者 14.2 激励员工和志愿者 14.3 管理团队 14.4 评估人员 14.5 工作终止和辞职			
G. 利益相关者管理/Stakeholder Management	15. 管理利益相关者关系	15.1 识别利益相关者 15.2 评估利益相关者 15.3 利益相关者分类 15.4 管理利益相关者的行为 15.5 管理与利益相关者的关系			

续表

知识模块/Domain	技巧/Skill	子技巧/Sub-skills	是否包含这项内容	处于什么水平？	
				知识水平	技巧水平
H. 会议或活动设计/Meeting or Event Design	16. 活动设计	16.1 确定活动的构成要素 16.2 选择活动内容和举办形式 16.3 对活动要素的结构和顺序进行安排			
	17. 演讲嘉宾和表演者管理	17.1 确定活动对演讲嘉宾和表演者的要求 17.2 制定选择标准 17.3 选择候选人 17.4 订立合同并做好期望沟通			
	18. 协调餐饮服务	18.1 确定餐饮服务要求 18.2 选择菜单 18.3 计划服务风格 18.4 选择餐饮供应商 18.5 酒水服务管理			
	19. 环境设计	19.1 明确功能要求 19.2 选择装饰物与家具 19.3 协调会议或活动的标识系统			
	20. 技术管理	20.1 确定舞台和技术设备的要求 20.2 舞台和技术设备的获得 20.3 安装舞台和技术设备 20.4 监督技术设备管理			
	21. 制定观众/与会者流动管理计划	21.1 开发门禁/准入系统 21.2 选择人流管理技术 21.3 协调住宿和交通安排 21.4 礼仪要求管理			
I. 场地管理/Site Management	22. 选择场地	22.1 确定场地的规格 22.2 场地检查			
	23. 设计场地布置	23.1 设计现场布置			
	24. 会议/活动现场管理	24.1 制订搭建与拆除物流计划 24.2 现场布置 24.3 会议/活动期间的现场监控 24.4 现场拆除			
	25. 现场沟通管理	25.1 建立沟通框架 25.2 确定和获取所需的沟通设备及资源 25.3 制定具体的沟通程序和协议			

续表

知识模块/Domain	技巧/Skill	子技巧/Sub-skills	是否包含这项内容	处于什么水平？	
				知识水平	技巧水平
J. 市场营销/Marketing	26. 管理营销计划	26.1 进行情景分析 26.2 确定目标市场细分 26.3 制定会议或活动的品牌策略 26.4 选择分销渠道 26.5 制定整合营销策略 26.6 实施营销计划			
	27. 管理营销资料	27.1 确定活动所需的营销资料 27.2 营销资料的内容设计 27.3 制作营销资料 27.4 分发营销资料			
	28. 产品管理	28.1 确定产品设计及规格 28.2 确定价格 28.3 控制品牌的完整性 28.4 产品生产 28.5 产品发布 28.6 对接旅游接待			
	29. 会议或活动促销	29.1 制订广告计划 29.2 举行交叉促销活动 29.3 举行竞赛 29.4 协调各种促销活动			
	30. 公共关系管理	30.1 制定公共关系策略 30.2 有助于宣传计划 30.3 发展媒体关系 30.4 有助于宣传计划的实施 30.5 管理危机和争议			
	31. 销售活动管理	31.1 制订销售计划和目标 31.2 开展销售活动 30.3 确定销售平台			
K. 职业化 Professionalism	32. 表现出职业化的行为	32.1 展示专业形象 32.2 表现出领导力 32.3 行为道德 32.4 与团队成员协同工作 32.5 在一个多样化的环境中工作 32.6 时间管理 32.7 压力管理 32.8 决策管理 32.9 解决问题 32.10 紧跟会议/活动行业的变化 32.11 促进持续改进 32.12 参加职业发展活动			

续表

知识模块/Domain	技巧/Skill	子技巧/Sub-skills	是否包含这项内容	处于什么水平？	
				知识水平	技巧水平
L. 沟通 Communication	33. 开展沟通	33.1 口头沟通 33.2 书面沟通 33.3 运用沟通工具 33.4 进行有效的演示 33.5 计划和组织会议 33.6 建立业务关系			

资料来源：MPI. Meeting and Business Event Competency Standards（MBECS）Curriculum Guide，V1.0，September 26，2012.

与 CMP-IS 相比，MBECS 多了两个知识模块，即行政管理（Administration）和沟通（Communication）。其中，行政管理包括：10.1 协调办公室管理；10.2 管理信息系统；10.3 撰写报告。沟通包括：33.1 口头沟通；33.2 书面沟通；33.3 运用沟通工具；33.4 进行有效的演示；33.5 计划和组织会议；33.6 建立业务关系。

2. 从 EMBOK 到会展经济与管理知识体系

CMP-IS、MBECS 等并没有描述各知识模块之间的关系，所以有必要再了解一下知识管理体系（EMBOK）。根据 International EMBOK Executive（2008）的观点，提出和发展 EMBOK 旨在为活动管理中所运用的知识和过程提供一个基本框架（To create a framework of the knowledge and processes used in event management），以作为满足不同文化、政府部门、教育项目和企业组织定制化需求的基础。

1999 年，William O'Toole 首次比较系统地提出了"活动管理知识体系"（EMBOK）；2000 年，Julia R. Silvers 开始与 O'Toole 合作，扩充 EMBOK 的概念，并于 2003 年提出了"活动管理核心能力框架"；2004 年，International EMBOK Executive 成立；2005 年，EMBOK Model 被提出。2006 年，Silvers 等人提出了比较完整的活动管理知识体系（EMBOK）框架，如图 2 所示。

然而，EMBOK 侧重于项目管理，不能涵盖"会展经济与管理"的全部内涵（国内会展本科专业的名称为"会展经济与管理"）。根据相关学科的知识关联及会展经营管理的内在逻辑，"会展经济与管理"至少主要包括经济学和管理学基础知识、会展产业发展与管理基础知识、会展企业管理知识以及会展项目管理知识。另外，可以按照会展项目管理不同阶段所涉及的主要理论和知识点对 EMBOK 进行适当的修正（王春雷，2013）。鉴于此，我提出了一个新的框架（图 3），仅供大家参考。

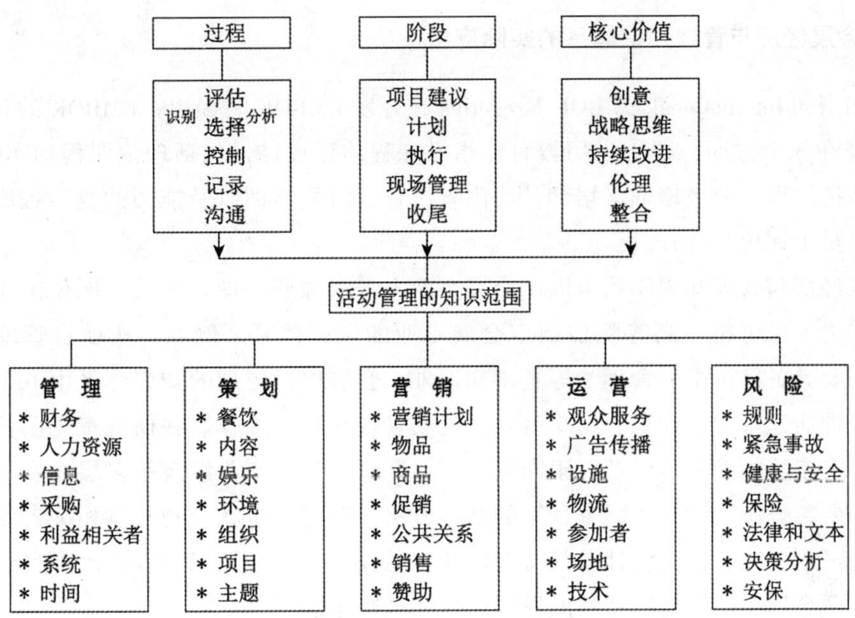

图 2 活动管理知识体系（EMBOK）的基本框架

资料来源：Silvers 等，2006

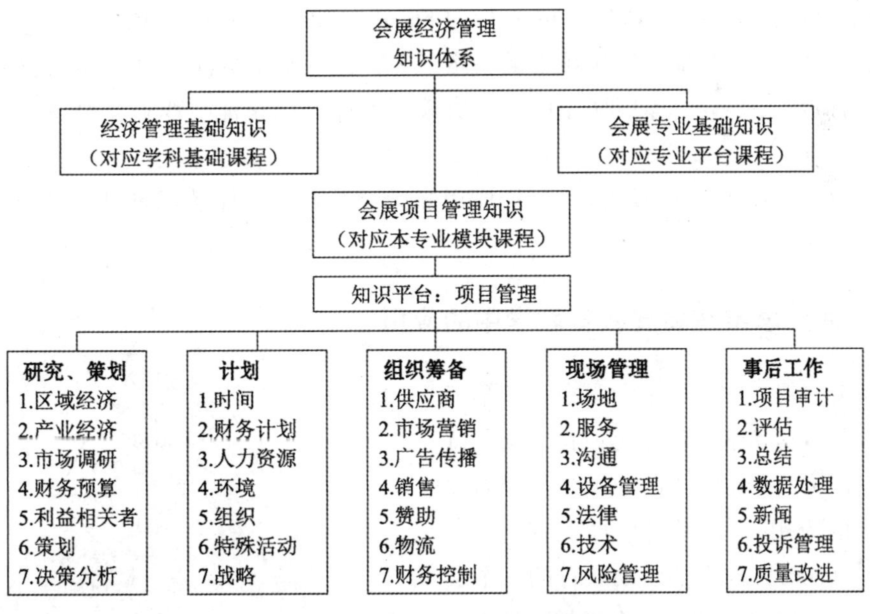

图 3 会展经济与管理知识体系

注：我们可以把这里的“会展经济与管理”理解为宽泛意义上而不仅是项目层面的活动管理。

3. 会展经济与管理知识体系的实际应用

正如当初 International EMBOK Executive 在开发 EMBOK 时提出，EMBOK 的具体应用主要体现在 3 个方面，即①学历教育：指导课程体系设计，包括理论课程和实践环节；②职业认证培训：分级培训，培训什么内容，什么时候培训以及能力的复杂程度；③企业招募、员工评价与晋升。

会展经济与管理知识体系可以供会展企业人力资源部经理确定某一岗位工作人员应具备的能力，也可指导高等院校制定会展专业的课程体系。例如，从项目管理的层面讲，除了要具备经济学、管理学等基础知识外，会展项目经理的知识体系由五个基本阶段组成，即研究策划、计划、组织筹备、现场管理和事后工作。在研究策划阶段，需要有洞察经济走势的能力，包括对于宏观经济、区域经济、产业经济等多层面发展趋势的研判；需要掌握市场调研、财务预算的基本方法；需要分析展会的利益相关者以整合资源；需要懂得会展项目的设计及其可行性评估的技术。这些知识可以帮助项目经理从战略和战术两个层次把握会展项目的发展前景和可操作性。

在日常工作中，各位读者朋友需要注意以下基本概念。

知识体系（Body of Knowledge）：为了在职业上获得成功，一个从业人员必须掌握的技能和能力的类型，包括专业知识、对学科的理解以及系统知识等。

知识领域（Domain）：CMP International Standards 的基础知识大类。

技能（skills）：基础知识领域下的特定任务，包括基本技能（如听说写读）、解决问题、目标设定、人际（沟通、团队）、决策、资源运用技能、职业生涯规划、组织、领导等。

能力（Ability，即 Know how）：指应用知识的胜任力，如逻辑推理、学习、思维、创造、理解等。

三、活动思维在会展教育教学中的应用

2016 年 7 月，在由中山大学主办的第三届会展与节事活动学术沙龙上，我应邀主持了一个工作坊，主题为“活动思维在会展教育教学中的应用”。在做引导性发言时，我基于 Getz（2007）提出的活动教育的 3 个层次（图 4），围绕活动思维在会展教育教学中的应用做了介绍，后来概括为“活动思维在会展教育教学中应用的 4 个层次”。

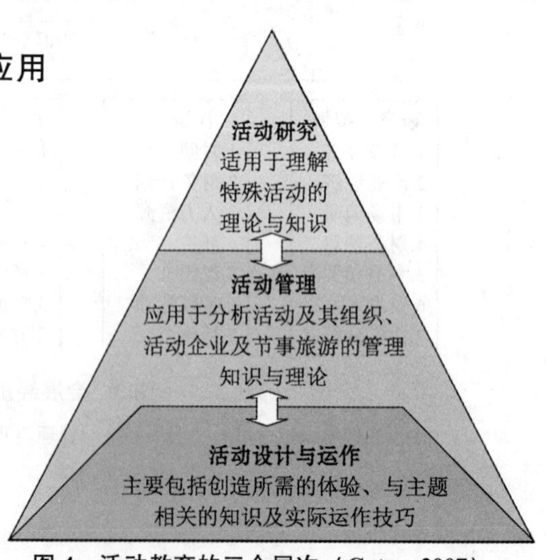

图 4 活动教育的三个层次（Getz，2007）

1. 第 1 个层次：以活动研究为总体框架，明确人才培养定位，推进会展学科建设

我个人认为，Getz 所提到的“Event Studies”（活动研究）与 Goldblatt 所提出的“Eventology”（活动学）本质相同，应该成为会展学科的名称（理解为“活动学”或“会展学”，这个话题不在此讨论）。换句话说，在不久的将来，今天的许多会展管理系或会展经济与管理系都有必要改为“会展学系”。2016 年 5 月，我所在的学校正式成立会展经济与管理系时，我给学院的建议是将英文翻译为 Department of Event Studies，如今回头来看，这一设想是符合学科及产业发展需求的。

2. 第 2 个层次：以 EMBOK 为指导，不断优化专业课程体系

尽管 EBMOK 尚不完善，但根据我自己过去十几年从事会展教育和研究的经验来判断，它的确是目前国内的会展经济与管理专业设计课程体系的最佳参照。当然，关于 EMBOK，最好综合参照不同的框架。

在具体执行中，还将遇到两大挑战：一是形成学界和业界公认的会展经济与管理知识体系（请注意，落脚点不能只是管理，同样的道理，从学科的层面，谈会展，也不能只是谈会展管理）；二是在知识体系的基础上，充分凸显各个院校的培养特色。

3. 第 3 个层次：以贯通 KSA 为目标，策划和执行一系列真实活动，促进知识与技能之间的缝合

KSA 是一个老话题，但对于会展教育似乎是一个新问题。关于如何贯通 K-S-A，我觉得最好的途径是让学生亲身策划和组织真实的综合性实践教学活动。然而，这种实践活动必须满足 3 个条件：

（1）真实性（甚至完全采取市场化运作的方式）。

（2）科学性（在全过程都要有良好的教学设计，不能为了实践而实践）。

（3）全员性（需要处理好全员参与和项目需要的问题）。

4. 第 4 个层次：引导学生以活动思维来思考日常生活，培养学生的专业思维和职业习惯

最后一个层次是让学生将专业思维、职业习惯和实践技能融入日常学习和生活中去，我甚至觉得，这是会展专业的最大魅力。只有将知识和技能内化为能力，才是学生可以携带的。作为会展专业教师的我们同样应该有这种意识，把对专业、行业的热爱与激情自然地融入自己的工作和生活中。诚然，活动即人生。

四、几个基本观点

在翻译 Fenich 教授的《会展产业导论（第 4 版）》一书时，我得以结合新的材料，

对“会展”和“活动”的区别及联系做了进一步的思考。这是一个老话题，但国内会展学界似乎从来没有就此达成一致的共识。就我个人而言，目前比较倾向以下几点判断：

（1）专业名称为“会展经济与管理”，这是教育部批复的，自 2004 年以来就是如此。按照当前国内的教育管理体制，要改专业名称很难，但具体办学可以用活动管理（Event Management）的思维和做法（注：会展设计等专业除外）。

（2）参照 Getz 所提的活动教育（Event Education）的 3 个层次，在学科名称上，中文用“会展学”未尝不可（尽管我在一些文章中曾明确提出过“活动学”的概念），但在具体推进时还将面临一个挑战——可能仍然会有不少人特别是相关政府官员、教育主管部门的领导以及广大家长会认为“会展”就是会议和展览会。究竟是“会展学”还是“活动学”，需要更多的时间来解决，但英文都可以用 Eventology。与之相对应，未来，目前国内很多学校的会展管理系或会展经济与管理系都可以改为“会展学系”。

（3）不管是用会展还是活动，都需要尽快建立、健全学科知识体系。我曾经在起草会展经济与管理专业教学质量全国标准时和团队一起在 EMBOK 的基础上构建过一个会展经济与管理知识体系，但还不够完善。但当时有一个出发点是对的：会展经济与管理的知识体系远比 EMBOK 宽泛，因为即使是一个会展公司的项目经理，单纯掌握项目管理层面的知识是远远不够的。

（4）会展学是一门交叉学科，其发展需要充分依托和广泛吸收多学科特别是经济学、管理学和社会学的理论。

五、关于本套丛书的相关说明

按“活动”的框架来策划和组织编写这套会展经济与管理专业的教材，是一次积极的尝试。特别值得一提的是，在这套书中有几本是具有开创性的。例如，《活动管理知识体系（EMBOK）》《活动研究方法》和《活动场景设计与布置》在之前国内出版的会展专业教材中未曾出现过。中国旅游出版社支持这一出版设想，在某种意义上来讲是一种引领。当然，效果如何，还有待在全国各院校的会展教育教学实践中进行检验，并不断修正和完善。

同专业组织一次活动一样，这套丛书是动态的。可以预见，随着会展学科的发展，会有更多新的选题出现并被纳入丛书中。比如，新技术在会展和活动产业中的应用，以及智慧会展、绿色活动管理，等等。无独有偶，2016 年 6 月，Lee，Boshnakova 和 Goldblatt 合作出版了《21 世纪的会议与活动技术：更好的策划、营销与评估工具》（The 21st Century Meeting and Event Technologies: Powerful Tools for Better Planning, Marketing, and Evaluation）。

鉴于活动在人类社会生活中的重要作用，活动教育（甚至包括面向普通大众的教育）和研究拥有广阔前景。因为“各种庆祝活动好似灵丹妙药（Derrett, 2004），具有黏合社区和促进社区复兴的功能，并有利于建立合作、友好、互惠互利、归属和友谊的感觉”（Arcodia 和 Whitford，2006）。加入全球活动研究者行列的魅力之一在于对不同领域充满激情并擅长运用最合适的方法来研究既定问题的同行们一直都有成果产生，并对未来研究提出了各种建议，正是这些成果在不断丰富活动研究的文库（Mair 和 Whitford，2013）。我想，这套丛书的所有编写人员就是这样的一个群体。

为此，我要衷心感谢参与这套丛书编写工作的所有同人，以及中国旅游出版社的项目策划段向民老师、责任编辑孙妍峰老师。同时，敬请广大读者多提宝贵意见和建议，以使本丛书不断得到完善。

王春雷

2017 年 5 月 20 日

于法兰克福

前 言

从 2004 年国家教育部批复上海对外贸易学院（现已更名为上海对外经贸大学）和上海师范大学开设会展经济与管理专业到今天，全国开设会展经济与管理本科专业的院校已达到 116 所；据不完全统计，开设会展策划与管理专科专业的院校有近 300 所；先后有北京第二外国语学院、四川大学、上海对外经贸大学等 20 余所大学设立了会展管理等硕士专业或方向，华南理工大学、中山大学等院校还设立了与会展相关的博士专业研究方向；很多大学还成立了专门的会展（经济与）管理系（截至 2018 年 5 月底）。尽管“会展经济与管理”有了外在的学科建制，但其内在的知识体系和学术规范尚未建立起来。不少业外人士甚至专门从事会展教学与研究的部分专业教师认为，会展不是一门学科（discipline），而只是一个跨学科的、边缘的研究领域（field）。没有知识体系和学科范式，就不会有太强的学术认同感。

我一直有个观点：不管是会展还是活动，都需要尽快建立、健全学科知识体系。其重要性，我们可以在库恩 1962 年的《科学革命的结构》一书中找到答案。2013 年，我在负责起草会展经济与管理专业教学质量全国标准的初稿时，曾经和课题组团队在 EMBOK（活动管理知识体系）的基础上构建过一个会展经济与管理知识体系，但还不够完善。回过头来看，当时有一个出发点是对的：（暂且不讨论会展和活动的差异）会展经济与管理的知识体系远比 EMBOK 宽泛，因为即使是一个会展公司的项目经理，单纯掌握项目管理层面的知识是远远不够的。

活动和节事旅游领域的国际著名学者 Donald Getz（唐纳德·盖茨）在构建活动研究的概念体系上做出了奠基性的贡献（Baum 等，2013）。2007 年，他将“活动研究”作为活动教育金字塔的顶端，底端是更具有应用性的“活动设计”（event design）和“活动运作”（event production），中间是“活动管理”（event management），如图 1 所示。

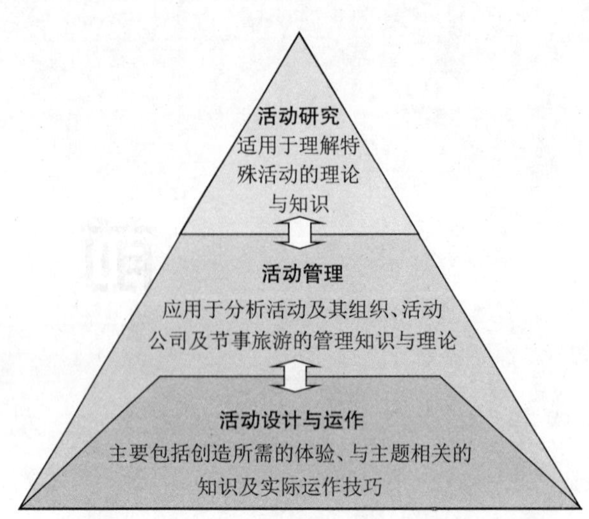

图 1　活动教育的金字塔（Getz，2007）

也正因为如此，我所在大学的会展经济与管理系的英文名称为“The Department of Event Studies”。该名称有两层含义：其一，会展经济与管理、会展策划与管理作为教育部规定的专业名称很难调整，但办学的内涵一定是具有更广阔应用空间的活动（event）。其二，即使用“活动”的提法，也不是单一的管理能全部涵盖的，活动学（eventology）具有典型的跨学科特性。很期待若干年后，国内的会展经济与管理系会出现艺术与活动、体育与活动、服装设计与活动、文化与活动等相关专业或方向。

自 1999 年威廉姆·奥图尔（William O' Toole）首次比较系统地提出“活动管理知识体系”（EMBOK）开始，许多机构和个人尤其是加拿大旅游业人力资源委员会（CTHRC）、美国会展业委员会（CIC，现已更名为 EIC）以及国际会议专家联盟（MPI）等都在此方面做出了积极的探索和贡献。

根据国际活动管理知识体系委员会（International EMBOK Executive）的观点，提出和发展活动管理知识体系（EMBOK）旨在为活动管理的工作过程及所运用的知识提供一个基本框架（To create a framework of the knowledge and processes used in event management），以作为满足不同文化、政府部门、教育项目和企业组织的定制化需求的基础。活动管理知识体系可用于活动管理学历教育（主要适用于会展经济与管理本科专业、会展策划与管理专科专业及相关专业方向）、职业认证培训以及企业人力资源管理工作中。其中，在学历教育中的作用主要体现为指导课程体系设计（包括理论课程和实践环节）和相关专业课程的授课内容安排。

在上述背景下，我们组织编写了《活动管理知识体系（EMBOK）》一书，并将其作为会展和活动行业的从业人员或会展专业的学生掌握活动管理基础知识的重要支撑。本书分为基础知识、国际经验和具体应用三个部分，主要探讨了活动管理知识体系的发展历程，活动管理国际能力标准（EMICS）、国际会议与商务活动能力标准（MBECS）等不同标准的核心内容及其在课程设计、职业培训和学科发展中的具体应用，并构建了具有中国特色的会展经济与管理知识体系。

在每一章，编者都精心设置了学习目标、专业术语、本章小结、复习题和案例分析等环节。特别值得一提的是，在每章的“推荐阅读”部分，作者精选了两篇具有针对性的文章，读者只要扫描二维码即可在线阅读。

全书由《生活中的活动管理艺术》作者、上海对外经贸大学中德合作国际会展教育项目中方教师王春雷博士主编，并最后统稿、定稿，上海对外经贸大学会展经济与管理专业的部分硕士研究生参与了编写工作。具体分工如下：

王春雷　第一章、第七章、第九章和第十章

谢雅妮　第二章

张　静　第三章

汪　祥　第四章、第八章

沈唐枫　第五章、第六章

本书可作为“活动管理原理与方法”“会展职业规划”等课程的参考用书，也可供广大会展专业教师在讲授相关课程、会展从业人员在实际工作以及会展专业学生在检验自己的知识结构时使用。

由于编者水平有限，书中还存在不尽完善之处，敬请学界、业界同人和广大读者不吝指正，以使本书不断得到修正和优化。借此机会，我也郑重呼吁更多有识之士加入到会展和活动的基础研究中来，同时推进会展业的产学研融合发展，共同打造广为认可的活动管理知识体系。

王春雷

2018 年 6 月 18 日

目录

第一章

活动管理知识体系（EMBOK）概述

【学习目标】

了解项目管理知识体系（PMBOK）的主要内容与最新变化

掌握活动管理知识体系（EMBOK）的发展历程及应用价值

熟悉活动管理知识体系（EMBOK）的具体内容，包括过程、阶段、核心价值与知识领域等

【关键术语】

项目管理知识体系（PMBOK）；活动管理知识体系（EMBOK）；知识领域；《国际会议与商务活动能力标准》（MBECS）；《注册会议专家国际标准》（CMP-IS）；Tum，Norton 和 Wright 活动管理模型

无论是会议、展览会，还是节庆、演唱会、文化庆典、体育赛事或奖励旅游等，每个活动其实就是一个项目。每个项目都具有 10 个基本特点：（1）能满足一个企业或组织的需求；（2）有一个或若干个客户将从中受益；（3）有管理层代表赞助者对项目的承诺；（4）有明确的目标与直接相关的需求；（5）由一系列相互依赖的任务组成；（6）要用到由人、机器和材料组成的各种资源；（7）具有一个有开始和完成日期的具体时间框架；（8）涉及一定程度的风险和不确定性；（9）有一个终点或完成标准来定义项目的完成时间；（10）具有范围、成本、时间和质量的限制。面对活动管理中纷繁复杂的工作，活动组织者可以参考项目运营与管理方面的丰富文献来指导自己的工作。如何把项目管

理中正确的原理运用到活动管理这一艺术和科学的综合体中，从而为管理各类节事活动提供一种全新的、高效的方法体系，的确是一门学问。

第一节 项目管理知识体系（PMBOK）概览

目前，国际上主要有两大项目管理的行业组织，即以欧洲为首的国际项目管理协会（International Project Management Association，IPMA）和以美国为首的美国项目管理协会（Project Management Institute，PMI）。IPMA 推出的“国际项目管理专业资质认证标准”（IPMA Competence Baseline，ICB）将项目管理者的知识和经验分为 28 个核心要素及 14 个附加要素进行考核。PMI 卓有成效的贡献是开发了一套项目管理知识体系，即 Project Management Body of Knowledge（PMBOK），国际标准化组织以该文件为框架，制定了《项目管理质量指南》（ISO 10006：2003）。

一、项目管理的过程

项目是由各种过程组成的，这些过程可分为两大类：（1）与项目管理有关的过程，涉及项目组织和管理；（2）与产品有关的过程，涉及具体的项目产品生成。这两类过程结合起来才能完成整个项目，PMBOK 主要讨论项目管理过程。

PMI 推出的《项目管理知识体系指南（PMBOK® Guide）》（第 6 版）将项目管理过程分为启动、规划、执行、监控和收尾 5 个过程组（阶段），每个管理过程包括输入、输出、所需工具和技术，并通过各自的输入和输出相互联系，即一个过程的成果或结果可能成为另一个过程（不一定在同一个过程组）的输入。关于五个过程组的基本描述如下：

（1）启动。即成立项目组开始项目或进入项目的新阶段，启动是一种认可过程，用来正式认可一个新项目或新阶段的存在。

（2）规划。明确项目范围，定义和评估项目目标，选择实现项目目标的最佳策略，并制定项目计划。

（3）执行。调动资源，执行项目计划。

（4）监控。监控和评估项目偏差，必要时采取纠正行动，以保证项目计划的执行，直至实现项目目标。

（5）收尾。正式验收项目或阶段，使其按程序结束。

二、项目管理的知识领域

项目管理知识体系是说明项目管理专业范围内的知识总和的概括性术语。国际项目管理界普遍认为，广义的项目管理知识体系包括三大部分，即项目管理特有的知识、一般管理的知识和项目相关应用领域的知识。

其中，一般管理的领域包括企业管理中日常运作的计划、组织、人员安排、实施和控制等，它还包括一些辅助的学科，如法律、战略规划、后勤管理和人力资源管理等。项目管理知识与一般管理知识在很多领域相互交叉或者是对其有所修正，譬如组织行为、财务预测、计划等。应用领域是指某些项目所从属的应用范围，一般包括职能部门，如法律、生产和库存管理、市场营销、后勤与人事管理等；技术性领域，如软件开发、药品试验、建筑设计、给排水工程等；管理性领域，如政府签约、社区开发、新产品开发等。

作为项目管理知识体系的核心内容，知识领域是指按所需知识内容来定义的项目管理领域，并用其所包含的过程、实践、输入、输出、工具和技术来进行描述。与第 5 版相比，《项目管理知识体系指南（PMBOK® Guide）》（第 6 版）所确定的大多数情况下项目管理中所使用的十大知识领域不变，但两个领域的名称稍有变动：一是将“项目时间管理”改为“项目进度管理”，将“项目人力资源管理”改为“项目资源管理”。具体内容如表 1–1 所示。

表 1–1　项目管理的十大知识领域

知识领域	一句话解释	主要内容
整合管理	犹如串起项链的那根线	● 制定项目章程 ● 制订项目管理计划 ● 指导与管理项目工作 ● 管理项目知识 ● 监控项目工作 ● 实施整体变更控制 ● 结束项目或阶段
范围管理	做且只做该做的事	● 规划范围管理 ● 收集需求 ● 定义范围 ● 创建工作分解结构（WBS） ● 确认范围 ● 控制范围
进度管理	让一切工作按既定的进度进行，不着急也不拖延	● 规划进度管理 ● 定义活动 ● 排列活动顺序 ● 估算活动持续时间 ● 制订进度计划 ● 控制进度
成本管理	算准钱，用好钱	● 规划成本管理 ● 估算成本 ● 制定预算 ● 控制预算

续表

知识领域	一句话解释	主要内容
质量管理	目的是满足需求	• 规划质量管理 • 管理质量 • 控制质量
资源管理	识别、获取和管理为完成项目所需的资源	• 规划资源管理 • 估算活动资源 • 获取资源 • 建设团队 • 管理团队 • 控制资源
沟通管理	在合适的时间，让合适的人通过合适的方式把合适的信息传达给合适的人	• 规划沟通管理 • 管理沟通 • 监督沟通
风险管理	把有利因素的积极结果尽量扩大，把不利因素的后果降低到最低程度	• 规划风险管理 • 识别风险 • 实施定性风险分析 • 实施定量风险分析 • 规划风险应对 • 实施风险应对 • 监控风险
采购管理	用合理的钱，在限定时间内，买需要的东西	• 规划采购管理 • 实施采购 • 控制采购
干系人管理	和项目干系人搞好关系并令其满意	• 识别干系人 • 规划干系人参与 • 管理干系人参与 • 监督干系人参与

资料来源：美国项目管理协会（PMI）. 项目管理知识体系指南（PMBOK Guide）（第 6 版）. 2017.

表 1–1 中所述十大知识领域之间的逻辑关系可以简单地概括为：

（1）整合管理是指导思想；

（2）范围、进度、成本和质量管理是为了满足项目本身的要求（在规定的范围、时间、成本和质量之下完成项目任务）；

（3）资源（特别是人力资源）、采购和沟通管理是保证项目达到要求的手段；

（4）风险管理则是对所有工作的支撑，相当于项目管理大厦的柱子；

（5）干系人管理与每一个知识领导交叉，因为在做前九大知识领导的管理时，都要与干系人打交道。

三、项目经理的角色与能力要求

项目经理是由执行组织委派、领导团队实现项目目标的个人，其主要职责是确保产品与组织的愿景、使命和目标保持一致，领导和激励团队成员完成既定的项目目标。《项目管理知识体系指南（PMBOK® Guide）》（第 6 版）新增了第 3 章专门讨论项目经理的角色，包括项目经理的影响范围、能力和执行整合，如表 1–2 所示。

表 1–2 项目经理的基本职责与能力要求

工作角度	影响力范围	能力	执行整合
使项目目标与组织的战略目标一致（Strategic Objectives）； 使团队中的每个人朝同一方向努力（Project Objectives）	项目：领导团队；充当项目发起人、团队成员和其他相关方之间的沟通者； 组织：积极地与其他项目经理互动；作为强力有的倡导者；与项目发起人合作处理内部的政治和战略问题； 行业：紧跟行业最新趋势； 专业学科：分享知识和专业技能；参与培训和继续教育； 跨领域：传播项目管理专业知识	项目管理技术； 战略和商务管理技能（包括风险、财务、商业价值、成本效益等）； 领导技能（包括人际交往、批判性思考、领导者品质、风格及个性等）	过程层面（为实现项目目标而采取的一系列过程和活动）； 认知层面（项目管理知识领域）； 背景层面（新技术、社交网络、虚拟团队等新的环境因素）

资料来源：美国项目管理协会（PMI）. 项目管理知识体系指南（PMBOK Guide）（第 6 版）. 2017.

其中，影响力范围对应的是项目经理必须处理好的五层关系，即项目内部的关系（The Project）：项目间的关系调整和权重分配；项目与所在组织的关系（The Organization）：项目治理与组织治理的一致性；项目与所在行业的关系（The Industry）：项目与行业及市场条件的切合；项目与项目管理职业的关系（Professional Discipline）：项目管理职业发展在项目管理中的作用；项目与其他职业的关系（Across Discipline）：项目管理与其他职业的交互和合作。

【经典小实例1–1】

WBS 在活动管理中的应用

工作分解结构（Work Breakdown Structure）即以可交付成果为导向对项目要素进行的分组，它归纳和定义了项目的整个工作范围每下降一层代表对项目工作的更详细定义。其实质就是把项目可交付成果和项目工作分解成较小的、更易于管理的组成部分。WBS 的表现形式主要有树形的层次结构图和行首缩进的表格。

1. 对 WBS 的理解

（1）工作（Work）：可以产生有形结果的工作任务。

（2）分解（Breakdown）：是一种逐步细分和分类的层级结构。

（3）结构（Structure）：按照一定的模式组织各部分。

2. WBS 在活动项目管理中的主要用途

（1）展现一次活动的全貌，详细说明为完成活动所必须完成的各项工作（工作计划工具）。

（2）清晰地表示为完成一次活动各项工作之间的相互联系（结构设计工具）。

（3）可以比较准确地估算活动的成本（财务管理工具）。

（4）防止遗漏项目，定义活动的里程碑事件（状况报告工具）。

3. 绘制 WBS 的工作步骤

（1）得到范围说明书（Scope Statement）或工作说明书（Statement of Work）。

（2）召集有关人员集体讨论所有主要工作，确定项目工作分解的方式。

（3）分解项目工作（如果有现成的模板，应该尽量利用）。

（4）画出 WBS 的层次结构图。WBS 较高层次上的一些工作可以定义为子项目或子生命周期阶段。

（5）将主要项目可交付成果细分为更小的、易于管理的工作包。工作包应详细到可以对其进行估算（成本和历时）、安排进度、做出预算、分配负责人员或组织单位。

（6）验证上述分解的正确性。如果发现较低层次的工作包没有必要，则修改组成成分。

（7）建立编号系统。

（8）随着其他计划活动的进行，不断对 WBS 进行更新或修正，直到覆盖所有工作。

4. 应用案例

表 1–3 是 T 客户考察某公司的工作分解结构表，我们也可以利用一些专业工具绘制 WBS 图。例如，WBS CHART PRO 是绘制 WBS 图的专业软件，用户可以通过从顶至底的方式快速绘制 WBS 图。而且，WBS CHART PRO 可以自动增加任务的编号到项目分解的每一级，如图 1–1 所示。

表 1-3　T 客户考察某公司的 WBS 表

一、项目基本情况（Ⅰ.Project Basic Info）			
项目名称（Project Name）	T客户考察公司	项目编号（Project Code）	T0808
制作人（Prepared By）	张芳	审核人（Reviewed By）	张三
项目经理（Project Manager）	张三	制作日期（Date）	2015-07-10

二、工作分解结构（Ⅱ.WBS）（R-负责 Responsibility； As-辅助 Assist； I-通知 Informed； Ap-审批 To Approve）

分解代码 Code	任务名称 Task	活动内容 Activities Included	工时估算 Estimated Time	人力资源 Estimated HR	其他资源 Other Resources	费用估算 Estimated Cost	工期 Expected Days	张三	李四	王五	赵六	吴峰	刘丹	张芳
1.1	邀请客户	提交邀请函给客户	0.5	2			1	I	Ap	R	I	I	I	I
1.2		安排行程	2	3			2	R	Ap	As	I	I	I	As
1.3		与客户确认行程安排	0.5	1			1	I	Ap	R	I	I	I	I
2.1	落实资源	安排公司高层接待	1	2			1	R	Ap	As	I	I	I	I
2.2		安排各部门座谈人员	2	6			2	Ap	I	I	As	As	R	I
2.3		确定总部参观场所	0.5	4			1	Ap	I	I	As	As	R	I
3.1	预订后勤资源	预订国际机票	0.5	1	机票6张	120000	1	Ap	I	As	I	I	As	R
3.2		预订酒店	0.25	1	大床房6间	35000	1	Ap	I	As	I	I	I	R
3.3		预订陆地交通用车	0.25	1	2辆小车*7天	15000	1	Ap	I	As	I	I	I	R
3.4		预订用餐	0.5	1		20000	1	Ap	I	As	I	I	I	R
3.5		预订观光门票	0.5	1	门票6套	10000	1	Ap	I	As	I	I	I	R
4.1	实施考察接待	启程	1	3			1	I	As	R	I	I	I	As
4.2		参观展厅、生产线和物流	0.5	6			1	As	As	As	I	R	As	As
4.3		实验室考察	0.5	3			1	I	I	As	I	I	R	As
4.4		样板点考察	1	4			1	I	I	As	I	I	R	As
4.5		组织系列座谈	2	20			2	R	As	As	As	As	As	As
4.6		观光	1	2			1	I	I	As	I	I	I	R
4.7		返程	1	2			1	I	As	R	I	I	I	I
5.1	后续事宜跟进	落实座谈交流的问题	3	6			3	R	As	As	As	As	As	I
5.2		代表处主管回访	0.5	2			1	I	R	As	I	I	I	I
5.3		代表处反馈考察效果	0.5	1			1	I	Ap	R	I	I	I	I
5.4		提交总结报告	1	3			1	R	Ap	As	I	I	I	As

注：以上工期及费用估算均用最可能值

Note: As for the above mentioned estimated duration and cost, the most feasible value is to be adopted.

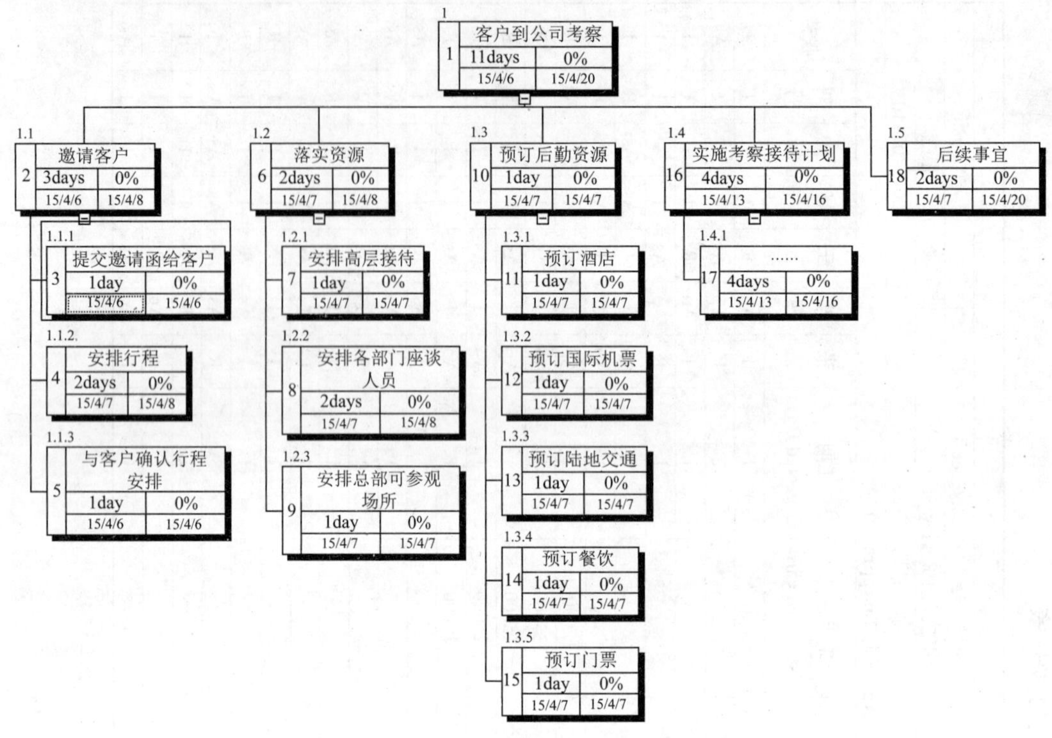

图 1–1　T 客户到某公司考察活动的 WBS 图

第二节　活动管理知识体系的提出

1999 年，威廉姆·奥图尔（William O' Toole）在其硕士论文中首次系统提出了活动管理知识体系（EMBOK）的概念。自 2000 年起，茱莉亚·斯沃斯（Julia R. Silvers）开始与奥图尔合作扩充 EMBOK 的内容，并于 2003 年提出了“活动管理核心能力框架”。2004 年，国际活动管理知识体系委员会（International EMBOK Executive）成立。2006 年，斯沃斯等人在原有基础上，提出了一个更加完善且更具影响力的活动管理知识体系，其重点在于指导各类特殊活动的策划、组织和执行。

尽管相对学科构建和大学学位教育仍然显得不尽完善，但 EMBOK 对一般意义上的活动管理具有较强的指导作用，其基本框架如图 1–2 所示（Silvers 等，2006）。

由图 1–2 可以看出，斯沃斯等专家认为，作为一种特殊的项目，活动管理的阶段划分与项目管理的过程组几乎完全一致，包括项目建议、计划、执行、现场管理和收尾五个过程组，每个过程包括评估、选择、控制、沟通和记录（文档管理）等环节。此外，专业的活动管理需要体现创意、战略思维、持续改进、伦理和整合等核心价值，这些核心价值在重要性上没有层级之分，它们对卓越的活动管理同等重要。

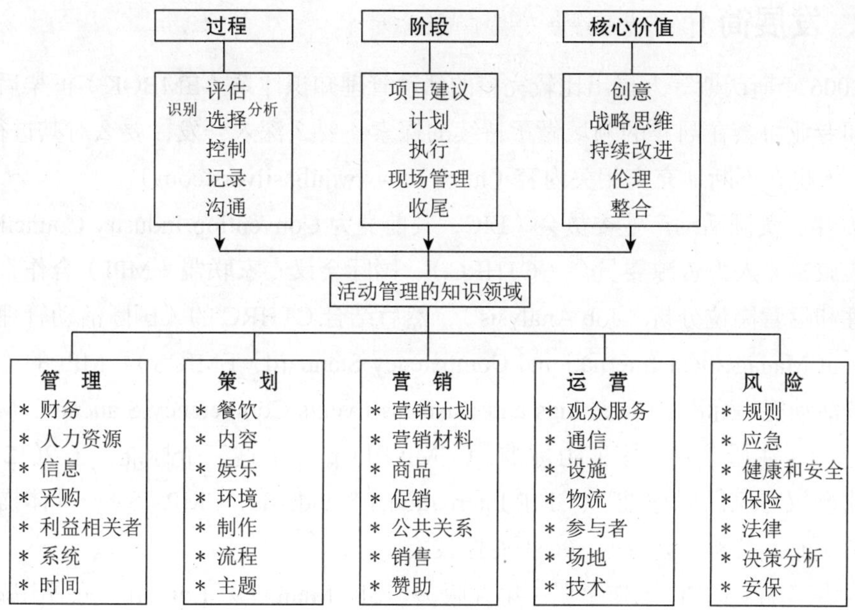

图 1–2 活动管理知识体系

资料来源：Silvers J，Bowdin G，O' Toole W，Nelson K.（2006）. Towards an international event management body of knowledge（EMBOK）. Event Management，9（4），185–198.

活动管理知识体系主要包括管理、风险两个基本层面以及策划、营销和运营三个关键阶段中的知识领域和技能。其中，“管理”主要指以利益相关者的需求为中心，对人、财、物和信息等资源的综合管理，具有较强的系统性，由于资源是有限的，因此必须以最有效率和最有效果的方式获取、开发和利用；“风险”则要通过规则、紧急事故处理、法律、保险和安保等来应对。由此可见，为举办一次活动，需要用到方方面面的知识，这对活动经理及其团队成员的综合素质提出了很高的要求。

就如同 PMBOK 在不断演变发展一样，EMBOK 也在不断地充实和完善，所以它既包括已经被验证并得到广泛应用的有关活动管理的传统做法，也包括本领域新近涌现的各种创新方法和手段。

第三节 活动管理知识体系的发展历程

EMBOK 是公共领域的一个开源工具，它为广泛的利益相关者提供了一种参考框架，包括活动组织者、行业协会、教育机构、赞助商、监管机构，以及全世界范围内的质量保证和能力开发机构（刘春章，2017）。然而，犹如项目管理知识体系（PMBOK）一样，活动管理知识体系也需要不断更新和完善。

一、发展简介

自 2006 年斯沃斯等人提出比较完整的活动管理知识体系（EMBOK）框架后，有众多学者和专业协会在同样的领域做了持续的探索，要么深入开发，要么对其进行改进，斯沃斯本人也在不断地充实相关内容（http：// www.juliasilvers.com）。

2009 年，美国活动产业委员会（EIC，其前身为 Convention Industry Council，CIC）和加拿大旅游业人力资源委员会（CTHRC）、国际会议专家联盟（MPI）合作，完成了会展管理和运营岗位分析（Job Analysis），然后结合 CTHRC 的《国际活动管理能力标准》（Event Management International Competency Standard，EMICS），MPI 的《国际会议与商务活动能力标准》（Meetings and Business Events Competency Standard，MBECS）以及 CIC 的《注册会议专家能力标准》（CMP Blueprint）这三个标准，于 2012 年发布了"注册会议专家国际标准"（CMP International Standards，CMP-IS），具体描述了会展和活动从业人员需要具备的 106 项专业技能。

2014 年 4 月，《CIC 工作手册（第九版）》（CIC Manual 9th Edition）一书出版。该书是 CMP 考试的推荐用书，主要依据 CMP-IS 来编写。

二、两个代表性认证标准

（一）CMP-IS

2011 年版的 CMP-IS 由 10 个知识领域（Domains）、30 项技能（Skills）和 106 项子技能（Sub Skills）构成。其中，10 个知识领域如下：

A. 战略计划（Strategic Planning） 16%

B. 项目管理（Project Management） 15%

C. 风险管理（Risk Management） 8%

D. 财务管理（Financial Management） 10%

E. 人力资源（Human Resources） 3%

F. 利益相关者管理（Stakeholder Management） 8%

G. 会展 / 活动策划（Meeting or Event Design） 16%

H. 场地管理（Site Management）12%

I. 市场营销（Marketing）11%

J. 专业（Professionalism）1%

注：上述每个知识领域后的百分比为 CMP 考试中该领域所占的分值比例。

其实，最值得深读和掌握的是在每一类子技能（Sub-skill）下对应的知识与能力。例如，在知识领域 A（战略管理）下有 3 项主要技能，其中，技能 1 是"会议和活动的战略计划管理"（Manage Strategic Plan for Meeting or Event），技能 1 又由 5 项子技能组成，譬如子技能 1 是制定会议和活动的使命、目标和目的。

（二）MBECS

MBECS 的目的是为了归纳和总结为举办成功的会议和商务活动，一个活动专家所必须掌握的知识领域和能力。

与 CMP–IS 相比，国际会议专家联盟（MPI）开发的 MBECS 多了两个知识领域：行政管理（Administration）和沟通（Communication），具体内容将在第 4 章详细介绍。其中，行政管理包括：协调办公室管理；管理信息系统；撰写报告。沟通包括：口头沟通；书面沟通；运用沟通工具；进行有效的演示；计划和组织会议；建立业务关系。

第四节　开发活动管理知识体系的意义

International EMBOK Executive 在开发 EMBOK 时提出，EMBOK 的具体应用主要体现在 3 个方面，即（1）学历教育：指导课程体系设计，包括理论课程和实践环节；（2）职业认证培训：分级培训；培训什么内容、什么时候培训以及能力的复杂程度；（3）企业招募、员工评价与晋升。概括而言，根据该委员会 2008 的观点，提出和发展 EMBOK 旨在为活动管理中所运用的知识和过程提供一个基本框架（To create a framework of the knowledge and processes used in event management），以作为满足不同文化、政府部门、教育项目和企业组织定制化需求的基础。

一、在专业教育课程体系设计中的应用

EMBOK 有助于指导活动管理领域的所有人成为更好的专业人士，并通过向内部和外部的机构和利益相关者、现在的和未来的从业人员、合作伙伴和供应商阐述活动管理的范围和复杂性，以及它所需要的专业技能和知识，逐步提高人们对活动管理工作的尊重和崇敬（刘春章，2017）。

EMBOK 可以用于指导制定从业人员的专业能力评估标准以及设计学位教育或培训项目的课程体系，也可以用于从活动风险到课堂案例教学的各种环境下的分析。在图 1–2 中，在行政管理、风险管理以及策划、营销和运营等每个知识领域都有相应的知识点，共有 35 个知识点。要掌握这些知识点，必须通过相关课程来实现。例如，在行政管理领域，可能会涉及《财务管理学》《人力资源管理》《信息管理》等课程，有些知识点可能不足以成为一门专门的课程，但必须在相关课程中有所涉及。

国内最早设立会展本科专业的院校之一——上海对外经贸大学的中德合作会展经济与管理专业（IEMS）通过引入国际通行的活动管理知识体系（EMBOK），并参照活动管理国际能力标准（EMICS），进一步优化课程设计，形成有梯度、成体系的会展创

新创业专业课程体系。具体工作包括：（1）为培养学生的会展专门知识与技能，基于管理、策划、营销、运营、风险五大模块，分层次、分模块优化课程设计。例如，在大一下学期同时开设《会展概论》和《活动管理原理与实务》两门课程，前者定位于从学科发展和产业体系的角度介绍会展专业必须掌握的基础知识，后者定位于从项目管理的角度来讲述会议、展览会等活动管理的一般原理和方法。（2）为培养学生的创新创业能力，分年级、递进式增设实践素养和创新创业课程，如分别在大一、大三和大四阶段增设《会展职业能力与素养》《会展管理实务系列讲座》《会展创业课程》。

为了支撑课程体系创新，该校还引入行业教学团队，利用外方师资力量，优化专业教师学科背景，形成了一支实力雄厚的师资团队。在教学过程中，将理论课程体系与实践教学体系有机融合，有效贯通“知识—技能—能力”（见图 1-3），并辅以科学化中德合作考核评估体系，实现了会展创新创业人才培养课程体系的系统优化及实施。

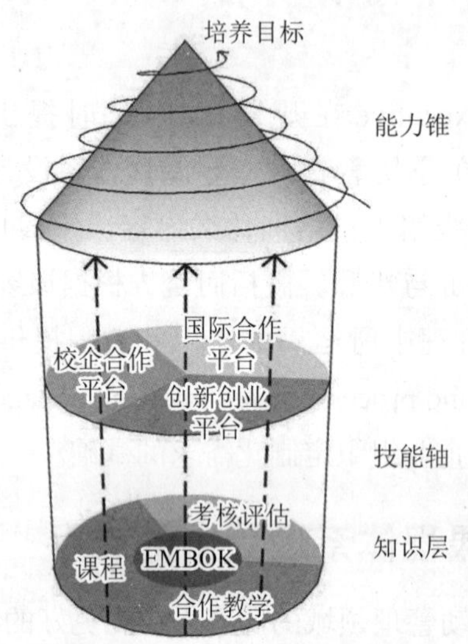

图 1-3　国际化会展创新创业人才培养的基本架构

【经典小实例1-2】

从注册会展经理（CEM）的课程设计看活动管理的知识体系

注册会展经理（Certified in Exhibition Management ™，CEM）是国际展览与活动协会（International Association of Exhibitions and Events，IAEE）于 1975 年开发的培训证书，目的是为展览从业人员提供认证。

我们可以将 CEM 的课程设计视为 IAEE 所要求的展览管理专业人员应该具备的知识（能力）标准。CEM 的最新课程如下：

◆ 会议管理 |Conference & Meeting Management Principles
◆ 消费展览会管理 |Consumer Show Management
◆ 活动营销 |Event Marketing
◆ 活动运营 |Event Operations
◆ 展览与活动销售基础 |Exhibition & Event Sales Fundamentals
◆ 设施与场地选择 |Facilities & Site Selection
◆ 财务、预算与合同管理 |Finance，Budgeting & Contracts
◆ 场地规划 |Floor Plan Development
◆ 住宿与注册管理 |Housing & Registration Management
◆ 安全、风险与危机管理 |Security，Risk & Crisis Management
◆ 服务承包商选择 |Selecting Service Contractors
◆ 战略规划与管理 |Strategic Planning & Management

由此可见，CEM 对知识体系和能力标准的要求与 EMBOK、MBECS 不尽相同，其不同之处并不在于它们适用于不同的活动，而在于不同的理念和对知识领域的划分方式。事实上，EMBOK、EMICS、MBECS 等知识体系（能力标准）在内容上是相互交叉的，但侧重点不同，比如 EMBOK 和 CEM 的比较结果如表 1–4 所示。

表 1–4 EMBOK 的知识领域和 CEM 核心课程的比较

EMBOK的知识领域	CEM的核心课程
行政管理	战略规划与管理 财务、预算与合同管理 服务承包商选择 设施与场地选择
设计	会议管理 消费展览会管理 场地规划
营销	活动营销 展览与活动销售基础
运营	活动运营 住宿与注册管理
风险管理	安全、风险与危机管理

茱莉亚·斯沃斯（Julia R. Silvers）在她的个人网站上将 EMBOK 的知识体系和工作阶段映射到 EMICS（MBECS、CMP–IS）、CEM 等知识体系（能力标准）中，看起来一目了然。如果对这部分内容感兴趣，可以查看 http：//www. juliasilvers.com/embok.htm。

资料来源：刘春章 . 从 CEM 的课程大纲，看活动管理的知识体系 / 能力标准［EB/OL］. https：//mp.weixin.qq.com，2016–11–14.

二、在实际项目管理工作中的具体应用

除了要具备经济学、管理学等基础知识，以及从事活动行业的相应价值观外，从项目管理的层面讲，一名会展与活动项目经理的知识体系是由五个基本阶段组成的，即研究策划、计划、组织筹备、现场管理和事后工作。

（1）研究策划阶段：需要有洞察经济走势的能力，包括对宏观经济、区域经济、产业经济等多层面发展趋势的研判；需要掌握市场调研、财务预算的基本方法；需要分析展会的利益相关者以整合资源；需要懂得会展项目的设计及可行性评估的技术。这些知识，可以帮助项目经理从战略到战术两个层次把握会展项目的发展前景和可操作性。

（2）计划阶段：就是在一定的时间空间里有步骤地安排经营管理工作，即把项目工作按时间顺序分解为更易于管理的单元或环节，如分解为展馆租赁、团队组建、财务预算、展商招揽、市场推广、观众邀约、配套活动、现场接待、危机处理等。有专家建议，项目经理可以遵循 80 小时原则，将一个贯穿一年左右的项目工作计划，按 80 小时细分为短期任务，让团队成员明确目标，自己也好管控。

（3）组织筹备阶段：包括供应商、市场营销、广告传播、销售、赞助、物流、财务等控制。

（4）现场管理阶段：包括场地、服务、沟通、设备管理、法律、技术和风险等管理。

（5）事后工作阶段：项目总结是“抓手”。围绕项目总结展开的项目财务决算、效果评估、业绩考核、数据处理，以及对于下届项目的安排，包括针对本届不足而采取的改进措施，是促使项目持续进步的系列工作。

项目经理的知识体现看似抽象，但经历以上五个基本阶段并称职履责的项目经理，其通识性和专业性知识的具备与融通不可或缺。

Getz（1997）认为，每个一次性的特殊活动都有明确的开始和结束时间，他主张利用项目计划方法来组织节事活动；而且“一旦节事活动开始，便不可能有重来的机会”（Allen，2000）。Wright 于 2001 年提出了一个预想的活动管理模型（Event Operations Management Model），该模型提供了计划和组织活动的基本方法，后来 Tum，Norton 和 Wright（2005）根据活动产业的特征对其进行了补充，如图 1–4 所示。

在图 1–4 中，活动管理模型被分为分析、详细计划、实施与执行和绩效评估 4 个阶段。其中，分析阶段的主要工作是进行活动或组织者的内外部环境分析，并明确活动的目标及目标市场；详细计划阶段的工作内容包括活动选址、产品开发、服务设计、供应链管理、风险管理等举办节事活动所需的所有计划活动；实施与执行阶段主要关注如何按既定的计划进行资源配置，以及人力管理、容量管理和工作时序安排等内容；绩效评估即在活动结束后使用一定的标准来测评和修正活动运营的效果。

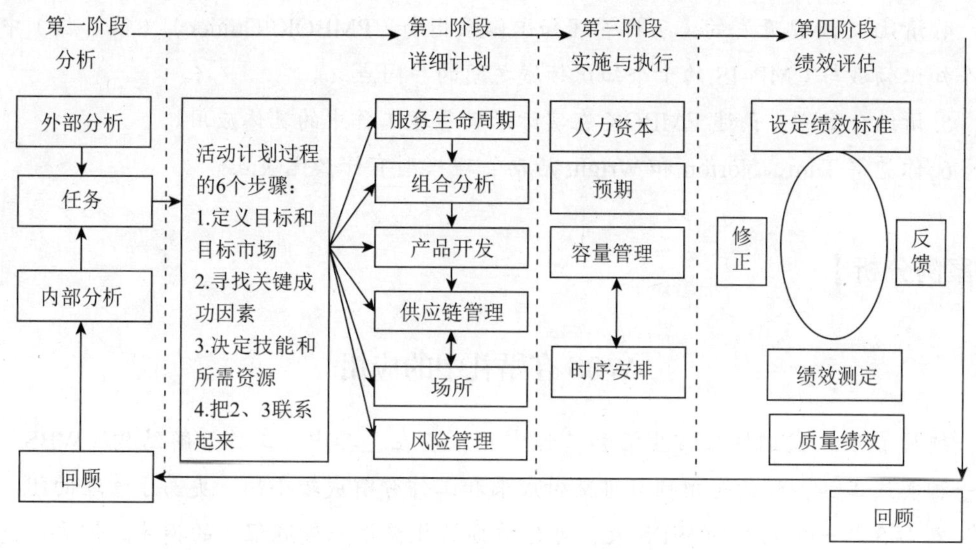

图 1-4 Tum，Norton 和 Wright 活动管理模型

事实上，上述模型对活动管理各阶段的划分并不科学，因为彼此之间的工作内容有明显交叉，而且对部分工作内容的归并不合理。例如，将活动目标和目标市场的确定归入分析阶段可能更加准确等。

【本章小结】

本章开篇介绍了由美国项目管理协会（PMI）开发的《项目管理知识体系指南（PMBOK®Guide）》（第 6 版）的主要内容，特别是十大知识领域以及项目经理的角色与能力要求。

在此基础上，从 1999 年威廉姆·奥图尔（William O’Toole）首次系统提出的活动管理知识体系（EMBOK）概念开始，详细介绍了 EMBOK 的发展历程、具体内容，尤其是活动管理的核心价值、过程、阶段与知识领域。然后以《注册会议专家国际标准》（CMP-IS）、《国际会议与商务活动能力标准》（MBECS）的知识领域以及上海对外经贸大学中德合作会展经济与管理专业（IEMS）的课程体系设计等为例，讲述了 EMBOK 的具体应用价值。

【复习题】

1. 项目管理的十大知识领域对活动管理有什么启示？
2. 请简要介绍 Silvers 等人于 2006 年提出的活动管理知识体系的主要内容。
3. Silvers 等人于 2006 年提出的活动管理知识体系存在什么缺陷？

4. 请比较 PMI 开发的《项目管理知识体系指南（PMBOK®Guider）》（第 6 版）中的十个知识领域与 CMP-IS 的十个知识领域之间的异同点。

5. 请结合案例，论述 EMBOK 在实际活动管理工作中的具体应用。

6. 你觉得 Tum，Norton 和 Wright 活动管理模型有什么优缺点？

【案例分析】

WBS 在婚礼中的应用

项目管理在我们的日常生活和工作中无处不在。其中，工作分解结构（WBS）作为一种实用工具，目的是把项目可交付成果和工作分解成较小的、更易于管理的组成部分。表 1-5 是一次婚礼的 WBS 表，可为举办婚礼提供一般流程上的指导。但要注意的是，因为各地婚俗、新人要求等不同，婚礼之间存在较大差异。

表 1-5　一次婚礼的 WBS 表

一级	二级	三级	四级
1. 婚礼筹备计划	1.1 决定婚礼的日期、地点、仪式及婚宴方式		
	1.2 确定婚礼预算		
	1.3 草拟客人名单		
	1.4 召集好朋友讨论婚礼计划		
	1.5 确定伴郎、伴娘		
	1.6 确定主婚人、证婚人		
	1.7 成立婚礼筹备组	1.7.1 召开项目启动会	
		1.7.2 制订婚礼项目计划书	
		1.7.3 明确筹备组分工	
2. 婚礼前准备	2.1 与婚礼的所有干系人沟通	2.1.1 就婚礼筹备计划和进展与父母沟通	
		2.1.2 发喜帖给亲友	
		2.1.3 电话通知外地亲友	
		2.1.4 网上发布结婚通知	
		2.1.5 再次确认主、证婚人	
		2.1.6 及时反馈亲友受邀信息	
		2.1.7 对于重要亲友再次确认	

续表

<table>
<tr><th>一级</th><th>二级</th><th>三级</th><th>四级</th></tr>
<tr><td rowspan="20">2. 婚礼前准备</td><td rowspan="2">2.2 结婚物品采购</td><td>2.2.1 新家布置用品</td><td>2.2.1.1 家电、家具
2.2.1.2 床上用品
2.2.1.3 彩色气球
2.2.1.4 彩灯（冷光）
2.2.1.5 纱
2.2.1.6 蜡烛
2.2.1.7 胶布
2.2.1.8 插线板
2.2.1.9 其他物品</td></tr>
<tr><td>2.2.2 婚礼用品订购</td><td>2.2.2.1 新郎新娘婚纱礼服
2.2.2.2 结婚戒指
2.2.2.3 新娘化妆品
2.2.2.4喜帖、红包、喜字
2.2.2.5 彩带、拉花、喷物
2.2.2.6 香烟、酒、饮料
2.2.2.7 糖、花生、瓜子、茶叶
2.2.2.8 录像带、胶卷
2.2.2.9 鲜花
2.2.2.10 蛋糕
2.2.2.11 水果</td></tr>
<tr><td rowspan="2">2.3 新郎新娘形象准备</td><td>2.3.1 新娘开始皮肤保养</td><td></td></tr>
<tr><td>2.3.2 新郎剪头发</td><td></td></tr>
<tr><td rowspan="5">2.4 拍婚纱照</td><td>2.4.1 挑选婚纱影楼</td><td></td></tr>
<tr><td>2.4.2 预约拍摄日期</td><td></td></tr>
<tr><td>2.4.3 拍照</td><td></td></tr>
<tr><td>2.4.4 选片</td><td></td></tr>
<tr><td>2.4.5 冲印、制作或喷绘</td><td></td></tr>
<tr><td rowspan="2">2.5 布置新房</td><td>2.5.1 请清洁公司打扫新房</td><td></td></tr>
<tr><td>2.5.2 新房装饰</td><td></td></tr>
<tr><td rowspan="2">2.6 确定婚礼主持人</td><td>2.6.1 选定主持人</td><td></td></tr>
<tr><td>2.6.2 就婚礼当天的计划与设想与之沟通</td><td></td></tr>
<tr><td rowspan="6">2.7 婚宴预订</td><td>2.7.1 估计来宾人数和酒席数量</td><td></td></tr>
<tr><td>2.7.2 选择婚宴地点</td><td></td></tr>
<tr><td>2.7.3 确认价格、菜单</td><td></td></tr>
<tr><td>2.7.4 确认现场音响效果</td><td></td></tr>
<tr><td>2.7.5 预订酒席</td><td></td></tr>
<tr><td>2.7.6 酒店协商细节</td><td></td></tr>
</table>

续表

一级	二级	三级	四级
2. 婚礼前准备	2.8 婚礼化妆预约	2.8.1 选择化妆地点	
		2.8.2 与发型师、化妆师沟通	
		2.8.3 确认婚礼当天的造型	
		2.8.4 预约具体时间	
	2.9 婚庆车辆预约	2.9.1 确定婚车数量及规格	
		2.9.2 选定婚车司机	
		2.9.3 预约扎彩车时间、地点	
		2.9.4 确定婚礼当天婚车行进路线及所需时间	
	2.10 婚庆摄像预约	2.10.1 预订摄影、摄像	
		2.10.2 沟通具体要求	
		2.10.3 选定婚礼当天摄影、摄像人员	
	2.11 其他工作	2.11.1 调换崭新钞票	
		2.11.2 准备适当数量的红包	
		2.11.3 为远道而来的亲友准备客房	
3.婚礼前一天准备	3.1 与婚礼的所有项目干系人沟通	3.1.1 就婚礼准备工作完成情况与父母沟通	
		3.1.2 就准备情况和婚礼当天的分工与筹备组作最后沟通	
		3.1.3 根据准备情况就婚礼当天仪式进程与主持人作最后沟通	
		3.1.4 与伴郎伴娘再次沟通	
		3.1.5 最后确认帮忙的亲友	
		3.1.6 最后确认婚宴、车辆、摄影像、化妆等准备情况	
	3.2 确认婚礼当天发言嘉宾的准备情况	3.2.1 主、证婚人发言准备情况	
		3.2.2 父母代表发言准备情况	
		3.2.3 来宾代表发言准备情况	
		3.2.4 抢亲时（婚礼上）新郎新娘的提问准备	
		3.2.5 新郎新娘在仪式上或闹洞房可能会遇到的问题	

续表

<table>
<tr><th>一级</th><th>二级</th><th>三级</th><th>四级</th></tr>
<tr><td rowspan="10">3.婚礼前一天准备</td><td rowspan="5">3.3 最后确认婚礼当天所需物品的准备情况</td><td>3.3.1 最后试穿所有礼服</td><td></td></tr>
<tr><td>3.3.2将婚礼当天要穿的所有服装分装口袋</td><td></td></tr>
<tr><td>3.3.3 准备两瓶假酒</td><td></td></tr>
<tr><td>3.3.4 准备婚礼当天新郎新娘的快餐干粮</td><td></td></tr>
<tr><td>3.3.5 最后检查所有物品并交于专人保管</td><td>3.3.5.1 新娘的新鞋
3.3.5.2 结婚证书
3.3.5.3 戒指
3.3.5.4 红包
3.3.5.5 要佩戴的首饰
3.3.5.6 新娘补妆盒
3.3.5.7 糖、烟、酒、茶、饮料
3.3.5.8 焰火道具</td></tr>
<tr><td rowspan="5">3.4 特别准备</td><td>3.4.1 新郎新娘反复熟悉婚礼程序</td><td></td></tr>
<tr><td>3.4.2 预演背新娘动作</td><td></td></tr>
<tr><td>3.4.3 预演婚礼进行台步</td><td></td></tr>
<tr><td>3.4.4 预演交杯酒动作</td><td></td></tr>
<tr><td>3.4.5 上好闹钟，早点休息</td><td></td></tr>
<tr><td rowspan="16">4.婚礼当天流程</td><td rowspan="4">4.1 化妆</td><td>4.1.1 起床</td><td></td></tr>
<tr><td>4.1.2新郎发型做好后到达女方家附近等待</td><td></td></tr>
<tr><td>4.1.3 新娘妆完成，通知新郎</td><td></td></tr>
<tr><td>4.1.4 化妆师、美发师红包</td><td></td></tr>
<tr><td rowspan="6">4.2 婚车</td><td>4.2.1 开始扎彩车</td><td></td></tr>
<tr><td>4.2.2 专车送新郎至女方家附近</td><td></td></tr>
<tr><td>4.2.3 彩车完成</td><td></td></tr>
<tr><td>4.2.4 专车送新娘回家</td><td></td></tr>
<tr><td>4.2.5 所有婚车到达女方家附近</td><td></td></tr>
<tr><td>4.2.6 司机红包</td><td></td></tr>
<tr><td rowspan="6">4.3 抢新娘</td><td>4.3.1伴郎准备好鲜花和红包</td><td></td></tr>
<tr><td>4.3.2 新娘回到家，藏好新鞋</td><td></td></tr>
<tr><td>4.3.3 新郎带领兄弟们开始抢人
4.3.4 敲门、盘问、塞红包、挤门
4.3.5 新郎找新鞋，向女方家人承诺</td><td></td></tr>
<tr><td>4.3.6 彩带师和气球到位</td><td></td></tr>
<tr><td>4.3.7 新郎背新娘出门，放彩带、踩气球</td><td></td></tr>
<tr><td>4.3.8 迎亲车队出发</td><td></td></tr>
</table>

续表

一级	二级	三级	四级
4.婚礼当天流程	4.4 迎新娘	4.4.1车队到达男方家	
		4.4.2 新郎抱新娘进门，放彩带、踩气球	
		4.4.3 伴娘准备好茶	
		4.4.5 新娘给男方父母敬茶	
		4.4.6 新郎新娘出发至酒店	
	4.5 酒店准备	4.5.1 将糖、烟、酒、茶、饮料等带至酒店	
		4.5.2 最后检查酒席安排、音响、签到处等细节	
		4.5.3 准备好新郎新娘迎宾香烟、打火机和糖	
		4.5.4 彩带师到位	
	4.6 酒店迎宾	4.6.1 新郎新娘到酒店，放彩带	
		4.6.2 签到处人员就位	
		4.6.3 引导人员门口就位	
		4.6.4 新郎新娘、伴郎伴娘在门口迎宾	
	4.7 婚礼仪式	4.7.1 主持人准备	
		4.7.2 音响准备	
		4.7.3 结婚证书、戒指准备	
		4.7.4 气球、彩带到位	
		4.7.5 播放音乐，新人入场，放彩带	
	4.7 婚礼仪式	4.7.6 婚礼正式开始	注：婚礼仪式的一般流程 ● 主持人自我介绍 ● 主婚人致词 ● 证婚人讲话 ● 新人父母上台 ● 新郎新娘交换戒指，三鞠躬 ● 新人给父母敬茶 ● 双方父母代表讲话 ● 双方父母退场 ● 双方领导致辞 ● 双方朋友讲话 ● 双方朋友退场 ● 新人开香槟、切蛋糕、喝交杯酒 ● 游戏和互动环节
		4.7.7 新郎新娘退场、速食，新娘换礼服	
		4.7.8 新郎新娘逐桌敬酒	
		4.7.9 宴席结束，宾客与新人合影	

续表

一级	二级	三级	四级
4.婚礼当天流程	4.8 下午休息	4.8.1 宾客离开或到棋牌室娱乐	
		4.8.2 新郎新娘进餐、休息	
		4.8.3 清点所剩烟酒糖等	
		4.8.4统计晚餐人数	
	4.9 晚餐	4.9.1 通知酒店晚餐准备数量	
		4.9.2 请宾客进晚餐	
		4.9.3 费用结算	
		4.9.4 清点所有物品，离开酒店	
	4.10 闹洞房	4.10.1 开始闹洞房	
		4.10.2 宾客离开	
	4.11 摄像摄影	4.11.1 摄像A从新娘化妆开始全程拍摄新娘	
		4.11.2 摄像B从新郎抢亲开始全程拍摄新郎	
		4.11.3 摄像C拍摄婚礼仪式全过程	
		4.11.4 摄影适时拍摄	
		4.11.5 给摄影摄像人员红包	
5. 婚礼结束	5.1 新郎新娘休息		
	5.2 伴郎伴娘率筹备组另寻别处进行项目总结		
	5.3 感谢相关人员		

资料来源：郭致星 . 结婚项目的 WBS［EB/OL］. http：//www.mypm.net/articles/show_article_content.asp?articleID=23728，2012–9–18.

思考题：请对照自己家乡的婚俗，对表 1–5 中的相关工作分解进行调整。

【推荐阅读】

王春雷：再谈活动管理知识体系

刘春章：活动管理知识体系的应用

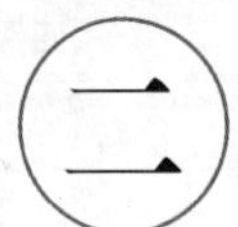

第二章 活动管理知识体系（EMBOK）的主要内容

【学习目标】

了解活动管理知识体系（EMBOK）的整体框架及各构成部分之间的关系

掌握活动管理知识体系（EMBOK）的核心价值、阶段、过程和知识领域等各部分的作用及主要内容

熟悉活动管理知识体系（EMBOK）五大知识领域的范围及具体内容

【关键术语】

活动管理知识体系（EMBOK）；核心价值；阶段；工作过程；知识领域；（Knowledge Domain）功能范围 / 模块（Functional Area）风险管理

在第一章中我们已经了解到，活动管理知识体系（EMBOK）框架包含 4 个部分，分别是阶段、过程、核心价值和知识领域，每个部分下面都包含 5 个方面的内容（见图 1–2）。这些部分是相互联系的，“阶段的顺序性和过程的迭代性渗透了核心价值，使人们能够全面和系统地深入职能领域”（刘春章，2017）。[①] 反过来，对知识领域认识越深入，活动组织者或研究者就能更好将其融于阶段、过程以及核心价值中，构造一个完整和有序的活动或完善的活动管理知识结构。因此，不管是活动组织者还是研究者，都有必要熟练掌握 EMBOK 的整体框架及主要内容。

① 刘春章.【EMBOK】活动管理知识体系中的阶段、过程和核心价值 [EB/OL]. http://mp.weixin.qq.com/s/yBViC–ZOeg9G1dQmBLlYHQ，2017–12–05.

第一节 活动管理的核心价值

核心价值是在活动管理中开展各项工作时必须遵循的基本原则，它渗透于活动管理的各个要素、阶段和过程，有助于保证活动的成功和可持续发展。活动管理的核心价值主要包括战略思维、创意、整合、伦理和持续改进五个元素（见图 2–1），它们是个人和企业在进行活动管理时需要掌握的技能。这五个元素没有等级之分，它们对于活动管理的各项工作都有同等的重要性。

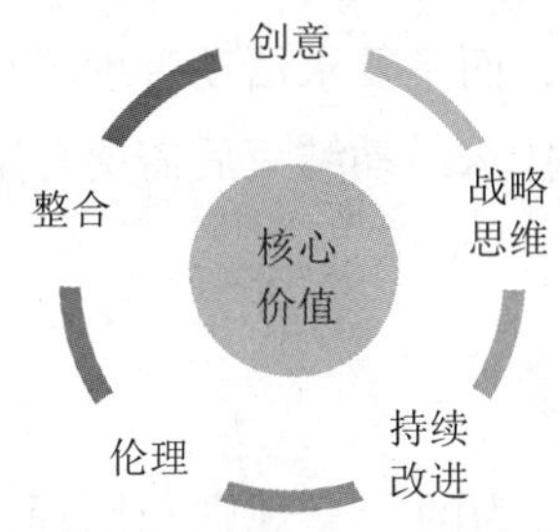

图 2–1 活动管理的核心价值

一、创意

创意（Creativity）是应对在活动中出现的各种挑战和机遇的关键，它有助于产生独特、富有想象力的解决方案。正如美国著名广告专家、《广告的艺术》作者乔治·路易斯所说，创意能让 100 万花起来像 1000 万。

活动管理工作本身具有复杂性和风险性，这就使得具备创造性、艺术性和灵活性的特质显得尤其重要（Silver 等，2004）。在活动管理的全过程，需要活动组织者善于运用创意思维。好的创意有时可以简化活动工作、增加活动的独特性或节约资源。例如，为活动设计一个鲜明、易记的主题，可以彰显活动的独特性，还可以为活动省下一些宣传费用，因为有创意的主题总能让人口口相传。

二、战略思维

所谓战略思维（Strategic Thinking）是指将活动项目放在企业（组织者或客户）的短期和长期目标中进行考虑，以期借助活动寻找和实现更长远的需求，从而将更大的问题和影响纳入计划中，这是一种更宏大的构建。具备战略思维的活动管理者会以活动的可持续发展为依据来选择应该做的事情，而不是以暂时的利益作为主要依据。例如，在一个活动的初创期，打造活动品牌形象有时比赢取丰厚利润更重要。只有具备战略思维，活动组织者才能在活动管理中做出更好的取舍。

三、持续改进

Silver（2012）认为，持续改进（Continuous Improvement）是在能力成熟度模型（Capability Mature Model，CMM）[①] 中表达全面质量管理的理念。它表明一个优化的执行组织取决于对所有程序和系统的持续、积极的改进，并且由此推断结果，而不是依靠反应驱动的计划。例如，把活动看作是一个游戏软件（Play 或 Game），那么每次活动内容的增加、服务的优化就如同游戏一样是一次更新。而游戏让人们在特定的空间中暂时脱离平常的真实生活，同时也是一种对真实生活的彩排（rehearsal），进而透过这些游戏及游戏中的角色，建立自己的身份认同（Silverstone，1999）。

这种持续改进不能一蹴而就，而是要求活动管理者在不断吸取经验的过程中带给观众更好的服务和体验。这也是为什么活动结束后需要总结评估的原因，只有总结，才能发现问题并持续改进。

四、伦理

伦理（Ethics）是规范人们行为的一套规则和原理，在人们面对道德困惑的时候，它会告诉人们什么是该做的，什么是不该做的。在许多行业中，伦理规范都发挥着重要指引作用，活动行业也不例外。它以公平和公正的方式，指导着活动管理过程中涉及的判断、决策和行动。例如，在购买道具时，具备较强伦理意识的活动组织者会考虑参与者的安全健康问题而选择安全产品。在进行场地布置的时候，会尽可能使用环保材料，并花费一定成本保证现场的消防安全。

五、整合

整合（Integration）是指在活动项目管理中，应整合不同模块下的各种元素、关系和互动需求，以确保在做出决策时能够考虑所有影响因素。比如，在选择和邀请一位演讲嘉宾时，财务模块下需考虑邀请该嘉宾的预算，人力资源模块下需考虑接待嘉宾所需的人员数量及级别，策划模块下需考虑演讲嘉宾的发言主题，安全管理模块下则需考虑如何保障嘉宾安全等。

因此，活动组织者在做决策时，应综合考虑各模块的要求，而不是只站在某一个需求或某一方利益的角度来考虑这个决定。

① 能力成熟度模型（CMM）是由美国卡耐基·梅隆大学（Carnegie Mellon University,CMU）开发的改善软件流程的成熟度架构。它有助于组织建立一个有规律的、成熟的软件过程，主要包含初始级、可重复级、已定义级、已管理级和优化级五个成熟度等级。

【经典小实例2-1】

什么是 Purposeful Meetings？

2017 年法兰克福国际会议与奖励旅游展览会（IMEX Frankfurt）的主题是 Purposeful Meetings，其理念可能代表了国际会展行业在未来一段时期的发展趋势。那么什么是 Purposeful Meetings（有使命感的活动）①？

2017 年 5 月 18 日，来自美国威斯康星州麦迪逊技术学院（Madison Area Technical College）的 Janet Sperstad（CMP）在 Faculty Engagement 会议上做了一个主题演讲，内容就是讲 Purposeful Meetings 研究报告的形成过程和主要结论。Purposeful Meetings 由 5 个部分构成：Behavioral Science（行为科学），Meeting and Event Design（会议和活动设计），CSR and Legacy（企业社会责任与遗产），Health and Well-Being（健康与幸福）以及 Technology（技术）。即当下以及未来很长一段时间，所有的会展和活动策划者、组织者及活动营销者都应该致力于变得更加"purposeful"，为此，需要对行为科学、会议和活动设计、企业社会责任以及活动遗产、健康与幸福、技术杠杆有更好的理解和运用。

会议圈订阅号创始人杨正认为，Purposeful Meetings 就是"在会议活动领域中，我们需要更多能够赋予事务以使命感和意义的人。这是一种能力，更是一种价值，因为有了这样的人，他更能够把大家笼络在一起，团结在一起，信任在一起，号召在一起。试想一下，倘若我们赋予了演讲人、赞助商、参会者、媒体参加会议活动的一种使命感、意义，他们都感觉这是他们自己的事情的时候，这就是会展活动真正的成功，具备这样的人，我相信未来会越来越多。"

资料来源：Sperstad，J. Purposeful Meetings：How to plan with deeper meaning，innovation and insight in mind［R］. IMEX Faculty Engagement Meeting，2017-05-18；杨正 . 会展活动人的几个特质［EB/OL］. https：//mp.weixin.qq.com/s/yi-24qMExcbVH1tEWOITrA，2015-03-18.

第二节　活动管理的阶段划分

对活动管理工作的阶段划分体现了任何活动项目固有的时间压力，说明了任务的顺序性和周期性。活动作为一种特殊的项目，其阶段划分同项目管理是一致的（Silver 等，2004）。如图 2-2 所示，活动管理的阶段可划分为启动、计划、执行、现场管理和收尾五个阶段②。通过这五个阶段，活动组织者或研究者可以更好地设置相关任务来研究、

① 这里的"meeting"包括会议、展览会、奖励旅游、公司活动等各类活动，等同于"event"。

② 此处启动阶段与第一章中 EMBOK 阶段划分中的项目建议阶段是相对应的。

计划、执行和评估一个活动，并以此构建活动的整体结构（Thomas 等，2005）。

图 2–2　活动管理的阶段划分

一、启动

启动（项目建议）阶段是对一个新活动或现有活动进行定义并授权开始该活动的阶段。该阶段主要有两个任务：活动的范围定义和启动仪式的开展。其中，活动的范围定义主要包括对活动背景、目的、对象及活动内容的初步设想，可投入资源确定和获利可能性分析等；启动仪式开展主要包括活动项目经理的选定和授权、动员会议开展等。这个阶段的主要目的是保证活动管理团队有一致的目标，并建立对活动成功标准的共同理解，同时让团队人员明白他们在整个活动管理阶段中的参与角色，这有助于实现他们自身的期望。

启动阶段的决策文案需要说明活动范围、活动时间、可获得的资源、预计影响和成果预测等。尽管这项工作常常被忽略，但其作用不可低估。它有助于确定活动的可行性，并协助授权项目经理掌握活动目标，进而开展后续工作。

二、计划

计划阶段是指确定活动项目的范围、定义和优化活动目标，并为实现目标制订详细行动方案的阶段。计划阶段主要有两个任务，包括对活动管理项目的详细讨论和撰写指导活动实施的计划书。其中，活动计划书实际上是经过多次讨论、确定信息后以文字形式展示的成果。一般来说，活动计划书包括对活动范围、活动内容形式、时间、成本、工作和人员安排、风险预测和解决方案等作出规定。

由于活动管理工作的复杂性，对活动管理计划的讨论通常要经过多次反馈，并且随着所掌握的信息增多，活动管理工作计划通常需要重新修改。只有对计划阶段进行有效管理，才能保证活动团队成员明确自身责任和积极参与，进而为活动执行、现场管理和收尾阶段的顺利进行打好基础。

三、执行

执行（筹备）阶段即落实活动管理计划中确定的各项工作，以便获得完成一项活动需要满足的各项资源的阶段。这个阶段需要协调人员和准备相关资源，以及整合并实施已经确定的工作，包括前期的服务合同谈判与签约、场地预约、物料准备、人员邀请等。

执行的结果可能会造成原计划的变更。例如，活动形式、时间、地点、嘉宾和资源来源等都可能发生变更。当执行的结果可能对原计划造成影响时，就需要进行仔细分析并调整原计划，甚至可能还要建立新的标准。还有一点需要注意，执行阶段也是整个活动阶段中预算花费占比最大的阶段。

四、现场管理

现场管理是对活动展示过程进行跟踪、分析和调整，并按照现场情况临时启动必要的变更计划，以确保活动按原定流程进行的阶段。现场管理阶段和执行阶段是分开的，因为现场管理唯一的不可能性就是结束或取消活动中的特定元素和行动（Butterworth-Heinemann，2008）。现场活动一旦开始，就需要采用不同的动态方法来有效应对活动过程中可能出现的危险和意外。

持续监控是现场管理工作的主要任务，它能让活动管理团队成员及时掌握现场状况，并识别可能出现的问题和需要格外注意的方面。在这个阶段，如果监控发现任何偏差，团队成员需要采取纠正或预防措施，使活动的实施符合活动管理计划。例如，突发暴雨时，原本设定在室外的活动就需要根据情况取消或移入室内进行。充分预测活动风险并在发生突发情况时及早采取各种管理手段，有助于活动主办方有效控制和降低管理费用。

五、收尾

收尾阶段是完结活动管理工作、正式结束活动相关合同责任的阶段。这一阶段的主要任务有三个方面：完成后续问题、归档活动资料文档和终结相关合同责任。解决后续问题，包括感谢相关人员、解决纠纷、评估团队成员的工作、评估活动的效果等。归档活动资料文档，是指要对经验总结、合同文件、宣传资料等所有相关文件进行归档，以便保留历史数据。完结相关合同责任，包括成果交付、资金结算等。

第三节　活动管理的工作过程

活动管理工作过程是一个循序渐进的系统，这个系统和相关术语的提出是基于人们检验和总结并广为接受的（Silver 等，2004）。善于利用这一过程系统至关重要，特别是在风险管理模块。在活动管理知识体系（EMBOK）中，每个管理阶段的工作过程主要包括评估、选择、控制、沟通和记录，如图 2-3 所示。

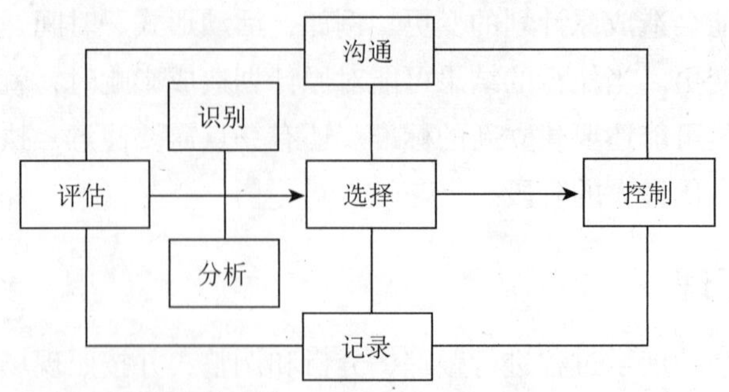

图 2–3 活动管理的工作过程

一、评估

评估是发现问题并设定改进目标的过程，它包含两个步骤：识别和分析。其中，识别是一个发现和定义的过程，该过程需要综合考虑每个工作模块或模块中的所有元素，并与相关方进行多次商讨，以获取反馈情况。

分析是对识别出来的问题进行评价从而确定问题的影响和可控性的过程。这个过程需要相关方对问题和元素特征进行定性和定量分析，以识别风险，确定哪些问题是可控的以及哪些可以施加影响。在对问题及风险进行识别和分析后，活动管理者便可以对问题进行优先级排序，并设定改进的目标。

二、选择

选择是寻找路径为解决问题和风险做好准备的过程，它是后面工作过程的基础，不同选择会带来不同的活动状态。这个过程有两个任务：选择解决策略，提供支持。选择解决方案是一个决策点，需要基于评估过程的信息，选择最有可能实现目的或目标的方法或策略。与决策相伴随的是分配相应的资源、责任和权力，以便为方案的实施提供人员、物料和财务支持。

三、控制

控制是对所选方案的执行情况进行有组织、有计划追踪的过程，特别是活动方案执行的进度、状况以及资源配备情况等都需要进行有效控制。控制过程有助于保持活动按照原计划进行，同时对活动管理期间出现的问题作出及时反应。

除此之外，控制过程需根据需要，对出现的新问题进行评估，选择解决方案并执行。例如，在现场管理阶段，场控人员需要根据现场情况对时间进行控制，以防因为活动时长过度延长而影响下一个环节的进行，甚至是观众在活动结束后的安排。

四、沟通

作为工作过程系统的重要组成部分，沟通是与各方利益相关者进行交流，获取和发布信息的过程。从沟通的对象来看，沟通过程可以分为内部沟通和外部沟通。其中，内部沟通是指活动管理组织各部门之间、团队成员之间的沟通，它有助于使团队成员接受和支持组织所作出的决定。外部沟通指与参与者、服务商和媒体等利益相关人员的沟通，它有利于促使不同利益相关者的行为朝着组织限定的总方向进行。

五、记录

所谓“没有记录，就没有发生”（王春雷，2017）。记录是对活动管理工作过程产生的结果和资料的整理、存档的过程。记录内容主要包含各过程选择的方案和结果，以及在执行过程中形成的文件、文案、数据、视频和图片等。

记录是一项比较烦琐的工作，但是记录过程所形成的资料和数据，有利于活动后期各项工作的开展，包括及时给予参与者回应、评估活动效果和为风险管理留下有价值的证据。例如，对于活动图片，可以通过拍立享等软件平台在活动现场进行即时分享，或在活动结束后提供给观众，不仅能给他们带来惊喜，也可以为他们留下参与活动的纪念。

第四节 活动管理的知识领域

知识领域（Knowledge Domain）是对活动管理中行为范围的界定，主要说明了活动组织者职责的全部范围以及适合有效知识管理的类别。从图 2–4 可知，活动管理知识体系（EMBOK）的知识领域包含管理、策划、营销、运营和风险 5 个领域，每个领域有 7 个功能范围 / 模块（FUnctional Area）。这种知识体系结构有助于开发管理活动和风险所需的系统和文档，也有助于为组织者持续诊断和优化提供辅助。

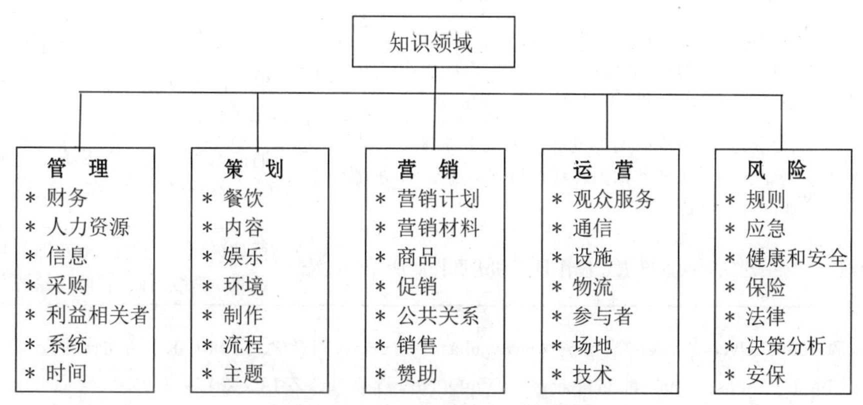

图 2–4 活动管理的知识领域

资 料 来 源：Silver J，Bowdin G，O' Toole W，Nelson K. Towards an international event management body of knowledge（EMBOK）. Event Management，2006，9（4），185–198.

一、管理领域

管理领域也称行政领域（Administration），主要是指对支持活动运行的各项有限资源进行合理分配和有效控制。任何企业或活动都需要一定的行政管理支持，以保证活动所需的各种资源能够得到及时供应（Silver 等，2004）。比如，活动中涉及物料采购，就需要活动组织者了解物料信息、寻找商家并及时采购，以便控制费用和为活动进行提供所需的物资保障。在各管理模块中，相关人员需以最有效率和效果的方式获取、开发和利用资源来降低活动风险以获取更好的收益。

表 2–1 概述了管理领域所涉及的 7 个管理模块的具体内容，包括财务、人力资源、信息、采购、利益相关者、系统和时间。

表 2–1　EMBOK 中管理领域的具体内容

管理模块	具体内容	功能范围举例
财务管理	包括预算的开发利用、选择合适的成本核算和定价策略，进行标准会计实务以及对资产和现金流进行管理和控制，以实现活动计划的财务目标	会计/审计；预算规划；成本/收益分析；存款政策；经济影响；利润目标
人力资源管理	以相应的用人法规为基础，为雇员、合同工和志愿者等工作人员的招聘、入职介绍、培训、薪酬、激励、监督和纪律，制定相应的组织结构、政策和程序，以提供合适且多元的员工队伍，满足活动管理的需要	行为策略；福利管理；招聘/就职；任职培训；绩效评估；监督；团队建设；临时人员编制；终止
信息管理	包括通过实施日常报告、保持记录和利用保护隐私和专有信息的程序来获取、分发、控制和保留信息，以确保必要的商业信息和组织记忆能够得以获取和保存	简报/汇报；数据库管理；文档设计；信息发布；情报收集；摄影/录像
采购管理	主要由供应商的寻源、选择和合同三部分构成，通过使用精准的招标材料、质量标准、合适的文档、变更控制和成本回避等措施来获取货物和服务	投标请求；合同管理；采购政策；采购程序；质量控制；报销政策；规格；来源说明
利益相关者管理	涉及不同活动利益相关者（包括客户、政府主管部门、赞助商、参与者和供应商）的参与和互动，以使他们在活动项目要求和期望结果上达成一致共识	申报手续；启动会议；谈判；合同拟定；信息沟通会议
系统管理	利用合适的技术应用和设备，实施和协调各种职责、数据库、知识管理和知识转移系统，以整合活动项目和企业的需求和资产	通信系统；数据库系统；决策制定系统；整合系统；库存系统；采购系统
时间管理	包括建立时间进度表、制作日程和进度控制所需的过程	行动说明；关键路径分析；截止日期说明；持续时间估计；甘特图

资料来源：Julia Silver 的个人网站 http：//www.juliasilvers.com；刘春章，【EMBOK】活动管理包含了哪些行政管理内容［EB/OL］. https：//mp.weixin.qq.com/s/wVqtFj0NeVgY4X3eCeZ–IA，2017–12–06.

为活动提供财务、人员、信息资源和后勤支持的行政管理系统的开发与利用，需要管理者细致地执行各项工作。这是一项比较烦琐的工作任务，并且常常会因为部分遗漏给活动造成风险问题。因此，活动管理者应善于利用 EMBOK 对行政领域的相关工作进行系统管理，使得这项烦琐工作变得更加有序。研究者也可以选择这一领域下的具体模块 / 功能进行细致研究，以构建更有效果的行政管理系统。

二、策划领域

策划领域也称设计领域（Design），着重于精心设计活动的各功能范围，以便从不同角度阐述活动的目标并给参与者带来独特的体验。这些功能范围的策划主要包括内容、娱乐、环境、餐饮、制作、流程和主题七个方面，活动管理知识体系（EMBOK）对其描述如表 2–2 所示。

表 2–2　EMBOK 中策划模块的具体内容

策划模块	具体内容	功能范围举例
内容设计	包括选择合适的主题、形式和发言人，并结合成人学习的原则和动态，以实现活动的交流目的和教育功能	目标和责任；学习原则；话题和形式选择；演讲人选择；演讲人安排
娱乐设计	包括为活动项目寻找、选择和控制合适的娱乐、辅助节目和休闲活动，并为娱乐人员和行动提供所需支持，以便为观众和组织提供有利的娱乐体验	娱乐选择；外包；出演；辅助节目；休闲活动
环境设计	包括创建、获取和安排物品、道具、家具、装饰、寻路和标牌系统等，以提高学习、营销、仪式和娱乐环境的吸引力和功能	环境目标；环境布局；装饰与陈设；设备与搭建；路径指标
餐饮设计	包括确定适当的餐饮业务，选择菜单、数量和服务方式，以满足该活动的食品和饮料需求，包括与酒精服务相关的具体要求	餐饮运营；食品服务要求；菜单选择；服务规划；酒水管理
制作设计	负责合并、采购和选择适当的声音、照明、视觉投影、多媒体、特殊效果以及其他戏剧元素和服务，以便满足交流目标，并创造活动项目所期望的印象和氛围	视听服务；灯光音响；投影特效
流程设计	涉及行为、要素、展示和礼仪等活动议程的形成和编排，以便明确活动体验的组成以及用于活动目的和目标的仪式、招待和沟通要求	活动元素；结构与排序；展示；仪式；特殊服务
主题设计	指对主题开发原则和文化意象的运用，达到活动目的、信息、形象和品牌的传播和整合	主题原则；主题开发；文化肖像学；创意；主题整合

资料来源：Julia Silver 的个人网站 http：//www.juliasilvers.com；刘春章 .【EMBOK】活动管理中的设计管理［EB/OL］. https：//mp.weixin.qq.com/s/Fswp1yYCIjAIdUS–39KqIQ，2017–12–07.

通过开发和有机组合每个功能内的元素，活动组织者可以创造出参与者能够接受和享受的活动体验。比如，在设计现场环境时，应综合考虑光线、道具、颜色、标识、形状等的选择和设计，以便为参与者提供舒适的感官体验。这些体验设计也可以是大胆、冒险的，以便给参与者留下印象深刻的回忆。

策划领域是活动管理的核心，它会影响活动的整体内容和参与者的体验质量。对活动主题、流程、内容、娱乐、环境、餐饮和制作等元素的设计是一项创造性活动，需要活动组织者有较好的创意思维和一定的设计思维。因此，活动组织者或管理团队应该具备丰富的经验和多样的背景知识。合理利用活动管理知识体系（EMBOK）进行课程设计和模块研究，有助于培养具备较全面知识的专业人员。

三、营销领域

营销领域通过利用各种手段和活动塑造活动项目形象和价值，以此来获得相关资源、外部支持和吸引目标对象眼光来促进业务发展。活动所具有的“体验”性质，需要我们更好地分析这种无形产品中相关的买卖关系，以便在活动中寻求可能的获利机会。例如，在对活动体验设计时可将赞助商产品融入其中，以此获取赞助费用。也可以为活动开发周边物品进行销售，这一点在世博会、奥运会、演唱会等大型活动中就有很好的体现。在活动管理知识体系（EMBOK）中，营销模块包括营销计划、营销材料、商品、促销、公共关系、销售和赞助七大管理功能。有关这七个营销管理功能的基本描述如表 2–3 所示。

表 2–3　EMBOK 中营销模块的具体内容

营销模块	具体内容	功能范围举例
营销计划管理	关注整体营销战略和策略的制定和监督，包括目标客户的定义、获取和保留；内外部的信息和媒体；保持积极的客户关系，以实现活动项目和举办组织的营销愿望	品牌要求；客户需求；客户关系；营销目标；市场调查；营销媒体；产品定价；投资回报率评估
营销材料管理	包括设计、采购或生产、交付印刷材料和其他附属材料，这些材料将用于支持活动所需的营销与运营工作	专业广告；小册子；传单；媒体资料；海报；印刷制作；打印规格；注册包；门票
商品管理	指对与活动相关的零售商品/纪念品的开发、制造和分销进行监督，以保护品牌的完整性，并扩大综合收入	收藏品；纪念物；客户服务；显示；分配；许可；徽标磨损；制造；打包等
促销管理	利用媒体广告、人员推销、公共关系等方式进行的阶段性造势，以便引起人们对活动的关注、兴趣和需求	广告；广播；比赛/抽奖活动；优惠券；销售促进；直接邮件；产品演示；内外营销
公共关系管理	通过培养和维护与媒体的有益关系，制定和执行能够获得宣传报道的策略，以此提升和控制活动和企业的外部形象，并为可能出现的问题做好准备，特别是在危机或争议发生时	灾难恢复；灾难响应；媒体会议；媒体关系；媒体发布；照片机会；刊物文章；请求覆盖；发言人
销售管理	涉及与活动有关的所有现场、远程和电子销售行动，如票务运营、特许经营和其他零售业务的过程、平台和交易程序的建立和监督	票房业务；现金处理程序；商品销售；建议包装；销售技巧；赞助销售；票务运作；基于网络的销售
赞助管理	通过适当的评估，招揽、选择、服务和留住赞助商、捐赠者和慈善赞助者，为他们提供适当的有形和无形的好处，以期为活动提供财务支持	福利交付；商业赞助；实物捐赠；服务赞助商；征求建议；赞助套件；目标定义；目标强求；捐赠者和赞助人的礼物

资料来源：Julia Silver 的个人网站 http：//www.juliasilvers.com；刘春章 .【EMBOK】活动管理中的营销管理 . https：//mp.weixin.qq.com/s/cVWijXoanJLMRUnyBzSUYw，2017–12–08

对营销计划、营销材料、商品、促销、公共关系、销售和赞助的管理，本质上是对活动信息和形象的整合与宣传。因此，需要活动组织者谨慎选择并对相关材料严格审核。否则，营销活动也可能会给活动带来风险。比如，公共关系管理涉及与媒体沟通，如果在沟通过程中出现问题就可能给活动带来更多麻烦。营销材料若出现错别字或信息有误的情况，也会影响活动的形象。因此，活动组织者必须严格选择可传播的信息，并利用好 EMBOK 中营销管理领域的知识做好全面的营销管理工作。

四、运营领域

运营领域关注于对聚集在活动现场的人员、产品和服务，以及与之相关的角色、责任、应用和策略的协调和控制，以此为活动提供有序的后勤保障和满足各项功能的需求和期望。这一模块主要包括观众服务、通信、设施、物流、参与者、场地和技术七个管理功能。例如，制定参观路线来控制人员流量，保证活动现场有序和环境的舒适；引进相关设施、服务商提供医疗、物流和污水处理服务等。在活动管理知识体系（EMBOK）中，关于上述 7 个功能的具体内容描述如表 2–4 所示。

表 2–4　EMBOK 中运营模块的具体内容

运营模块	具体内容	功能范围举例
观众服务管理	开发适当的准入认证和控制系统，如注册登记、票务和住房系统；制定促进控制人群适当移动和行人交通流量的策略	访问控制；准入系统；到达/离开模式；人群管理；客户关系；住宿系统；交通流量
通信管理	指获取必要的设备，获得有关简报和情况汇报，并与活动的内外部成员进行信息交流，将适用文件和联系信息编制成全面的、易于访问的格式	公告协议；通信设备；联系人列表；活动订单；口译服务；现场通信；公共广播系统；评分系统；翻译服务；验证文档
设施管理	涉及确认、获取或增强固有或引进的设备和服务，以确保有足够的运输系统、停车设施、公用设施、卫生和废物管理及应急服务，以满足活动的功能需求	紧急服务；残疾人服务；照明系统；医疗服务；停车场；电力调配；污水处理；厕所设施；废弃物管理
物流管理	包括与活动相关的入场、安装、维护、拆卸和撤场等行为所需的任务，以及对与之相关的服务商的分析、排序和监督	行动计划；清单；承包商协调；布展；撤展；补给；运行指令；任务分配；标识
参与者管理	包括协调和促进必要的措施，以便满足活动中直接或间接参与角色既定的程序性、实用性要求，如政府、客户、当地社区、媒体等	问责制；真实性；委员会；文化差异；经济目标；政府；受影响社区；媒体；会议与旅游局
场地管理	涉及满足活动需求的地点和设施的采购、检查、选择和承包，并确保所在地点的正确使用和布局	选址；选址标准；现场检查标准；装饰；环境控制；家具；地图；移动设备；标牌；现场计划/图表；储存
技术管理	包括获取必要和适当的舞美和设备，并在相关技术人员的支持下，监督其安装、运行，以确保在活动现场的物理约束下实现活动的制作计划	视听服务；娱乐设施；演奏设备；音响设备；设备租赁；照明系统；投影设备；舞美要求；多媒体；技术人员/工程师

资料来源：Julia Silver 的个人网站 http：//www.juliasilvers.com；刘春章 .【EMBOK】活动管理中的运营管理［EB/OL］. https：//mp.weixin.qq.com/s/_42slAQHu1UGs_az93BEZw，2017–12–11.

运营领域主要是通过对观众服务、通信、基础设施、物流、参与者、场地和技术等各方面的管理来为活动提供各种技术、场地和后勤服务支持。若缺少这些方面的支持，活动的风险性就会增加。比如，人流控制不佳可能会造成拥堵，从而给观众带来不舒适的体验；如果现场的垃圾处理不及时，也会损坏活动的形象。

五、风险领域

风险领域专注于对活动本身及利益相关者的义务、机会和合法性的保护。项目管理知识体系（PMBOK）提出，项目风险管理旨在提高项目中积极事件的概率和影响，并降低项目中消极事件的概率和影响，活动管理也不例外。

风险本身具有不确定性，一旦发生，可能会对活动的范围、进程和效果等各方面都造成影响。导致风险的原因是多方面的，在活动中主要有决策程序、法律规则、人员健康、设备安全和自然灾害等。例如，签到设备临时出现故障、工作人员配给不足、环境许可证申办延误等问题都可能对活动的进程造成阻碍，并影响活动的整体质量。活动管理知识体系中的风险领域主要包含规则管理、决策分析管理、应急管理、健康和安全管理、保险管理、法律管理和安保管理 7 个模块，具体内容如表 2–5 所示。

表 2–5　EMBOK 中风险模块的具体内容

风险模块	具体内容	功能范围举例
规则管理	包括获得必要的权限和工具，以证明活动已遵守所有的准入要求、产权要求以及其他适用的法律、法规和条例	酒类法律；反托拉斯法（注：这是美国的情况）；环境保护；消防安全；知识产权；商品许可；联合管辖权
决策分析管理	建立活动的实际决策系统，包括准确的决策框架、相关适用的资源、标准、规则和限制；促进适当的审议和合作；确保授予适当的权力和权利	决策框架；决策系统；资源标准；规则制定；审议程序；权力限定
应急管理	对有关当局、医疗服务机构和其他紧急事件应急人员的确认和通知，以及为应对活动期间可能发生的事故、疏散、危机或灾难等制订合适的计划和程序	观众准备；沟通计划；维持人群秩序；防灾准备；紧急行动计划（EAP）；恶劣天气；训练和演习；警告系统
健康和安全管理	包括建立和实施消防和生命安全、职业安全和人群控制的政策和程序，确保参与活动的所有个人的健康和福利	AED/CPR认证；化学危害；传染性材料；噪声水平；职业危害；安全协议；卫生系统
保险管理	负责确定责任风险和合同要求，寻找合适的供应商，并制定相应的保险条款，以便为活动保持适当的防损范围	商业保险；保险证书；特定事件保险；收入损失；责任风险；劳动者报酬；疏忽
法律管理	包括与活动采购有关的合同及其他法律文件的谈判和执行，监督活动组织及其代表的政策、程序和实践的合法设计和实施	反歧视法律；合同谈判、管理与执行；争议解决；就业法；信息自由法；隐私法；公共安全法；税法；交通法；其他法律
安保管理	包括为活动项目提供安保服务和支持的人员及设备的采购、选择和部署，以及相应的指挥和控制系统的实施和监督，以确保活动安全举办	访问控制；指挥中心；签约人员；犯罪威慑；检测扫描；事件响应；保安人员；监控

资料来源：Silver，J. Updated EMBOK Structure as a Risk Management Framework for Events［EB/OL］. http：//www.juliasilvers.com，2004；刘春章.【EMBOK】活动管理中的风险管理［EB/OL］. https：//mp.weixin.qq.com/s/8lck-xoNZ9MHjHrou3VM3g，2017-12-25.

风险管理贯穿于活动始终，是一项重要任务，代表着责任。管理者可以通过运用EMBOK，系统地管理活动中可能遇到的各种风险问题，使得这种压倒一切的责任变得易于管理并成为一种本能（Silver 等，2004）。

【本章小结】

本章主要介绍了活动管理知识体系（EMBOK）的整体框架以及核心价值、阶段划分、工作过程和知识领域 4 个部分的主要内容。核心价值包括创意、战略思维、持续改进、伦理和整合，这些价值贯穿于活动管理的各个要素、阶段和过程，有助于活动的可持续发展。第二节介绍了活动管理的阶段划分，包括启动、计划、执行、现场管理和收尾，它们体现了活动的时间压力，能指导活动的进展。第三节介绍了活动管理的工作过程，包括评估、选择、控制、沟通和记录，它可以作为活动管理中任何问题的一般解决流程，其中，沟通和记录贯穿于整个工作过程。

本章最后介绍了活动管理、策划、营销、运营、风险 5 个知识领域的主要内容和功能范围，知识领域不仅为研究者开拓了研究模块，同时也体现了活动管理的核心工作内容及需要具备的技能和资源。

【复习题】

1. 请简要介绍活动管理知识体系（EMBOK）的整体框架。
2. 请说明活动管理知识体系（EMBOK）框架中各部分之间的关系。
3. 试阐述活动管理的核心价值及这些价值在活动管理中的作用。
4. 活动管理的阶段主要包含哪几个方面？其中，现场管理的主要工作是什么？
5. 请举例说明如何将工作过程系统应用到风险管理中。
6. 请简述活动管理知识领域的主要内容及风险领域所涉及的功能模块 / 范围。

【案例分析】

如何为一个会议选择合适的演讲嘉宾？
——对 EMBOK 整合思想的应用

活动管理知识体系（EMBOK）中的各功能模块限定了活动组织者的责任范围，而且每个功能模块是相互作用、相互影响的。为处理活动中涉及的内容和问题，需要综合考虑各方面的内容。下面，我们结合为一个会议选择合适演讲嘉宾的例子，具体了解和感受 EMBOK 的主要内容在实际工作中的应用。

表2-6表现了活动管理的核心价值中“整合”思想在为一个会议选择合适演讲嘉宾中的应用。表格以活动管理的知识领域为分类，分别讲述选择演讲嘉宾时可能考虑的问题。需要注意的是，这份清单并非详尽无遗，需要根据不同的会议规模和规格具体考虑，但它确实提供了在不同功能模块上考虑同一问题的思路。

表2-6　选择演讲嘉宾与各功能模块/范围的任务

知识领域	需要考虑的主要问题
行政领域	
财务	● 演讲嘉宾的费用和酬金是多少？如果有，需要何时、以何种方式付款？ ● 如果没有费用或酬金，是否有任何其他形式的成本需要纳入预算？ ● 我们会为演讲嘉宾购买机票并为其报销吗？ ● 是否有合同规定或限制我们将支付的费用（经济舱、商务舱、头等舱）？ ● 我们会为演讲者的酒店住宿付款吗？ ● 是否有杂费（餐饮、地面运输等），我们会或不会报销？ ● 是否需要购买礼物作为对演讲嘉宾的感谢？
人力资源	● 谁负责或有权进行发言人选择？ ● 谁将担任演讲嘉宾的前期联络人？ ● 是否需要有人（包括主办方领导）在机场迎接演讲嘉宾？ ● 谁将担任演讲嘉宾的现场联络员？ ● 我们是否需要护送演讲嘉宾到现场和/或离开现场？ ● 谁将介绍演讲嘉宾？
信息	● 我们将如何收集会议提案（Proposal）或摘要？ ● 我们将如何处理与发言人的通信？如会议接受/拒绝、邀请、确认、PPT制作等要求、感谢信。 ● 我们是否需要发言人填写什么表格，如AV请求表单、房间设置请求、会议录音批准等。
采购	● 我们将使用哪种类型的发言人请求文档？例如，征集论文或摘要、会议提案表格等。 ● 招标材料需要包含哪些规范？例如，可接受/建议的主题、会议可交付成果、目标受众或内容跟踪等。 ● 该演讲嘉宾的演示需要订购哪些设备或服务？例如，投影设备、观众响应系统、演出、字幕服务等。 ● 我们将如何处理现场更改和其他请求？
利益相关者	● 围绕这位演讲嘉宾，是否存在任何可能导致与他/她有关的有争议的问题？例如，反对派、宗教异己、潜在的抗议活动、政治派别等。 ● 选择这位演讲嘉宾是否可以发展或增强战略经济或政治联盟？ ● 如何评估演讲嘉宾的表现和他/她的价值？这将如何用于与各种利益相关者或利益相关者群体的沟通？
系统	● 如何将选定的发言人纳入数据库系统？例如，注册、徽章处理、会员等。 ● 我们是否会使用摘要或论文管理系统进行在线提交？
时间	● 我们需要什么时候提交摘要或研究提案？ ● 会议和演讲者何时需要选择和确认？ ● 我们将如何以及何时安排会议和演讲，如时间段、曲目、主题演讲等？ ● 会话将持续多久，如1小时、90分钟、半天等？这位演讲者的演讲要多长时间？ ● 我们将如何处理提供大量不同或重复会话的发言人的日程安排？
策划领域	
内容	● 需求评估是否确定了某个主题或某位发言者是否合适？ ● 该主题是否被认定为符合教育要求所必需的？ ● 这位演讲者以何种方式提供上述内容？ ● 该演讲将采用何种形式，譬如主题演讲、便利的互动演示、研讨会等？ ● 我们将如何确保演讲者为他/她的产品或服务提供有价值的内容，而不用公开广告？

续表

知识领域	需要考虑的主要问题
娱乐	• 演讲者是否需要特定的排练时间或时间段？ • 演讲者是否需要一个特殊的房间，以便他/她可以组织或准备他/她的演示文稿？ • 了解演讲者是否会参与任何辅助活动，如高尔夫比赛、展览、招待会、晚宴等。 • 演讲者是否需要关于演讲技巧方面的指导？
环境	• 演讲者希望/需要什么类型的座位配置，如剧院风格、教室、圆桌等？ • 演讲者是否需要特殊设备，装饰或采购和/或交付的耗材？ • 演示是否包括观众参与，如果是，则需要什么，如步入舞台、特别过道等？
餐饮	• 演讲嘉宾参与某些甚至所有餐饮活动吗？ • 演讲者是否有任何饮食要求？ • 需要为会议室提供专属水站/瓶装水吗？ • 在会议室或VIP休闲室里需要有茶点吗？
制作	• 演讲者是否会提供PowerPoint和视频演示文稿？ • 演讲者是否会用到视频和音频？ • 他/她的演示是否对会场有特殊照明的要求，如黑暗的房间、聚光灯等？ • 需要什么类型的麦克风，如讲台、手持、无线、站立等？ • 演讲者是否会使用或演示任何特殊或戏剧效果，如烟火，雾效，音效等？
流程	• 演讲者出现在节目议程中的哪个位置？ • 是否有任何冲突性的计划会影响参与者出席演讲？ • 本次会议是否需要特定的学分或证书，如果是，本次会议是否符合教育要求，如持续时间、内容等级？ • 会议室容量是否适应预期的出席情况？
主题	• 本演讲与会议主题是否有联系？ • 会议品牌信息是否需要包括在讲义和/或PowerPoint演示文稿中？ • 演讲者是否被告知必须避免的任何或纳入他/她演示文稿的文化或公司习俗，如着装、行话、时事、手势等？
	营销领域
营销计划	• 该发言人是否适合或隶属于会议的目标市场？ • 这位演讲者是否可以进入可以被利用的特定的利基市场？跟踪类别、参展商等？ • 在以前的会议上请过这位演讲嘉宾吗？如果有，那么以前评估的满意度如何？ • 宣传活动中是否需要特别强调这位发言者？
材料	• 演讲者需要哪些材料，如讲义、PowerPoint演示文稿等？ • 演讲者是否仅在会议期间提供额外的讲义或便利设施，如清单、工作簿、样本等，需要被批准和/或提升？ • 演讲人如何在课本中得到提升，如生物、照片、会话描述等？ • 是否会通过手册、CD和/或网络，将演讲者介绍和/或讲义/PPT提供给与会者？
商品	• 会议开始后，是否允许演讲者出售自己制作的书籍或其他产品？ • 会议的录音（像）带是否会制作出售给与会者？ • 是否要求演讲者提供会议设施或奖品等物品书籍、折扣券等？ • 演讲者是否会被赠予印有标志印记的物品？

续表

知识领域	需要考虑的主要问题
促销	● 发言人邀请情况如何，何地和何时进行？ ● 我们需要演讲人提供哪些材料，以便开展促销活动，如照片、观点描述（包括关键词和/或可交付成果）等？ ● 我们需要什么格式的材料？如数码照片和分辨率、观点描述的字数统计限制等。 ● 我们将在哪里包含这些材料，如预先计划、网站、电子邮件和印刷广告等？ ● 演讲者是否会为他/她自己的营销活动或交叉促销提供个性化的宣传材料？
公共关系	● 演讲者是否适合接受媒体采访？ ● 演讲者是否能够提供与会议一起提交给行业出版的文章？ ● 是否为演讲者或其身份可能引发的有争议的问题准备了立场声明和背景信息？
销售	● 参加演讲者的演讲需要额外的费用或票证吗？ ● 会议之前，期间和/或之后，演讲者的书籍和/或产品是否可以由会议出售？ ● 演讲者是否允许出售他/她演示文稿的录音带或录像带，如果有的话，是否会向演讲者支付任何销售佣金？
赞助	● 这位演讲者的外观或演示文稿是否适合作为赞助商包装？ ● 这位演讲者的外观或演讲是否会危及任何现有或潜在的赞助协议？ ● 演讲者是否会期待与赞助商一起进行任何特别的表演或住宿，如招待会、赞助商会议介绍、演示赞助商认可等？
运营领域	
与会者	● 是否需要与会者预先注册，以管理容量限制和/或最低限度？ ● 如何控制演示，如名称徽章、门票等？ ● 继续教育学位（CEU）或其他继续教育学分将如何被跟踪和报告？ ● 这位演讲者或话题的预期或表达受欢迎程度是否意味着会议或其他人群管理策略的重复或扩展？
通信	● 在旅行问题或出现取消的情况下，演讲者是否已提供联系人姓名和电话号码？ ● 发言人是否提供了他/她的联系信息以供会议更新以及程序更改或取消？ ● 发言人何时和应该向谁登记以确保其及时到达？ ● 演讲者是否提供在现场的联系方式，如手机、酒店号码等？
设施	● 演讲者是否需要提供地面运输？ ● 如果没有，会否为演讲者提供一个指定的停车场，或者报销停车费？ ● 演示文稿是否会产生任何危险或有害的废物，如医疗废物、化学品、火灾危险等？ ● 演示时是否有任何特殊要求？例如，互联网接入演讲人只同意使用自己的电脑，或需要用到道具等
后勤	● 演示文稿是否有广泛的或不寻常的移入/移出要求，如设置时间长度、特殊显示、AV要求等。 ● 演示文稿或会话是否有任何特殊的机器或设备要求，如车辆或设备、海报板、垃圾箱等？ ● 演讲者需要特殊的会场设置或服务吗？
参与者	● 会议是否向演讲者提供免费注册套餐？ ● 是否有单独的演讲者注册处？ ● 演讲者凭证（徽章）是否与其他与会者有所不同，如果是这样，如何？ ● 需要演讲者提供哪些说明，形式和时间？ ● 演讲者是否带有需要准入证书的客人或助理？
场地	● 本次会议将在哪个会场（地点）举行？ ● 本次会议是否限制使用会议室或邻近区域，如房间清理和清洁，噪声控制，交通管制等？ ● 演讲者或其组织会在展会上有展台吗？ ● 如果为演讲者提供准备室或绿色房间，它将在哪里？ ● 这位演讲者会被安置在总部酒店吗？

续表

知识领域	需要考虑的主要问题
技术	● 演示文稿需要什么样的演示，如舞台、平台、展示台、讲台等？ ● 需要什么AV设备，演讲前需要什么技术帮助？ ● 是否需要专门的技术人员操作？
风险领域	
规则	● 我们将如何验证发言人不使用除自己以外的版权材料？ ● 我们需要什么权限才能发布他们的版权材料？ ● 本次会议是否包含需要禁止与会者录制的专有材料？ ● 确保此演示文稿符合《残疾人法案》（ADA）要求的设备或服务助听器、.字幕、手语翻译等。 ● 此演示文稿是否需要任何特殊许可证，如烟火、进口鲜花、食物准备等？
决策	● 如何批准演讲者和会议主题，如同行评审、计划委员会等？ ● 如果收到关于发言者的陈述或行为的投诉，我们该怎么办？ ● 我们需要什么样的应急计划来避免演讲者，设备故障等？
应急	● 这位演讲者是否需要我们做好相关医疗条件的准备？ ● 要求演讲者在紧急管理中担任任何角色，例如退出位置公告，与会者登录清单等？ ● 在危机情况下如何通知讲话人的通信协议，例如，要求安全部门报告事件，将所有媒体查询转交官方发言人等。
健康和安全	● 本次会议的会议室容量是否适合可能的出席人数？ ● 如果需求超过容量，我们将如何控制规模？ ● 是否存在本次会议中的任何设备或活动会阻止任何退出的可能？ ● 本次会议是否会使用任何有潜在危险的材料、用品或设备？如果是，将如何控制？ ● 本次会议上是否会进行任何可能导致伤害或疾病的参与性活动？
保险	● 这位演讲嘉宾是否参加了我们目前保险政策中的会议？ ● 我们目前的政策涵盖的设备是否损坏？ ● 此演示文稿是否需要特殊责任保险？ ● 本次会议是否需要参加者签署免除赔偿的豁免？
法律	● 我们是否会让演讲人签署有关他们出席会议的合同？如果有，合同需要包括什么关键内容？ ● 为了录制（音频和/或视频）演讲者的发言并使之可供销售或下载，我们需要什么样的同意批准？ ● 为拍摄印刷或电子宣传材料和出版物的演讲者和/或观众，我们需要什么样的同意批准（隐含或明确的）？ ● 有没有与这位演讲者或他/她的演讲相关的免责声明？
安全	● 是否需要安全人员控制对此会话的访问？ ● 安全人员是否需要保护本次会议使用的任何设备或材料？ ● 安保人员是否需要保护此演讲者的安全？ ● 这位演讲者是否会提供他/她自己的个人保护人员，如特勤局、保镖等？ ● 这位演讲者的身份是否涉及任何特殊的安全协议，如身份识别和/或背景检查等？

资料来源：Silver，J. Speaker Integration Example［EB/OL］. http：//www.juliasilvers.com/embok/Speaker_integration_example.htm，2007.

思考题：请结合一个真实活动的某个决策问题，对照表 2–6 中的分类，思考相关模块为解决该问题而需要承担的主要工作。

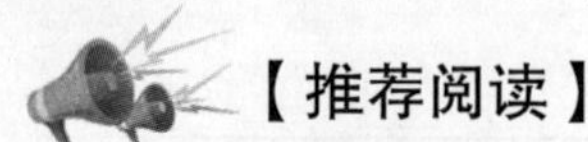

【推荐阅读】

刘春章：【EMBOK】国际活动管理知识体系模型

王春雷：什么是 Purposeful Meetings？

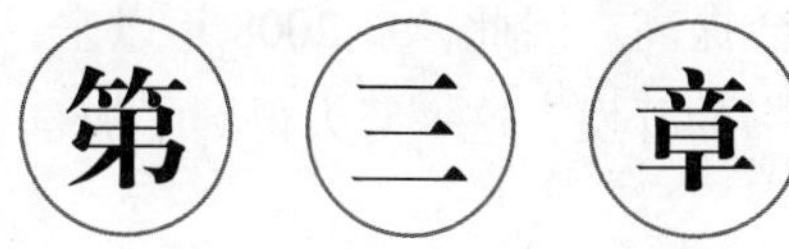

第三章 活动管理国际能力标准（EMICS）

【学习目标】

了解活动管理国际能力标准（EMICS）的发展历程及应用价值
掌握活动管理国际能力标准（EMICS）的知识领域
熟悉活动管理国际能力标准（EMICS）中各个知识领域的技能

【关键术语】

活动管理国际能力标准（EMICS）；活动管理知识体系（EMBOK）；国际活动资质框架（IEQF）；加拿大旅游人力资源委员会（CTHRC）

白20世纪90年代开始，活动管理研究在全球范围内迅速兴起。就像一个世纪以前的工程管理、建筑设计和会计等专业一样，这个行业正见证着知识体系、行为准则和能力体系的逐步形成、发展和完善。正如国际活动管理知识体系委员会（International EMBOK Executive）的创始人之一 Julia Rutherford Silvers 所言，“知识体系为一个行业的从业者所需的职责和能力范围设定了全球一致性的舞台。”

第一节　标准简介

在国际活动管理知识体系的开发与发展上，加拿大旅游人力资源委员会（Canadian

Tourism Human Resource Council，CTHRC）做出了卓越贡献。CTHRC 认为，随着经济的全球化，国际公认的标准及行业对证书的需求将会提高。因此，自 2008 年以来，CTHRC 一直致力于国际标准的制定和活动管理专业证书的开发，这一努力得到了加拿大和国际活动管理专业人士的高度参与和支持。

2010 年，CTHRC 开发了一套标准体系——活动管理国际能力标准（Event Management International Competency Standards，EMICS）。其前身是 IEMS（International Events Management Standard），该标准于 2008 年推出，被来自 16 个国家的专业人员协会、政府标准设定主体、活动管理实践者、思想领袖和其他利益相关者所组成的网络所认可（刘春章，2016）。随后，CTHRC 结合世界各地参与者的经验、认知和多学科的技能，对 IEMS 进行了进一步拓展和修订，最终形成 EMICS，并于 2009 年对 20 多个国家的活动人员进行了严格的大规模验证。现在，这个标准被 CTHRC 进一步开发为国际活动资质框架（International Event Qualifications Framework，IEQF），以期为活动从业人员的职业路径选择提供指导（刘春章，2016）。CTHRC 试图将 IEQF 应用于不同层次的学历教育和不同水平的行业认证中，如图 3–1 所示。

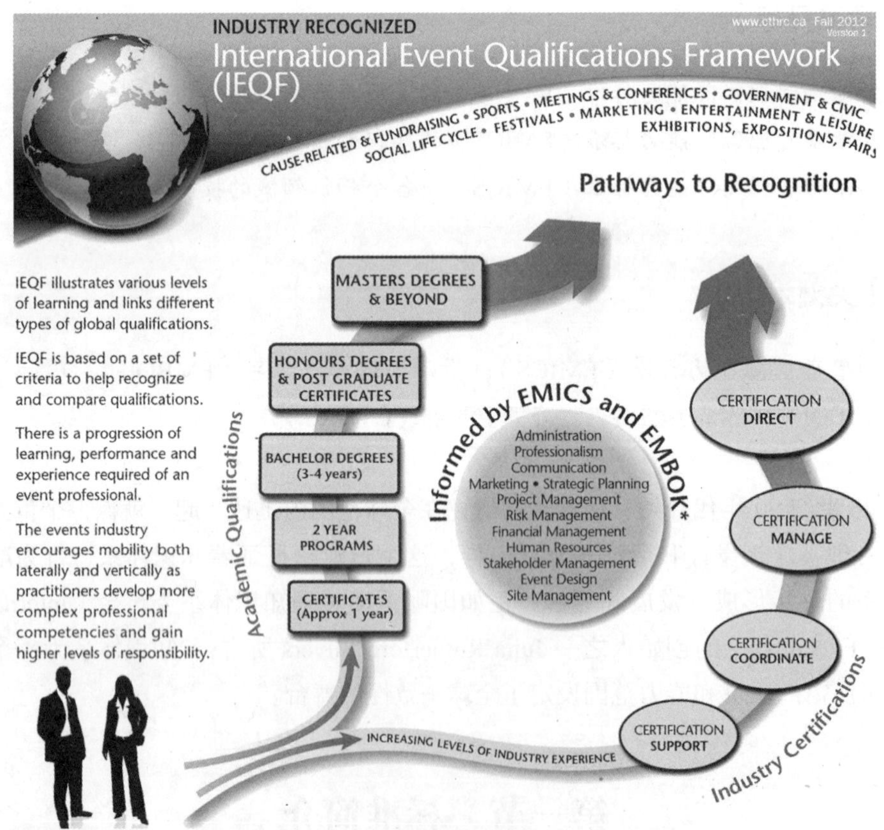

图 3–1　国际活动资质框架（IEQF）介绍网页

EMICS 认证包括考试、实际评估和在职经验三方面的内容。这些标准详细说明了在管理各种活动中所需要的知识、能力和态度，其中包括举办活动的各个过程，如计划、实施和评估等。另外，还涉及团队管理和对服务外包的监管等内容。对于管理不同类型活动的人员而言是不存在单一定义的，即在不同类型的活动中，你所扮演的角色可能是不同的。通常，活动从业人员需要管理不止一种类型的活动，而 EMICS 正好涵盖了工作人员在各种情况下都需要掌握的能力。

第二节　知识模块

EMICS 由 12 个知识领域（模块）、34 项技能和 145 项子技能构成（见表 3–1）。其中，12 个知识领域如下：

A. 战略计划（Strategic Planning）

B. 项目管理（Project Management）

C. 风险管理（Risk Management）

D. 财务管理（Financial Management）

E. 行政（Administration）

F. 人力资源（Human Resources）

G. 利益相关者管理（Stakeholder Management）

H. 活动设计（Event Design）

I. 场地管理（Site Management）

J. 市场营销（Marketing）

K. 专业（Professionalism）

L. 沟通（Communication）

知识领域代表了活动管理中的首要行动范围或功能，它们说明了分配给活动组织者的职责的全部范围以及适合于组织结构或有效知识管理的类别（刘春章，2017）。

表 3–1　EMICS 对知识领域的划分及具体工作说明

知识领域	具体工作（技能）
A. 战略计划	1）活动战略计划管理：从活动举办的流程入手，强调活动举办前的各项筹备工作，包括明确活动的使命、目标和主题，了解活动举办时的场馆及周围环境，分析活动的举办是否具有可行性，活动执行的需求等 2）制订可持续发展计划：从活动本身的角度来讲，可持续性管理计划是指保证活动的形象和质量，使其能成为一个长盛不衰的活动品牌；从社会责任的角度来讲，活动的举办要关注当地文化习俗，承担环境责任等问题

续表

知识领域	具体工作（技能）
B. 项目管理	3）制订活动项目计划：包括项目执行的过程、项目生命周期、里程碑建设和阶段划分等全局性内容 4）管理活动项目：不仅要管理活动运行的全过程、关键路径、现场人力物力的协调，还需要掌握谈判原则以及在不同谈判阶段所需的谈判技巧
C. 风险管理	5）制订风险管理计划：在活动开始之前制订的一系列应急措施，例如，如何确认风险，如何进行风险分析，如何选择风险管理技巧等 6）风险管理：指在风险发生时采取具体的应对措施
D. 财务管理	7）管理活动中的赞助、广告和捐赠等财务资源（financial resources） 8）预算制定与执行 9）管理现金流
E.行政	10）执行行政任务：包括协调办公行政，确保办公设备和技术的可用性，管理信息系统，撰写报告等
F. 人力资源	11）制订和执行人力资源计划：为了达到活动目标，满足未来一段时间内活动所需的人力资源质量和数量方面的需要，根据目前的人力资源状况，所做出的预测和计划。执行人力资源计划包括明确员工需求，制定员工管理政策，制订与部门文化建设相关的培训计划等 12）员工和志愿者招募 13）员工和志愿者培训 14）管理员工关系。员工关系指主管与员工以及员工与员工之间的一种合作关系，该项工作要求领导者在管理团队的过程中既要选择合适的领导风格，又要时刻关注团队动态，解决冲突，激励员工和志愿者
G. 利益相关者管理	15）管理与利益相关者之间的关系
H.活动设计	16）设计活动项目，具体指活动中的各个环节，包括项目内容、所需人力物力、各项目之间的顺序等 17）管理演艺人员 18）安排餐饮服务 19）活动环境设计 20）活动设施管理。活动中的设施设备复杂多样，不仅要确保活动举办所需的类型，还要求设施设备在运作时安全顺利 21）制订参与者管理计划，包括建立与会者准入系统，人员入场时对人流的控制引导，贵宾接待，协调与会人员的住宿和交通等
I. 场地管理	22）场地选址 23）场地设计 24）活动现场管理 25）场地基础设施管理 26）现场沟通管理
J. 市场营销	27）制订和执行营销计划 28）管理营销材料 29）活动产品（event merchandise）管理 30）活动促销 31）公共关系管理 32）销售管理

续表

知识领域	具体工作（技能）
J. 专业	33）表现出专业的行为，包括展示专业形象；掌控整体局势、协调团队人员完成工作的领导力；在不同文化背景和环境中自由切换的灵活性；利用时间管理工具平衡时间进度和活动质量之间的关系，合理应对压力；发现和解决问题；随时追踪行业内的变化，并及时做出优化策略等
L. 沟通	34）进行商务沟通，主要包括口头沟通、书面沟通、有效展示、计划和召开执行会议，以及建立良好的商业关系

参考资料：Canadian Tourism Human Resource Council. Event Management：The International Competency Standards［R］. 2011.

第三节　技能要求

EMICS 的每个知识领域都包含了不同的技能（见表 3–1 中的 34 项技能）。作为一名专业的活动管理人员，最重要的就是将多样的技能完美地应用到活动的方方面面，表 3–2 详细说明了 EMICS 规定的具体技能要求。

表 3–2　EMICS 规定的具体技能要求

技能	具体操作（子技能）
A. 战略计划（Strategic Planning）	
技能1：活动战略计划管理	1.1 确定活动的使命、目标和主题，并以此为前提细化为实现目标所需要完成的任务，包括建立时间进度表，明确关键点的测量。 1.2 调查。查看相关活动的资料，并对整个市场进行考察和分析。 1.3 明确活动的复杂性，包括活动规模、举办持续时间、服务要求等；预估活动的成本收益及潜在的风险。 1.4 寻找赞助商和合作伙伴以及服务供应商。 1.5 根据活动的规模确定所需的人力物力资源，包括物流、公关、营销、数据管理等。 1.6 编制财务信息。编制当前财务报表，分析盈亏平衡，预计未来的成本和收益。 1.7 严格监管财务状况，并对变更事项做详细的记录，必要时对战略计划做进一步完善和修改。
技能2：制订可持续发展计划	2.1 选择能为活动目的地带来积极影响的战略计划，促进当地商品贸易的发展，在活动过程中还可聘请当地居民参与到活动的管理中。 2.2 将环境意识融入活动管理当中，实施环境保护及回收措施，减少有害物质以及噪声、光等污染。

续表

技能	具体操作（子技能）
B. 项目管理（Project Management）	
技能3： 制订活动项目计划	3.1 回顾往届活动，找出活动的优、劣势，制定有助于实现本届目标的主题。 3.2 将计划阶段性细化，明确各阶段所需的资源。 3.3 查阅与活动相关的法律法规及社会要求，然后再确定活动的标准、程序，这些活动标准程序的制定需获得组织和关键利益相关者的支持。 3.4确定活动主题。研究和分析市场，头脑风暴构思出一个活动主题，并将主题概念化，在活动中将品牌和主题形象融入活动的各个方面。 3.5 制订采购计划。评估过去资源的使用模式，确定对补充产品和服务的需求，进而选择最佳采购方案。 3.6 建立里程碑和关键路径。确定具体、可行、可衡量的任务和阶段，确定各个任务和阶段的相互依赖性，估计任务持续时间，定期审查关键路径，并做适当的调整，识别潜在风险。 3.7 制订完整的沟通计划。建立标准化的文件和文件设计程序，开发信息检索系统，制定信息收集、归类政策和程序，建立信息保存、归档、检测、防护系统，以保证信息的完整性和安全性。 3.8 制定评估或审计程序。设计评估或审计程序，明确评估或审计对象以及所需信息。
技能4： 管理活动项目	4.1 管理关键路径。确定实现任务、目标和所需的具体任务；确定时间表和关键日期，记录活动摘要；根据技能和专业领域的不同向特定委员会或个人分配任务；定期审查关键路径，分析估计计划时间和实际时间之间的差异；根据审查结果，采取纠正措施。 4.2 合同管理。确定合同要求，向潜在供应商提供提案流程和服务要求，根据标准评估投标，做出选择；谈判合同，为有关各方争取有利的结果，确定什么是可协商和不可协商的；明确自己的立场和观点，倾听并验证其他方的立场和观点，就最可行的选择达成一致。 4.3 管理活动的运行。按活动的原定计划进行；在活动期间保持活动的流畅性；确保活动所需的人力物力都已准备就绪；提供举办活动所需的授权；协调整个活动中关键人员和其他利益相关者的工作；实施风险管理技术和策略；记录活动。 4.4 评估或审计活动。确定导致活动成功或失败的关键因素；撰写活动报告。
C. 风险管理（Risk Management）	
技能5： 风险管理计划	5.1 确定风险。查阅活动计划，包括活动类型、活动地点、时间、活动持续时间、与会者简介、与会者人数；举行风险评估会议；确定法律和监管的性质和适用范围；检查场地是否存在潜在的危险、威胁、漏洞或其他风险；建立咨询监管机构，以确定活动的进行是否需要符合规格标准和程序。 5.2 风险分析。确定风险类型；评估风险发生的概率以及风险发生的严重影响程度；评估需要优先考虑的风险时，取决于风险产生的严重影响以及组织对风险的容忍程度；考虑风险管理技术的有效性，包括损失防护、财务风险、控制风险等。 5.3 选择风险管理技术和策略。明确风险管理类别，如财务风险和控制风险；评估各种风险管理方案，选择最佳选项；制定风险管理政策和程序；制订和实施风险管理计划；就风险管理计划与各部门进行沟通；对风险管理计划进行持续评估。 5.4 制订应急计划。预先设想可能出现的紧急情况，如天气、劳资纠纷、资金链断裂等问题；制订备选方案，明确所需资源。 5.5 监管风险管理计划。收集和评估风险处理的信息，确定应急计划使用的频率，监控分配给风险管理的资源的使用情况，确保有足够的资源可用；根据需要更改风险管理计划。
技能6： 风险管理	6.1 遵循法律法规。分析活动计划，以确保在法律和监管允许的范围之内；确定活动的举办满足各种要求，如符合活动举办的规范和流程等。 6.2 应急情况管理。进行风险评估，发现潜在威胁；进行能力评估，以确定可回应的资源；与当局联系，确定最佳的应急方案，包括应急服务的出入口和位置、退出现场的疏散路线、所需的现场医疗服务等；制订紧急行动计划和沟通程序。 6.3 符合健康和安全要求。确定健康和安全要求，例如确保场地符合消防、生命安全规范，确定工作者的身体健康和工作环境等；定期审查其有效性。 6.4 保险需求。确定需要或推荐的保险类型；确定保险适用的范围；选择最佳方案。

续表

技能	具体操作（子技能）
D. 财务管理（Financial Management）	
技能7： 管理财务资源	7.1 管理赞助过程。建立赞助级别，为每个级别设置不同的价值标准，估算提供福利的成本；获得主要利益相关方对拟议赞助安排的支持；制作赞助商伴手礼，资料中要包含活动简介和发展历史，凸显企业标识、赞助价值等；确定潜在的赞助商并向潜在赞助商分发伴手礼；联系潜在赞助商，譬如主要决策者或有影响力的人士等，要尽量避免赞助商之间可能存在的利益冲突，与赞助商建立良好的关系；为承诺的赞助商准备合同，明确活动的细节，双方的义务责任等；确保双方都有签署合同的副本；维持与赞助商的关系，例如，提供定期更新，发送感谢信，确保赞助商受邀参加活动；跟进，譬如评估赞助商的参与情况和投资回报以及对活动的看法。 7.2 管理捐助过程。找出潜在的捐助者，制订捐助者认可计划，联系潜在的捐助者，向其说明使用捐款的用途和金额等，准备双方达成一致的合同，实施捐助者认可计划。 7.3 管理活动资助过程。审查预算并设定资金目标，研究潜在的资助者，如政府、基金会、协会等；确定可用资金，如赠款；确定资助的资格；撰写所需材料，包括推荐信、预算/财务报表、商业计划等；通过电话、发送信件等手段，跟进申请状态。
技能8： 预算制定与执行	8.1 制定预算。寻求专业协助，如银行家、会计师；建立预算格式和类别；获取预算编制所需的数据并对其解释，如以前的预算、审计结果等；分析内部和外部因素对预算的潜在影响，如新的立法、市场趋势；确定潜在的收入来源，如赠款、赞助、售票、纪念品及展位销售收入等；预估设计、生产、营销、人力资源等活动的不同部门所需金额；制订应急计划和应急资金；制定预算财务报表；安排定期的预算审查。 8.2 定价。分析当前市场状况；计算直接和间接成本；建立定价结构。 8.3 建立财务控制和程序。常规预算审核；安排信贷，如与供应商的信用账户；财务监控，如建立内部和外部审计程序，制作月末报告和现金流量报告，检查银行对账。 8.4 管理现金流量。定期审查会计程序，如检查应收账款，应付账款，存货和现金流量；每月审核财务报表以确保准确性；检查现金管理程序的有效性和安全性。 8.5 监控预算绩效。在既定时间内监控收入和支出，包括审查银行对账，费用和差异，将预算金额与实际金额进行比较；确定预算和实际数字之间的差异，分析其中的原因并及时做出调整，如修改活动、重新分配资金等，并向受影响的人传达信息和决策；找出改善预算绩效的机会，例如，主动寻找新的供应商和收入来源；努力增加收入或减少支出；制作完整的财务和统计报告。 8.6 修改预算。修改或建议修订预算，如重新分配资金以涵盖意外支出或收入。
技能9： 现金流管理	9.1 建立现金处理程序。向工作人员和志愿者传达政策和应用程序；采取措施防止盗窃；协调货币处理过程，如设立现金办公中心，建立记录保存系统，设立现金收款和存款系统，安排安全和审计系统。 9.2 监管现金处理程序。审查安全程序，监控收入和支出；监督审计文件。
E. 行政（Administration）	
技能10： 执行行政任务	10.1 协调行政办公。标准化管理职能，如信息系统，用品和设备等；监督行政职能，确保按要求完成；根据人体工程学来规划工作空间、办公设施等；管理工资和福利；监控现金流向，应收账款，应付账款等基本财务信息；审查办公室运营日程表，例如，季度税务汇款的时间。 10.2 管理信息系统。确定要管理的信息和可用资源；提供用户所需的数据信息；监测信息系统的使用情况；审查和调整信息系统以更好地满足用户需求；审查记录存储系统，保持记录的准确性和最新性，维护信息系统的安全性。 10.3 撰写报告。撰写文字，制作图表；分析和评估收集到的信息可信度；确定报告主题，根据听众的需求来确定演示风格和报告文风；使用适合听众的语言和风格；确定文本和数据格式；编辑、校对报告内容。

续表

技能	具体操作（子技能）
F. 人力资源（Human Resources）	
技能11：制订和执行人力资源计划	11.1 确定员工需求。对活动进行分析，明确活动所需的人数；评估与志愿者相关的利益、参与成本和风险等；确定员工和志愿者在活动中的角色和责任；确定工资和福利。 11.2 建立员工政策和程序。根据不同的任务制定相应的政策，如招聘、培训、绩效评估、奖励和表彰等；向员工传达政策和程序；监督政策和程序的实施。 11.3 制订培训计划。评估员工/志愿者和整个组织的现有技能和能力；在制订培训计划前首先考虑培训需求，确定完成培训所需的时间；考察目前的培训趋势；审查预算并确定可用于培训的资金；设定可衡量的目标以确保培训达到预期的效果；制定政策，确认可以支持培训的资源，例如，可休假参加会议培训；确定提供指导所需的专家或专业人员。 11.4 监管人力资源计划。衡量员工流失率和离职原因；审查和更新工作描述；进行绩效评估。
技能12：员工和志愿者招募	12.1 制定选择标准。根据需要审查文档，比如劳工立法、组织结构图等；确定工作要求，如职称、职责概要、所需的资格和技能、责任，权力、工资和福利、工作日期和时间等。 12.2 招聘员工和志愿者。确定招募目标群体的最佳方法，如通过当地媒体宣传、通过网络推荐、参加管理培训计划、联系职业中介等；确保招聘过程公平有效；根据需要设计招聘广告，内容包括：职位描述、最低资格、如何申请、申请截止日期、联系信息等，并确保招聘信息清晰准确；实施招聘；筛选申请人，必要时完成就业前安全检查；面试。 12.3 面试。面试准备包括：准备问题和确定评估标准，汇编必要的文件，如工资标准，工作描述等；介绍自己和面试小组的其他成员；从申请表中查看关键信息；向申请人介绍职位概况；通过询问开放式问题，深入了解申请人的个性和技能；鼓励提问；确定申请人的可用开始日期和薪酬预期；根据评估标准记录评论和评分。 12.4 选择最佳候选人并提供合适的职位。通过面试记录和评分来排名候选人；验证相关信息；执行其他安全检查；选择最合适的候选人和候补人选；联系最合适的候选人，提供职位并通知开始工作日期、工作福利等信息；允许在合理的时间内作出回应。如果候选人拒绝，要弄清原因；如果候选人接受，则提供合同和保密或隐私协议；完成档案记录。
技能13：员工和志愿者培训	13.1 提供职业方向。提供员工/志愿者有关组织的信息，如公司结构、政策和文化等，以明确角色、责任和权力；鼓励提问；参观工作场所或活动现场；将员工/志愿者介绍给组织中的其他人；根据需要提供文件，如活动简报；确定可能需要培训的领域，譬如立法知识、办公设备操作、紧急风险管理程序等。 13.2 提供培训。设定可衡量的目标；准备培训计划，包括培训科目、人员名单、所需设备、日期、地点、导师、测评方法等；举办培训课程；评估培训计划的有效性。
技能14：管理员工关系	14.1 监管员工和志愿者。提高员工表现和行为标准，促进员工对任意工作场所的适应性，沟通团队成员和领导者以明确其期望；促进团队合作；解决冲突；监测个人和团队的表现以实现目标；定期反馈工作表现 14.2 激励员工和志愿者。确定工作人员和志愿者的个人需求，如经验、认可和地位；提供额外的指导和培训；酌情使用奖励措施。 14.3 团队管理。明确团队的目标，设定可衡量的标准；确定工作人员/志愿者的专业知识、技能、态度以及各自在团队中的角色；确定团队的行事风格以帮助团队实现目标；支持引入新的团队成员，让团队共同成长壮大；在关键点审查团队绩效；鼓励团队成员之间的沟通；庆祝团队和个人的成功。 14.4 员工评估。选择最佳绩效评估方式；定期进行绩效评估。 14.5 处理停职和辞职相关事项。通过离职面谈等方式，确定辞职原因；提供停职理由；提供所需文件的副本；向辞职员工和停职人员解释补偿和福利的内容；通知可能因停职或辞职而受到影响的其他人，如客户和供应商。

续表

技能	具体操作（子技能）
	G. 利益相关者管理（Stakeholder Management）
技能15：利益相关者管理	15.1 确定利益相关者。确定内外部利益相关者，特别是客户、赞助商和参与者；确定利益相关者的利益、问题和优先事项以及存在的机会和威胁。 15.2 评估利益相关者。确定利益相关者自身的影响力以及对活动的潜在影响；确定利益相关者的角色、期望和相应的义务。 15.3 对利益相关者进行分类。根据权力、影响力等因素对利益相关者进行分类；确定利益相关者之间的关系，防止产生利益冲突等情况。 15.4 管理利益相关者的活动。识别并整合利益相关者的不同利益和目标；确定活动的执行能够满足利益相关者的需求，例如，现场参观、发布会、捐助者表彰等；与所有利益相关者保持联络。 15.5 参与者服务管理。确保员工了解与会者的角色、责任和期望；调查并解决重复出现的问题；建立评估与会者满意度的系统；提出改进服务的建议。
	H. 活动设计（Event Design）
技能16：设计活动项目	16.1 确定项目构成。审查之前的计划和评估报告，考察其他类似活动的方案，调查目标市场，确定与会者的期望，并在此基础上提出新的想法；确定所需的项目构成，如演讲者、娱乐节目、景点参观或其他辅助计划；确保项目构成符合法律和法规要求；预估成本。 16.2 选择项目构成和达成方式。确定项目构成内容，例如发送提案或投标请求，联系代理人；确定利益相关者期望与项目构成是否一致；考虑主题、项目构成和市场营销策略之间的一致性；确定每个项目构成的要求；确定必要的支持材料，譬如奖品、礼品、酬金等；向利益相关者提供项目内容和达成方式以供参考，并在必要时获得批准；分配所需的资源。 16.3 安排项目组成的结构和顺序。确定每个子项目的顺序和持续时间；考虑每个子项目之间的连续性和关联性；编制议程；将任务分配给其他合适的人选；合理利用资源；编制所需的文件。
技能17：管理演艺人员	17.1 确定活动中表演者的需求。查看活动计划，确定哪个环节是需要表演者来调节氛围的；确定适合活动的表演者类型以及艺人来源。 17.2 制定审核标准。制定表演人员的标准，例如，表演者的类型和表演的性质，演出的持续时间和地点，工作日期，工资和福利，修饰和着装要求等。 17.3 审核候选人员。面试时进行相关表演的试演，提前确定好试镜地点以及评委；安排候选人员进行试演；查看关键信息并进行提问，以深入了解其是否符合要求；根据试听标准记录评论和评分；选择最佳候选人。 17.4 准备和监管表演人员的协议。确定合同要求；谈判合同；为双方争取有利的结果，确定什么是可协商和不可协商的；解释自己的立场和观点，就可行的选项达成一致；定期监督以确保按计划进行；跟进问题，在可接受的时间范围内处理违约行为或其他问题；评估表演者的表演是否达到预期效果。
技能18：安排餐饮服务	18.1 制定餐饮服务需求。进行需求评估，包括餐饮类型、人数/膳食数量、预算等；制定指导方针，例如，确定获得产品和服务的途径，严格把控食品的质量安全；确认餐饮服务的日期、时间和地点；确定所需的用品和设备，譬如餐具、桌子、冰块、餐券等；安排要运输的设备，供应的物资，负责餐饮服务的员工培训；安排工作人员，确定所需人员的数量以及任务；确定时间表。 18.2 选择菜单。确定餐饮服务的要求，例如需要的餐饮类型、人数等；确定茶点和饮料服务的要求，譬如，是否需要酒精、玻璃器皿、冰块等；存储条件的确定，例如制冷和空间要求；确定菜单时要咨询活动发起人或赞助商，菜单要考虑是否符合营养要求；考虑成本；确保负责餐饮的工作人员熟悉菜单和配料。 18.3 计划服务类型。为活动确定适当的服务风格，譬如桌餐服务、鸡尾酒服务或自助餐等；确定房间配置；检查布局和设施，如电、气、水、服务区和存储区域；评估设备和供应要求；确认与供应商的安排。 18.4 选择餐饮供应商。对于食品服务提供者：确定服务风格、菜单和定价，确认用餐人数和用餐时间；对于酒水服务提供商：确定用品和设备，如酒精、玻璃器皿、冰块；签署服务合同；在活动举办前进行跟进确认。

续表

技能	具体操作（子技能）
技能19： 活动环境设计	19.1 设立兼具艺术性和功能性的环境。将动态、信息等多种元素纳入设计概念中；利用装饰品、标志、道具等物品设计交互性环境、并将主题，品牌和氛围融入活动环境中；遵守法规，如禁用激光、烟火等。 19.2 选择装饰物。根据活动的主题选择装饰物；在考虑场地限制的情况下，确定理想的活动氛围；装饰物的设计元素中应包含活动主题和logo，根据需要包含赞助商标志物；必要时提交审批计划，例如董事会，客户；选择装饰和装饰供应商。 19.3 安排活动标识。设计提供信息、识别和指引的标牌；在活动中安排标识的安装和放置。
技能20： 活动设施管理	20.1 确定舞台需求，如舞台大小、高度、表面、容量等；确定设备需求，如照明、声音、视听、基础设施、安全设备、特殊效果等；在考虑视线、人流、光照的情况下，安排基础设施的放置位置；确定设备规格和供应商；协调在活动现场安装舞台和设备的后勤，解决安全问题，确保设备、机器、工具和其他设备的可用性；监控、维护舞台以及设备的安全性和完整性，例如，电源和地板的负载；与技术和设备操作人员保持联系；为演员排练提供充足的时间，确保在表演中所需的声音、特殊效果可用；在活动期间监控并解决技术问题，尽量减少对表演或节目的干扰。
技能21： 制订参与者管理计划	21.1 制定准入系统。确定准入制度，如注册、实名制认证等；确定要使用的准入凭证，如门票、姓名标签、照片识别、腕带等；选择恰当的技术来支持准入系统；拟定准入计划草案，包括准入标准、会场级别、准入方法、准入技术的安全性等。 21.2 选择人流管理技术。确保空间、设施和服务适合与会者；确保应急和关键程序到位；使用系统和人员来管理和监控人流状况和行为，制订适当的方案来应对超过预先设定的情况；设置人流引导服务，如引座、标志、路障等。 21.3 招待服务。确定招待要求，安排接待服务，如指定接待区、预订当地活动和景点的门票、安排交通、住宿、餐饮服务。
I.场地管理（Site Management）	
技能22： 场地选址	22.1 制定场地规格。判断活动的性质、规模和财务要求，如预算、形象等；判断活动的类型与场地风格是否一致；确定场地占用的日期和持续时间；确定场地备选清单。 22.2 寻找潜在场地并进行实地调研。调查潜在的活动场地；实地调研，审查设施服务的可行性；根据场地附近的交通便捷性、酒店位置及停车场等条件，对场地的可用性进行评估，基于日期、费用、空间和其他功能或限制条件进行筛选；确认场地租用；与场地负责人员保持沟通联系。
技能23： 场地设计	23.1 设计场地布局。确定场地内的配置需求，如空间大小、通信设施、紧急出口等；确认场地内的结构和设施摆放位置；拟定现场规划方案，确定设施、服务、活动节目、安全等；检查现场并确定现场规划方案的可行性，比如洗手间位置、现场容量、交通；根据需要准备精确的比例图，并调整场地设施；获得主要利益相关方对计划布局的支持。
技能24： 活动场地管理	24.1 为场地的搭建和拆卸制订计划。确认对场地的访问权限，例如安装拆卸的具体日期和时间；准备详细的计划，包括平面图、时间、所需人员，安排人员进行运输、接收和存放，确保人员可用于安装和拆卸，公示场地施工关闭要求和可用时间等。 24.2 搭建场地。将场地搭建计划传达给相关人员，如员工、供应商；按照场地搭建计划进行搭建，确保进度，如相关服务设备的提供、设备等硬件设施的试用和调试、特殊设施，例如更衣室、客房/休息室、设备室等；根据需要调整计划以适应变化的环境。 24.3 在活动期间监管场地。通过观察和适当的沟通来监测活动的运行；识别和分析运营问题，确认需要的额外服务；通过持续的沟通与监督确保有效地提供服务。 24.4 场地拆卸。将场地拆卸责任传达给适当的个人，如员工、供应商；拆除临时结构、装饰物，清理垃圾等脏物；清点设备数量，检查丢失或损坏的物品，退还租赁设备；确认供应商已将其物品从活动场地上移除，考虑回收物品；进行现场检查；完成所有相关记录。

续表

技能	具体操作（子技能）
技能25：场地基础设施管理	25.1 确定活动中基础设施的需求，如停车点、卫生管理、注册区域、临时搭建物、餐饮，在此基础上细化每个功能的需求，如估算运输系统的需求、确定停车需求和车辆类型等；将活动需求与现有基础设施功能和空间容量进行比较；确定必须获得或调整的基础设施要求以满足活动需求；安排额外的服务或设备，如酌情采购其他停车位或在临近区域安排停车位，为饮用水和非饮用水提供补充资源等；制定应急措施来解决可能存在的交通拥堵现象。
技能26：现场沟通管理	26.1 建立沟通框架。识别要传达给内部和外部的消息类型，如公告、更新、变更等事项，概述要传达的消息的内容和风格，制定信息资料，例如，联系人名单等。 26.2 确定并获取所需的通信设备和资源。基于场地的类型和大小，分析沟通需求；确定适合沟通的技术设备和服务，如手机、寻呼机、PA系统等。
J. 市场营销（Marketing）	
技能27：制订和执行营销计划	27.1 进行情景分析。评估活动功能，如服务、资源、促销活动、价格、形象；识别活动的优势、劣势、机遇和威胁；分析当前的经济、政治、社会状况以及目标市场；确定参与者当前和未来的需求以及期望；确定拓展新市场的机会；确定可能影响活动的法律和监管限制；总结情景分析的结果。 27.2 细分目标市场。确定潜在客户概况，如年龄、性别、社会经济地位等；对针对目标细分市场的资料、活动产品和服务进行匹配。 27.3 制定活动的品牌。确定目标市场的独特价值；对自己的活动进行定位；设计logo和其他视觉标识；确保品牌和使命、目标的一致性。 27.4 选择营销媒介。评估市场上渗透性强的可用媒体，选择最佳媒介将营销内容与目标市场进行匹配；在考虑最佳投资回报的基础上，选择最有效的媒体。 27.5 制订完整的营销策略。制订活动中营销活动的时间表；整合营销活动，保持营销活动的一致性，并使其相互促进和加强；确定实施营销计划的资源要求；根据情景分析预测需求；制定关键绩效指标，以监测计划的有效性。 27.6 实施营销计划。向营销人员传达计划的目标以及变更事项，如重新分配人员和资源；协调活动以及其他方面；持续监测活动和结果，确保目标的实现，保存活动记录，比如成本、结果和影响因素；评估营销活动。
技能28：管理营销材料	28.1 确定活动所需的营销材料，如小册子、节目单、门票；为每种类型的活动材料选择合适且具有成本效益的材质和生产途径。 28.4 分发营销材料。确定每件产品的分发方式；组装分发材料。
技能29：活动产品管理	29.1 确定产品的设计和规格。研究客户需求和兴趣；与其他类似产品进行比较，评估现有商品的价值；定义产品设计和生产规格；确定新的营销技巧和销售媒介，寻找新的市场机会；将产品概念与营销活动相结合。 29.2 确定价格。计算直接和间接成本，确定利润要求；在考虑目标细分市场的价位、商品质量、感知价值的基础上，为每种商品设定价格。 29.3 确保品牌的完整性。例如，区别于仿制品的产品高识别度、控制产品的发行等。 29.4 活动产品的生产。寻找合适的商品制造商，协商采购协议；对产品质量进行验收。 29.5 分发活动产品。确定销售途径，例如，实体店铺或者在线销售网点；谈判分销协议；建立库存管理系统；确定运输安排，预估相关运输成本。
技能30：活动促销	30.1 制订广告计划。确定广告需求；评估可用媒体的优势和劣势；确定合适的媒体渠道；购买媒体产品和服务；评估媒体效果。 30.2 制定促销活动。评估活动的优缺点；确定不同促销活动的目标和限制；确定促销活动的责任和合法性；争取赞助商和供应商的交叉推广；最大限度地宣传活动的媒体报道。 30.3 设计比赛。确定举办比赛的类型，如抽奖、游戏和技能测试；制定规则、条例、参赛资格；制定奖励制度；寻求与赞助商和供应商的交叉推广的机会。 30.4 协调促销活动。确定每项促销活动的要求；评估每项活动创造需求的能力；制定促销活动的时间表，以更好地协调活动。

续表

技能	具体操作（子技能）
技能31： 公共关系管理	31.1 制定公关策略。确定公关的目标；确定公众的范围和特征以及信息需求，细分观众类别；制定主动和被动应对策略来解决活动中出现的问题。 31.2 制订公关计划。提供并选择合适的媒体和通信渠道，以覆盖各个行业的人群；将公共关系活动与广告和促销活动结合起来，作为整体营销计划的一部分。 31.3 培养媒体关系。及时准备有新闻价值的媒体发布会；为媒体提供适当的访问许可；提供准确、可靠的信息。 31.4 执行公关计划。与政府、社区和利益相关者建立良好的关系；确定可能影响活动目标的问题和趋势；确定活动与公众之间互动的方法，通过推广活动、广告宣传，培养正面形象，制造舆论；评估公关活动的有效性。 31.5 危机管理。监控与活动和利益相关者相关的新闻；将危机和争议的控制与公共关系活动结合起来；记录公关活动的整个流程。
技能32： 销售管理	32.1 制订销售计划和目标。查看历史销售数据，确定以前的目标细分市场，为所有活动产品设定销售目标；确定潜在的目标细分市场；确定销售工具和战术以用于每个目标细分市场和产品；评估销售团队的能力以实现利益的最大化；建立销售组织结构，如以地理位置、客户、产品为核心的销售组织；定义销售计划的关键绩效指标，定义销售团队的销售目标。 32.2 执行销售活动。使用销售工具和策略，例如，开展销售拜访、提供销售奖励、提供赠品、使用电话销售等；通过比较关键绩效指标和销售目标来评估销售计划的是否成功。 32.3 确定销售平台。为细分目标市场和活动选择合适的销售平台与服务；确定销售资源，如展位、员工、交易设备；确定所需的在线销售工具，如网站链接、网站设计、安全支付软件。
K. 专业性（Professionalism）	
技能33： 专业性	33.1 专业形象。保持专业操守和形象，具有服务精神、奉献精神。 33.2 领导力。在团队中树立榜样；使用适合情境和工作人员的领导风格；传达公司和活动的愿景和价值；认识到团队发展的阶段并推动团队合作，促进变革；处理困难、挑战和冲突；关心员工，认可并鼓励他人的创造力和创新力。 33.3 道德行为标准。公平透明地对待所有的交易和互动；遵守道德行为标准，制定、实施促进道德行为的政策和程序。 33.4 与同事工作。在作出决定时征求同事的意见以获得其他观点；定期沟通并倾听他人意见，向同事提出可能影响工作的困难；尊重同事的角色、责任、利益，认可他人的专业知识、技能和态度，保持积极合作的态度；解决与同事之间的冲突和分歧，尽量避免因此对工作的影响；监督和审查工作关系的有效性。 33.5 在多样化的环境中工作。与来自不同背景的同事和谐相处；确定并解决因工作场所产生的问题；理解并处理因文化差异带来的各种困难。 33.6 时间管理。设定短期和长期目标并确定优先次序；确定每个目标需要完成的任务：根据重要性和紧迫性优先考虑任务的次序，确定绩效指标，预估完成每个任务需要多少时间；使用时间管理系统，如日程安排者、甘特图等；制订行动计划；监督任务和行动计划的进展；定期审查和对照实际行动和目标。 33.7 压力管理。承认自己的局限性，认识到自己的压力和态度会对他人产生的影响；关注个人身体、情感和精神方面的需求，确定个人压力指标；建立舒适的工作环境；采取行动减轻压力，平衡家庭、工作、生活与爱好之间的关系。 33.8 解决问题。确定并调查问题；评估问题的严重性；客观分析和确定可能的解决方案；选择并实施最佳解决方案；跟进以确保问题得到解决；监测结果；记录问题以及最佳解决方案。 33.9 关注行业内的最新进展。获取当前的最新信息，如发展趋势、新技术等，与活动行业的同仁保持密切联系。 33.10 参与专业发展活动。参与行业协会；阅读行业出版物，如期刊、杂志和电子新闻等；参与行业教育，譬如参加讲习班和研讨会；追求专业认证。

续表

技能	具体操作（子技能）
L.沟通（Communication）	
技能34：商务沟通	34.1 口头沟通。内容简洁明了，确保信息及时准确和完整；确定传递讯息的适当时间和地点；用合适的语气、音量、语调和语速，与听众进行眼神交流，适当地运用肢体动作；确认受众是否理解，例如，要求反馈，倾听对方的想法。 34.2 书面沟通。提供最新、准确、完整和简明的信息；使用合适的格式和书写风格；考虑受众的需求、阅读能力和理解能力；做好校对工作。 34.3 使用沟通工具。有效使用商业通信工具，如电话、电子邮件；为信息传递选择适当的技术，例如，带有签名的传真文件；定期检查消息，并及时回复。 34.4 有效的展示。了解观众的背景和参与动机；逻辑清晰、简洁明了地讲述展示内容，运用恰当的语气、音量、语调和语速，与观众互动，如眼神交流；使用演示工具，如音频、视频、图像等；准备支持材料，如宣传册、登记表等，严格把控演讲时间。 34.5 计划并执行会议。确定会议的目的和主题；确定参加会议的人员；确定所需会议的类型；准备会议：列出大纲或议程，安排会议室，确定所需的材料；邀请参与者，通知会议日期、时间和地点，并提供议程等信息；准时开始；在会议开始时设置设备参数；促进会议的进行，鼓励参与者提供建设性贡献，灵活管理时间，总结关键性观点；在预定的时间休息；确保后续工作已完成，将决策和行动计划提交给负责人；评估会议是否有效；制定会议的改进方案。 34.6 建立并维持良好的商业合作关系。通过有效的沟通建立信任和尊重；保持与客户和供应商的定期联系。

资料来源：Canadian Tourism Human Resource Council. Event Management：The International Competency Standards［R］. 2011.

【经典小实例3-1】

公益活动项目的危机公关

我是一名大学生，前段时间参加了一个国际大学生组织——SIFE，并和队员一起策划和组织了一个关于青少年理财的公益活动，目的是向全市人民推广理财的理念。

该项目有个环节是邀请著名企业的高管来讲课，传授企业家精神和分析现代市场经济的新理念。我们团队经过努力，先后找过华硕西南地区的销售总经理，和KPMG（毕马威）的一名高级经理。可是在谈判的时候，华硕的经理很在意KPMG的高级经理来不来的问题，当时我们也只是和KPMG的人在谈，那位经理也表示了很在意这个项目，并问了我们希望他能分享的内容。为了稳住华硕那边的经理，我们说KPMG的高级经理到时候会过来的。

可是，当还有两天活动就要开始的时候，我们得知KPMG的高级经理没法出席，并且KPMG也不会派其他人来助阵。但我们的时间已经定了，并已经通知了这次活动的主要参加者——通过选拔的一批中学生。所以，时间不能更改。

这时候，我们的团队应该怎么办呢？如果马上就直接和华硕经理说KPMG不会来人，那有可能他也不会来出席我们的活动，这样，我们的活动就会缺失最重要的一个环节。如果活动当天等华硕的经理来活动现场后再告诉他 KPMG 的高级经理不能来，那他可能会觉得我们是在欺骗他。

我们应该如何处理这种情况？请大家帮助出谋划策，不胜感激。

资料来源：项目管理者联盟．公益活动项目的危机公关［EB/OL］. http：//www.mypm.net/case/show_case_content.asp?caseID=2166，2007–04–23.

第四节　具体应用

EMICS 跨越了国界成为许多国家认可的能力资格标准。对此，国际会议专家联盟（MPI）首席开发官 Didier Scaillet 这样评价道：我们的行业正受到缺乏正式而清晰的职业道路发展的困扰，这些标准通过提供一个有力的、全球一致的框架作为学术和培训的教学标准来纠正这种情况。

一、在专业教育课程体系设计中的应用

迄今为止，EMICS 被不少大学采纳，用于课程开发和学士水平的评估标准制定。例如，苏格兰皇后玛格丽特大学（The Queen Margaret University of Scotland）是全球首批正式接受并认可 EMICS 的高等教育机构之一。温哥华艺术学院（The Art Institute of Vancouver）的教育工作者也将这些标准融入课程教学中。柏林流行艺术大学（SRHHochschule der populärenKünste）以致力于创意产业的培训和研究而闻名，该校在 2010 年对 EMICS 进行了审查，并认可了 EMICS 在知识和技能方面的应用价值。

以提供国际认证为基础的课程将有助于为活动管理专业人员创造更好的就业机会，并为他们国家的经济增长作出贡献，因为他们可以通过策划和执行优秀的专业活动，为当地带来一大批投资者和游客。

二、在其他活动标准制定中的应用

EMICS 也在一些权威的行业认证项目中得到应用。例如，注册会议专家（CMP）项目及考试以注册会议专家国际标准（CMP International Standards，CMP–IS）为基础，而 CMP–IS 是美国会议产业理事会（CIC，注：现已更名为 EIC）与 CTHRC 合作于 2011 年在 EMICS 的基础上开发的专业认证项目及考试的知识体系，该体系对一名成功的会议和活动专业人员所必须具备的知识、技能和能力做了定义与详细说明。在 CMP–IS 框架内，知识模块被分成 9 个：A. 战略计划；B. 项目管理；C. 风险管理；D. 财务管理；E. 人力资源；F. 利益相关者管理；G. 会议或活动设计；H. 场地管理；I. 营销。具体内容见本书第五章。

早在 2007 年，国际会议专家联盟（MPI）就意识到需要有一个综合的知识和技能体系来指导会议和商务活动的职业能力标准开发，且该标准必须能适应行业的多样性——不同类型的商业和会议活动、动态的职业生涯和不同的专业水平。2011 年，MPI 与 CTHRC 合作，在 EMICS 的基础上开发了一套全球标准——国际会议与商务活动能力标准（MBECS）。MBECS 说明了有经验的会议和商务活动专业人员应具有的知识和技能的总体概要。在 MBECS 框架内，标准被分成 12 个知识类别，与 EMICS 相同。具体内容见本书第四章。

EMICS 与相关行业能力标准的关系如图 3–2 所示。

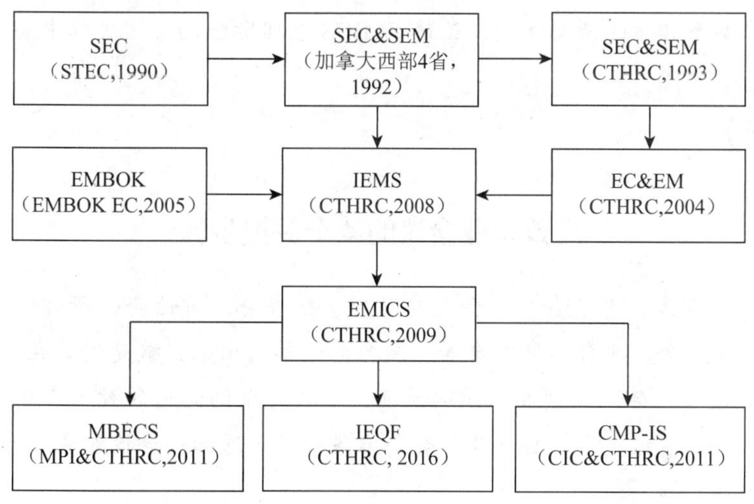

图 3–2　EMBOK、CMP–IS、MBECS 和 EMICS 的关系[①]

【本章小结】

活动管理国际能力标准（EMICS）是加拿大旅游人力资源委员会（CTHRC）在 2010 年开发的一套标准能力体系，旨在培育能适应任何环境、驾驭任何活动的综合性人才。EMICS 将活动管理的知识领域分为 12 个，分别为战略计划、项目管理、风险管理、财务管理、行政、人力资源、利益相关者管理、活动设计、场地管理、市场营销、专业和沟通，每个知识领域下又细分为 34 项技能和 145 项子技能。

本章开篇介绍了 EMICS 的发展历程及其应用价值，然后对 EMICS 的具体知识领域和涉及的技能作了详尽解释，最后一节对 EMICS 在专业学历教育和行业认证培训中的具体应用作了说明。

① 参考资料：刘春章.【能力标准】活动管理能力标准：EMICS、CMP–IS、MBECS[EB/OL]. http://mp.weixin.qq.com/s/EyWPVkB–J6Qs_gH_ZwWlsw，2016–11–28.

【复习题】

1. EMICS 中的知识领域划分和技能说明对活动管理工作有什么指导作用?

2. EMICS 对 12 个知识领域的划分有哪些优、缺点?

3. EMICS、CMP–IS、MBECS 对知识领域的划分为什么会产生不同，各自的侧重点又在哪里?

4. 请对照 EMICS 中的知识领域划分和技能说明，对某个大学会展专业的课程体系设计进行评价。

5. 简述 EMICS 与 CMP–IS、MBECS 之间的联系。

6. 请结合某个具体的活动案例，论述 EMICS 在实际活动管理工作中的具体应用。

【案例分析】

高效企业会议的 4 个关键步骤

会议的种类很多，有晨会、例会、启动会、报告会、讨论会、研讨会、开标大会、签约大会、竣工大会、年会、联欢会等。我把会议单列出来，就是因为在沟通中经常会以会议的形式进行。会议策划和组织的情况，直接关系到沟通的效果。对于企业而言，要把会议组织好，应该重点把握 4 步：会前准备；开会通知；会议纪要；会后报告。

1. 会前准备

首先，应该确立会议的主题和目的，即“开会要干什么?”“解决什么问题?”“取得什么结果?”等。其次，要确定参会的人员，包括主办方、承办方、赞助商、新闻媒体、参会人员等。然后，要落实会议的其他要素，包括形式、时间、场地、流程、程序、配套设施及经费等。最后，形成详细的会议计划。会前准备工作，因会议规模、重要程度、紧急情况等不同，准备工作也可繁简不一，工作量也会有所不同。

2. 开会通知（会议宣传）

会前准备工作做得再到位，如果通知力度不够，渲染效果不好，会议就会像埋在地下的金子。通知（宣传）要确认做到：①所有与会人员都收到《会议通知》；②所有与会人员都能意识到会议的重要性，并积极参加会议；③对于不能参会的人员，也要收集他们对会议的建议、意见或希望等信息；④其他与会议有关的事项。根据会议的情况，通知工作可以通过电话、邮件、传真、口头、短信、微信等多种形式落实。

3. 会议纪要

会议举办以后，会议纪要就是本次会议的成果，它详细记录了一次会议召开的情况，包括人员的出席情况、会议流程、会上讨论的关键内容等，因而它是拟定会议报告的依据。现在流行的会议形式有：现场直播、视频会议、电话会议、多功能会议等，这些形式能及时、准确记录和传播会议的情况。

4. 会后报告

会议结束后，要及时进行总结，分析会议得失，并向参会人员反馈相关情况，形成公司过程资产（参考资料、备忘录）。

资料来源：王万勇 . 高效会议的 4 个关键步骤［EB/OL］. http：//blog.sina.com.cn/s/blog_53e932a10102w01h.html，2015-09-23.

思考：假定你是企业某次会议的组织者，请结合 EMICS 的相关知识，对策划和筹备这次会议的总体思路进行说明。

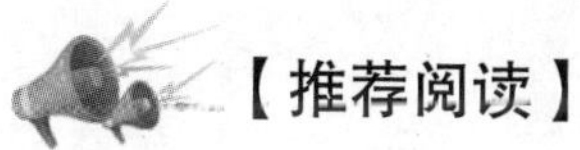

【推荐阅读】

活动管理能力标准：EMICS、CMP-IS、MBECS

Event Management International-International Competency Standards

第四章 国际会议与商务活动能力标准（MBECS）

【学习目标】

了解国际会议与商务活动能力标准（MBECS）的应用范围、对从业人员角色层次的划分以及与其他行业能力标准的异同点

掌握国际会议与商务活动能力标准（MBECS）的12个知识模块

熟悉国际会议与商务活动能力标准（MBECS）规定的相关技能

【关键术语】

国际会议与商务活动能力标准（MBECS）；会议和活动专业人员（Meeting Planner/Event Professional）①；知识模块；角色层次；课程体系

正如Cecil等学者（2013）所说②，会议和商务活动已发展为全球最大的行业之一，专业人员在这个行业发挥着重要作用，因而该行业需要一套全球公认的、成熟的从业人员能力指标体系。2009年，加拿大旅游业人力资源委员会（CTHRC）联合活动管理知识体系（EMBOK）委员会的成员，共同开发了一个关于活动管理专业人士能力的标准——《活动管理国际能力标准》（Event Management International Competency

① 国际上对会展和活动专业人士的比较统一的称呼是meeting/event planner或meeting/event professional，为了与MBECS相对应，本章统一采用“会议和活动专业人员”的提法。

② Cecil A，Fenich G，Krugman，C. Review and Analysis of the New International Meeting and Business Events Competency Standards［J］. Journal of Convention & Event Tourism，2013，14（1）：65-74.

Standards，EMICS）。参与此项工作的作者来自 20 多个国家，有行业和学界代表，他们提出的能力标准来源于行业实际，因此，该标准具备很强的专业性和可操作性。国际会议与商务活动能力标准（Meetings and Business Events Competency Standard，MBECS）是 EMICS 在会议和商务活动领域的具体应用。

第一节　标准简介

MBECS 是 MPI 和 CTHRC 在 EMICS 的基础上，于 2011 年合作开发的针对会议和商务活动的全球标准。MBECS 不仅列出了涵盖的知识模块，还指出了各知识模块涉及的技能及其具体应用。在知识体系和技能上，MBECS 的知识体系包括 12 个知识模块，33 项技能和 140 项子技能；在职场角色和责任上，MBECS 的应用可以分为协调者、管理者和指导者三个渐进的职场角色，相对应的职责是协调（Coordinate）、管理（Manage）和指挥（Direct），如图 4–1 所示。

为什么 MPI 和 CTHRC 要投入大量人力、物力开发这个能力标准呢？其基本目的如下：服务于会议与商务活动人力资源管理的多个层面，即在学历教育、招募、培训、表现评价、员工奖励以及职业资格等方面，MBECS 都可以作为重要的内容来源和依据。2012 年，MPI 专门推出了“MBECS 课程体系指南”（Meeting and Business Event Competency Standards Curriculum Guide），以期为教育工作者提供将 MBECS 有机整合进专业课程体系的相关理念和工具。事实上，鉴于其广泛的适用性，MBECS 可以被企业、行业协会、教育机构和政府部门使用。

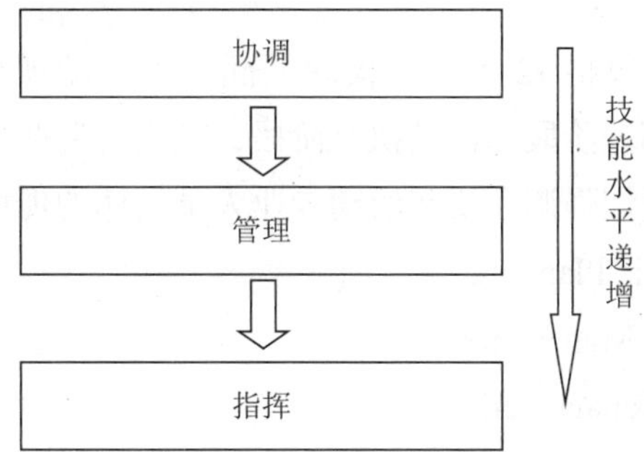

图 4–1　MBECS 中的职场角色层次图

一、协调

在该阶段，会议和活动专业人员（Meeting Planner/Event Professional）的职责是帮助会议和活动管理者，并对会议和活动计划的具体细节负责，包括注册过程、招募、培训和监督志愿者并支持员工等。在他们的职责范围内，协助上一级的管理人员和指导人员。在会议和商务活动项目中，这部分人员从事的是最基层、最繁杂却是最重要的工作。他们是构成项目团队不可或缺的一部分。

二、管理

在该阶段，会议和活动专业人员的职责是通过项目设计、活动执行和管理，对会议或商务活动进行计划和管理，以实现既定的战略目标。这一阶段的管理人员需要监控和评估会议或活动的效果，培训和管理员工。他们具有一定程度的自主权，但需要管理好由其负责的员工。在组织结构中，他们对接的负责人是会议或商务活动项目经理，他们接受项目经理的指导。

三、指挥

在该阶段，会议和活动专业人员的主要角色是作为组织和执行部门的一员，通常担任项目经理的角色。他们需要完成组织和执行过程中的相应任务，负责会议和商务活动项目的整体战略及商业计划。他们在组织中的重要程度取决于组织的规模，以及举办会议或商务活动的数量和复杂程度。他们的工作需要建立在市场调研的基础之上，并运用其深厚的行业知识来制订会议和商务活动项目的开发计划，同时负责开发、管理和评估项目的战略目标和财务计划。此外，他们还需要维护好与利益相关者、赞助商和投资者之间的关系，以及管理好团队中所有的员工。

第二节　知识模块

MBECS 的核心内容包括 12 个知识模块，涵盖了活动项目管理的三个关键阶段，即活动规划阶段、活动部署阶段和活动执行阶段，其中，后两个阶段在会议与商务活动能力指标中比较重要，它们强调会议和活动专业人员具体的现场运营能力。

- ◆ 战略计划 / Strategic Planning
- ◆ 项目管理 / Project Management
- ◆ 风险管理 / Risk Management
- ◆ 财务管理 / Financial Management
- ◆ 行政管理 / Administration
- ◆ 人力资源 / Human Resources
- ◆ 利益相关者管理 / Stakeholder Management
- ◆ 会议或活动策划 / Meeting Or Event Design
- ◆ 场地管理 / Site Management
- ◆ 市场营销 / Marketing

◆ 专业 / Professionalism
◆ 沟通 / Communication

一、战略计划

战略计划模块要求从事会展和活动行业的人员具备商业管理的基础技能，对行业发展趋势、行业环境的变化有较强的分析能力，懂得运用科学方法对错综复杂的数据进行分析，并能提取对项目发展有用的信息。它主要包括 3 个方面的内容：战略计划管理、制订会展项目的可持续发展计划和测量价值。

（一）战略计划管理

在这一阶段，战略计划者 / 活动策划人员需要明白项目的意义，明确组织的使命，并制定项目发展规划。为此，需要对项目进行市场定位，分析和确定目标市场，并通过对该市场进行细分，找到一个适合项目发展的切入点。在制订战略计划过程中，不仅强调要进行市场调研与分析，同时还需要找到利益相关者并与他们建立良好的长期发展关系。具体而言，需要明确该项目的实施可能会涉及哪些市场主体，以及与这些市场主体的关系，他们是支持还是抵制？同时，还要考虑执行该项目可能需要哪些资源的参与，以及参与的程度等。

（二）制订会展项目的可持续发展计划

这一阶段需要规划者 / 策划人掌握会议或活动项目可行性分析的能力，对会议或活动行业的发展动态有敏锐的洞察力，以及准确判断会议或活动今后的发展趋势的能力。同时，规划者还要对会议或活动行业最新出现的新技术有所了解，并熟知与该行业相关的法律或行政规章。

项目的可持续发展离不开资金的投入。因此，项目收益分析对获得公司的继续投资非常重要。如果一个会议或活动项目可以给公司（或其他主办方）带来足够丰厚的利润，公司会支持该项目的继续发展。规划者在对项目的可持续性进行分析时，项目的盈利能力是首要考虑因素。所以，在制订会议或活动项目可持续发展计划过程中，需要做好以下工作：

（1）收集保留与项目有关的历史数据；

（2）时时关注行业的发展动态；

（3）对风险进行评估，并时刻对项目潜在的风险保持警惕；

（4）做好成本与收益分析。

（三）测量价值

这一阶段要求规划者能够对会议或活动的成本、收益和风险进行估测，同时对项目开展需要的人力资源、运营资源和营销资源有比较清晰的认识，并通过成本—效益分析来测量项目存在的价值。例如，在人力资源方面，需要多少人参与、参与时间的长短以及员工的工资状况；在运营资源方面，包括行政需求、领导管理、物流等；在营销资源方面，包括广告宣传费用、公共关系维护、人员推广等。

二、项目管理

项目管理模块包括会议或商务活动项目计划的制订和管理两个方面。它要求管理者根据项目的使命和目标对项目进行管理，对项目涉及的范围和所需要的资源有清晰地了解，并对项目开展的整个环节有全面的认识。

（一）制订会议或商务活动项目计划

这一阶段需要管理者了解会议或商务活动的使命、目标、目标市场以及利益相关者，同时，熟悉整个项目的开展过程，掌握限制会议或商务活动顺利开展的因素，以及了解会议或商务活动的相关政策与行业标准。为此，可以借鉴以往的项目管理经验，找出该项目的优势和不足，保留原先项目的可行之处，对失败之处吸取经验教训。将以往的项目管理经验运用于现有项目，可以有效防止类似错误再次发生。在制订项目计划时，也可以邀请利益相关者共同参与研讨，从而制订一份让利益参与各方都认可的项目计划，另外，还需要确保制订的项目计划符合法律、道德规范和现有的行业标准。

（二）管理会议或商务活动

这一阶段需要管理者对项目计划相当熟悉，清楚项目的使命与目标，挑选合适人选组建项目团队，并对项目团队进行管理来实施项目。任何项目的实施都存在一定的风险，采取风险防控措施在这一阶段也是必要的。

为了实现对会议或商务活动的有效管理，管理者可以通过制订项目执行计划，让工作团队定期向自己汇报进展情况，从而从整体上对项目进展进行把控。在组建项目团队时，需要选择合适的组织结构，并选择合适的人员，协调好各个部门之间人员配备的比例。在风险防控时，管理者需要与项目利益相关者时刻保持联系，定期对项目资源进行评估分析，确保资源是否充足。在管理会议或商务活动的过程中，项目合同也是一个重要方面。在合同中一定要明确双方的权责，在洽谈合同时要尽力为自己争取更多的利益。

三、风险管理

会议和商务活动风险出现的概率很小，常常容易被会议和商务活动管理者所忽视。但需要注意的是，它一旦出现将会给项目带来巨大的损失。所以，对风险进行研究显得很重要。在活动风险管理中，管理者需要熟悉会议或商务活动的关键路径，能够识别常规性风险因素，熟练掌握常规性风险的防控程序等。

具体来讲，首先，在制订项目计划时需要对可能存在的潜在风险进行识别，并提前采取预防措施，同时，要确保项目计划符合法律法规以及行业规范；其次，在项目执行中应重点对活动举办地点和举办过程中可能存在的风险进行排查；最后，风险一旦出现应该立即启动风险管理措施，将风险造成的损失程度降为最低。在上述过程中，项目管理者要维护好与媒体之间的关系，尽量避免媒体的负面报道。为了防止意外风险给项目造成巨大的损失，项目组可以提前购买相应的保险。目前，国内会务公司和活动公司购买保险的意识在不断增强，险种也越来越丰富。

四、财务管理

财务管理模块主要由财务资源开发、预算管理、货币交易管理三部分组成。这一模块要求管理者具备与财务相关的知识，并为项目制定一个良好的盈利模式。在增加项目收入来源和节约项目开支方面，管理者都需要有较强的业务能力。

（一）财务资源开发

会议或商务活动融资的途径比较多样，常见的包括赞助、捐赠、注册收入、政府拨款以及现场门票收入等，这一过程需要管理者掌握项目融资及财务方面的知识。比如赞助，管理者需要了解任何可能找到相匹配的赞助商的渠道、赞助协议的制定、赞助级别的划分、赞助金额的评估等。

具体操作如下：在财务资源开发方面，首先，管理者可以对相关利益者进行识别，并将会议或商务活动的赞助对象划分成不同等级，有独家冠名、分场冠名、活动冠名或者使用道具冠名等；其次，根据赞助方案识别对应等级的赞助商，在与相关赞助商接洽时，要阐明合作给双方带来的利益，说明合作的痛点所在；最后，在双方有意达成合作意向时，可以用合同来明确双方的合作关系，在合同中一定要明确双方的权利与义务，避免合同违约给双方带来的损失。

（二）预算管理

预算管理需要管理者具备财务管理的能力，能够根据项目发展需要，做到项目收入大于支出或者收支平衡。在这一过程中，管理者的工作重点在于合理利用资金，即将资金用在每一个合适的节点上，尽力避免资金的浪费。因此，管理者可以制定清晰的会议或商务活动预算表，并严格按照项目预算进行采购，但紧急情况下必要的开支除外。同时，管理者还需要对现金流进行监管，确保项目运营有足够的资金进行支持，避免因为资金链断裂而制约活动的正常开展。

（三）货币交易管理

管理货币交易包括建立现金交易程序和监控现金交易程序两个方面。它需要管理者掌握一定的财务管理知识，能够对现金交易流程比较熟悉。同时，要能够识别交易过程中存在的风险。例如，现金交易过程中对假币的识别、交易过程票据开具是否符合规范、交易金额是否与签订合同中相符以及现金的保管等。

因此，管理者在进行现金交易时需要按照合法的程序，开具相关交易凭证，以防日后不必要的纠纷。对于拖欠资金的一方，需要督促对方将资金按照之前签订合同规定的日期进行交付。对于协调资金运用方面，公司可以设立中央现金办公室或者设立财务处，由财务处对现金的使用情况进行记录。

五、行政管理

行政管理模块主要指执行行政管理任务，涉及办公室管理知识、信息系统管理知识和公司员工日常办公管理知识。它要求行政管理者具备相应的行政管理能力。管理者可以协调好各个部门、各个项目组之间的关系，稳定公司的运营架构，使得公司员工自觉遵行公司的规章制度。

同时，管理者需要掌握相应的信息管理技术，通过现代化办公技术来实现对公司的高效管理，如员工数据库的运用，就可以帮助管理者对现有员工进行高效管理，保证在某一岗位出现空缺时能及时地找到合适的人选。

六、人力资源管理

人力资源管理的任务是在项目开展过程中，为项目发展提供合适的人力资源的支持，该模块主要包括人力资源规划管理、招聘员工和志愿者、培训员工和志愿者、管理员工关系 4 个方面的工作。

（一）人力资源规划管理

人力资源规划管理需要管理者很好地识别拟招聘员工的能力，并针对该员工制定一个合理可行的职业发展规划。为此，管理者需要对项目结构有清晰的认识，并对项目岗位所需人员应具备的技能和素质有所了解，同时熟悉公司的规章制度以及国家的用人政策、法规，依据公司的招聘规定和国家的用人标准，进行人员招聘。在人力资源规划执行中，管理者应该清楚相关员工近来的工作表现，并定期开展有针对性的培训。此外，管理者应定期对项目组的人力资源数据库进行更新，以便清楚现阶段项目组各成员的能力状况，以及各个岗位的人员流动情况。

（二）招聘员工和志愿者

这一环节需要管理者对会议或商务活动的组织结构、各个环节的岗位构成、国家的相关用人法律法规、会议或商务活动的关键步骤等有清晰的认识。同时，管理者还需要对招聘途径比较熟悉。目前，主要招聘途径有媒体广告、校园招聘、线上招聘平台、报刊和熟人推荐等。此外，管理者还需要制定好人员招聘预算，确保在有限的预算内招聘合适的人选。

在员工和志愿者招聘过程中，首先，要确保招聘信息准确清晰，能够吸引符合岗位需求的应聘者；其次，管理者可以采取考察和测评的方式，从众多应聘者中择优选取。但在制定选拔标准时，应该根据现实情况而定，标准不易过高也不能太低。在确定合适的人选后，要与应聘者说明工作职责、工作时间以及工作报酬等情况，双方达成一致意见后方可签订用人协议，以明确双方的责权利。

（三）培训员工和志愿者

这项工作的主要任务是对新招聘的员工和志愿者进行岗前培训，让其熟悉自己的工作岗位，明确自己在该岗位上的工作职责。为此，管理者需要熟悉项目构架、各个工作岗位的责任、各个工作岗位需要具备的技能以及应聘者目前具备的个人能力等。在这一阶段，管理者对新招聘的员工可以采取集中授课的方式或者由老员工带新员工的上岗培训方式，两种方式各有优缺点，集中授课可以节约培训资源，但学习效率比较低，而一对一的指导培训需要耗费大量的人力，但培训效果比较好，新人学习速度比较快。

（四）管理员工关系

管理员工关系是为了提高项目组内员工的工作效率，让每位员工在一个愉快的环境中工作。为此，需要管理者对项目团队成员之间的人际关系状况比较清楚。当团队成员之间出现关系紧张的情况时，管理者需要对双方的关系进行疏导，及时化解员工之间的矛盾。在开展业务中，当员工的个人目标与组织目标发生冲突时，管理者应该疏导员工能够以组织目标为重。同时，管理者需要具备一定的领导能力，使项目组成员团结一致，不断朝着既定的项目目标前进。

总之，在这一阶段，管理者应该团结项目成员，定期对各成员的工作状态和心理状况进行评估，不断激励项目组成员。当项目组成员之间出现冲突时，应及时进行处理，避免双方关系进一步恶化。

七、利益相关者管理

利益相关者管理需要管理者能够识别与即将开展的会议或商务活动相关的利益主体，并且维护好与这些利益主体之间的关系。这一模块的主要任务是处理与利益相关者的关系，需要管理者具备识别对应的利益相关者、评估利益相关者价值并进行分类以及对利益相关者进行管理的能力。

首先，可以根据项目的使命、所针对的目标客户、项目实施过程的关键环节所涉及的资源以及营销推广途径等，来对相关利益者进行识别。在对利益者的价值进行评估时，管理者需要对该利益相关者的参与可能带来的利益与挑战进行评估，以及对邀请该利益相关者参与的成本进行考虑。如果自己管理的成本较高，可以考虑外包给专业团队的形式。

在管理利益相关者时，管理者需要重点关注利益相关者的关注点在哪，进而分析如何匹配该利益关注点与自己公司的利益。管理者还可以举办一些维护双方关系的活动，定期进行互动。同时，在管理利益相关者的同时，管理者也要确保自己的项目组成员理解利益相关者的期望，在工作中提供利益相关者切实需要的服务。

八、会议或活动设计

近些年来，“设计（design）”越来越受到会议或活动管理者的重视。一个完美的设计方案是会议或活动项目成功实施的重要前提。会议或活动设计是一项复杂的系统工程，它涉及现场执行的许多方面，包括活动设计、演讲嘉宾和表演者管理、餐饮服务协调、场景设计、技术管理和制订参与者流动管理计划等方面。一位出色的会议或活动设计者，需要具备比较全面的知识。

（一）活动设计

管理者需要明确会议或商务活动的意义、使命、市场目标与活动对象，并提出一个有创意且符合市场需求的活动主题。同时，要把握好活动预算，根据活动预算来安排娱乐活动的数量。如果会议或商务活动现场有展览、销售等活动，管理者还需要具备一些基本的展览与销售知识，能做到对现场活动进行把控。

在活动设计阶段，管理者可以采取头脑风暴法，邀请项目组成员共同参与活动设计的讨论。同时，可以借鉴以前活动设计的经验，提出具有创新性的活动主题。根据活动预算和当地相关的法律法规，设计数量合理的惠及利益相关者的娱乐活动。在设计相关活动时，要考虑活动的持续时间和所需的资源，并确保活动举办期间的安全，做好风险防控措施。针对展览、销售环节，管理者需要充分考虑展览、销售的场地和举办时间，提出相应的现场管理方案，以确保展览、销售活动与会议或商务活动各不冲突。

（二）演讲嘉宾和表演者管理

尽管演讲嘉宾和表演者管理是会议或商务活动举办过程中的串场环节，但同样十分重要。如果这个环节工作不到位，会导致活动衔接不顺畅。在这一阶段，管理者需要遴选合适的演讲嘉宾和表演者，并拟定好相关协议，确保活动的顺利推进。此外，还需要熟悉活动的整个流程，例如，在什么时间节点安排什么节目，表演节目需要哪些道具，以及演讲者的演讲主题与内容是什么，等等。

在活动开始前，管理者需要再次核对演讲嘉宾的演讲内容、演讲时长，并对现场的音响等设备进行检查，以确保演讲符合合同要求，达到预期效果。在对表演者进行管理时，需要将表演效果与参与者需求相结合，确保表演内容符合目标观众的喜好。在正式表演前，管理者要将表演要求、表演时间和表演地点提前告诉表演者，以便表演者知晓主办方对表演的期望。

（三）餐饮服务协调

餐饮服务对提升参与者在一次会议或商务活动中的体验有着重要作用。协调餐饮服务是一门学问，它需要管理者熟悉不同地区的饮食文化，不同食物合理搭配的功效，以及当地的餐饮法律和食品安全相关知识。

在协调餐饮服务过程中，活动管理者需要预先详细了解会议或商务活动参与者的个人资料（Profile），包括他们的风俗习惯、餐饮偏好，从而根据参与者的喜好设计一个让所有参与者都能接受的餐饮服务方案。在确保食品安全方面，管理者可以与一家食品供应商建立长期合作关系，并签订相关合同，以确保食品安全，明确安全违约条款的严重性。此外，管理者还需对现场的餐饮环境、用餐方式以及餐饮服务类型进行选择，以期为参与者创造美好的用餐体验。

（四）场景设计

场景设计（Eventscape Design）是近些年会展和活动行业的一个比较新的概念，它指的是运用自然景观、环境要素、装饰物和人工制品等对活动场地的布置，从而创造一个具有独特风格的体验空间。

场景设计需要设计者具备一定的美学基础，有良好的美学感知。同时，设计者还需要熟知当地文化，在设计场景时，要符合活动目的地的文化，这样就不易造成巨大的冲突感。在布置装饰物时，要确保装饰物的安全性，如果有高大的摆件，需要确保其在活动举办期间的稳定性。同时，设计者还要确保活动现场通道畅通。

（五）技术管理

这部分工作需要管理者熟悉目前会议或商务活动举办的相关技术，并将最新的活动科技与现场活动相结合，为此，管理者要了解甚至熟悉这些技术的工作原理，以及在这些设备出现故障时知道该如何对其进行简单的修理。

为此，在活动现场，需要提前对设备进行检查，并提前标注在不同阶段设备应该调设为怎样的状态。在设备使用过程中，需要确保设备正常运作，同时针对设备可能造成的风险提前采取预防措施。

（六）制订参与者流动管理计划

在参与者流动管理方面，管理者需要熟悉安检系统和队形排列方面的知识。管理者可以采用门禁系统对进入活动现场的人员进行控制，确保活动场地承载的人员数量在合适的范围之内。在管理人员动线方面，合理的队形可以帮助管理者对进入现场人员的速度和情绪进行很好的控制，例如，当现场只有一个检票口时，S形队列可以提高现场场地的利用率，也可以很好地避免现场参与者的急躁情绪。在队伍中间还可以设置一些互动环节，以分散参与者排队时的注意力。

九、场地管理

场地管理主要包括选择场地、场地布置设计（Floor Plan）、活动现场管理和现场沟通管理4部分工作。它要求管理者选择合适的活动举办地点，并对活动场地进行适当的设计与布置，对现场活动进行管理，确保活动顺利进行，为此，管理者需要掌握一定的现场管理与协调能力。

（一）选择场地

在选择活动场地时，管理者需要熟悉活动的规格、活动的内容、所需场地的大小和活动需要的场景。然后根据这些要求，与合适的场地供应方联系，并进一步洽谈合作事宜。

在寻找合适的场地时，首先需要选择场地的类型，是露天的还是室内的？场地内是否有VIP通道等。同时，也需要考虑场地位置，是位于市中心还是郊区，以及场地所在地的社会治安状况。为此，管理者可以提前列出对场地的要求，并结合活动预算选择一个与这些要求相匹配的场地。在选定合适的场地后，管理者可以与场地方确定使用场地的大小、时间以及具体服务内容等。

（二）场地布置设计

场地布置的好坏关系到现场参与者的体验效果，这一环节需要管理者熟悉活动项目的内容，进而根据活动内容设计与之相适应的场景。在进行场地布置时，重点是要确保现场通道的畅通，并做好人员流动路线的设计。

因此，活动管理者在进行场地布置设计时，可以先按照活动需求对场地进行功能区的划分，然后针对各个功能区设计合理的人流动线。而且对各个功能区的布置，需要结合预算进行安排，以确保为布置场地所需采购的物资在预算范围内。

（三）活动现场管理

为了做好会议或商务活动的现场管理，管理者需要十分熟悉活动内容及相关法律，如住宿、消防、职业健康和安全方面的现有法规，以及个人在此环节所扮演的角色。为此，管理者要重点做好三类管理，分别为时间管理、人力资源管理和物资管理。

具体而言，在活动举办前，管理者需要对场地进行认真检查，排除可能存在的各种安全隐患，并提前制定防范措施，确保现场有足够的安保人员。在活动举办中，要维护好现场秩序，督促员工做好现场服务工作，确保所有项目按原计划进行。

（四）现场沟通管理

现场沟通管理主要是指协调现场各团队成员之间的联系，目的是为活动参与者创造一个愉快的体验环境。因此，在这一阶段，管理者需要熟悉现代通信设备和通信系统的运用。如果现场有外国友人参与时，管理者还需要具备基本的语言沟通能力。为此，管理者可以提前确定沟通框架，采购所需的沟通设备和资源，并确认沟通设备是否运转正常，沟通渠道是否畅通，沟通术语各个组员是否明白。在确定会有国际人士参与时，需要提供翻译设备，并配备翻译人员。

十、市场营销

市场营销效果的好坏，关系到某一活动能否吸引足够的参与者，因而“市场营销”也是MBECS、注册会议专家（CMP）培训体系的一个重要模块。对于活动管理者，市场营销模块主要由管理营销计划、管理营销资料、产品管理、会议或活动促销、公共关系管理和销售活动管理六部分构成。它要求管理者具备一定的营销学知识，清楚营销管理的途径与各个途径带来的效果。

（一）管理营销计划

营销计划是开展营销活动的指南，营销计划的完整性和全面性关系到活动营销计划的执行是否流畅。制订营销计划，需要管理者熟悉会议或商务活动的目标、受众群体以及活动概况。同时，管理者还需要掌握市场环境、相关法律法规、利益相关者的发展状况、谈判技巧和各种营销手段所带来的效果。

因此，管理者在对营销计划进行管理时，需要对活动营销对象的经营状况与利益点进行研究，分析对方的利益点是否满足自己的利益需求。在确定好营销对象后，可采用价格、促销、优惠、资源等手段吸引对方达成合作并签订合作协议。在营销过程中，管理者还需要将自己的项目与其他竞争类项目相区别，利用自己的优势资源吸引会议或商务活动的受众对象。此外，需要对不同营销手段进行评估，并考虑其成本支持与投资回报率之间的关系，避免入不敷出的情况发生。

（二）管理营销资料

在该阶段，管理者必须了解活动需要哪些营销资料，并对资料内容进行设计。为此，管理者需要明确本次活动将要采取哪些营销手段，并针对不同手段准备相应的资料。有些营销手段是线上行为，营销资料是电子版材料。在确定好营销资料后，便可以对营销资料的内容进行设计和存储。在设计内容时，需要考虑设计样本的风格、色调、LOGO、文本格式、字体大小以及知识产权等问题。在营销资料印制完成后，需要对营销资料进行清点，确保营销资料与原计划数量相符合，并对营销资料进行保管和分发。

这需要管理者协调好营销资料的分发工作，确保营销被散发到相应的受众手里。

（三）产品管理

产品管理涉及产品的设计、生产和发布，是一个完整的过程，它需要管理者熟悉会议或商务活动的目标、市场细分、受众群体、预算和相关法律规定。在设计产品时，管理者需要考虑相关利益者的需求，对现有产品进行评估，找出现有产品存在的问题，结合相关利益者的需求对其进行重新设计。在产品生产过程中，需要确定好产品的规格，把握产品的质量以及做到生产的产品符合市场需求。在产品发布阶段，管理者需要注意新的营销技术和媒体的运用，在营销过程中要重点突出产品特色。

（四）会议或活动促销

会议或活动促销需要管理者熟悉活动的目标、受众对象、营销计划和促销预算。通过运用与促销相关的各种手段，如广告、交叉销售、比赛等。在会议或活动促销过程中，需要寻找潜在的合作伙伴，并对合作伙伴的价值进行评估，通过权衡投入与产出之间的比例，来确定是否与潜在合作者进行合作。比赛作为一种很好的促销手段，管理者需要对其引以重视。利用比赛带来的聚集效应和轰动效应，来吸引潜在客户的注意力，从而为进一步的促销活动奠定基础。

（五）公共关系管理

公共关系管理可以进一步分解为制定公共关系策略、研究宣传计划、发展媒体关系、实施宣传计划和风险管理 5 个环节，它有利于开发潜在客户和留住现有客户。在进行公共关系管理过程前，管理者需要侧重了解利益相关者的诉求；在开展公共关系管理时，需要确保会议或商务活动的利益点与利益相关者之间的利益诉求相一致。

此外，管理者还需要了解项目组用于公共关系维护的预算，做到在预算范围内开展相关活动。尤其是风险管理这一环节：由于风险管理措施不到位，可能会给活动参与者带来无法忘记的负面印象，从而导致会议或者活动项目在人们心目中的形象受到损害，从而造成不可挽回的损失。当出现不可控制的风险时，管理者需要与媒体建立良好的关系，积极争取媒体对出现风险的中肯报道，防止不良影响进一步扩大。

（六）销售活动管理

销售是活动项目收入的重要来源之一。会议或商务活动的销售管理主要包括制订销售计划和目标、开展销售活动和确定销售平台。在制订销售计划和目标时，要对目标市场进行细分，进而选择一个合适的市场群体，并对该市场群体的特征进行分析，从而研究出一个具有针对性的销售计划。与此同时，在这一过程中还需要对同一市场的竞争者进行分析，以便了解销售活动，并采取有效的应对措施。

在开展销售活动时，管理者应与产品受众互动，以及时了解受众群体的需求，并针对他们的需求销售相应的产品。同时，管理者可以综合利用价格、促销和关系营销等手段，实现产品销售量最大化。在确定销售平台时，管理者应该综合比较各个销售平台之间的优势和劣势，进而选择一个更贴切自己销售利益的平台。

十一、专业

这一模块考核的是管理者的专业素质表现，它包括管理者展现的专业形象、领导力、行为道德、团队协作、复杂环境下的抗压能力、时间管理、决策管理、问题解决、紧跟会议或商务活动行业的变化，以及对会议或商务活动不断改进的能力。

另外，在“专业”模块中，管理者的道德行为十分重要，这要求管理者能对自己做出的抉择主动承担相应的责任。

十二、沟通

沟通是 MBECS 知识体系的最后一个模块，它包括口头沟通、书面沟通、沟通工具的运用、沟通信息的有效传达和业务关系的建立。在进行沟通前，需要管理者选择合适的沟通方式、有效的沟通途径，将自己的意思准确地传达给对方。在沟通工具的选择上，管理者需要考虑各个沟通工具的特点。例如，电子邮件的方式在国外可能会更容易引起对方的重视。但在国内，人们对收发邮件还不是很习惯，更多地会选择电话、短信甚至微信、QQ 等社交工具来联系。

第三节　技能要求

一、MBECS 的技能体系

MBECS 知识体系中的技能共涉及“会议或活动的战略计划管理”等 33 项技能和“明确使命、目标和目的”等 140 项子技能（见表 4–1）。MBECS 指南有助于教育工作者识别“能力标准”所代表的挑战，包括确定需要培训什么内容，什么时候培训以及能力的复杂程度，而上述能力可以通过一门特定的课程或项目来讲授。例如，正在讲授大学一年级课程的教育者不要寄希望于学生展示出战略规划模块所涉及的知识和能力。

表 4-1 MBECS 的知识和技能体系对照检查表①

知识模块/Domain	技能/Skill	子技能/Sub-skills	是否包含此项	处于什么水平？	
				知识水平	技巧水平
A. 战略计划/Strategic Planning	1.会议或活动的战略计划管理	1.1 明确使命、目标和目的 1.2 可行性分析 1.3 分析实施要求 1.4 制定财务概要 1.5 监控战略规划			
	2.制订可持续发展计划	2.1 执行可持续发展管理计划 2.2 展示环境责任			
	3.测量价值	3.1 制订评估计划 3.2 测量投资回报率（ROI） 3.3 评估/审计 3.4 评估风险管理计划的有效性			
B. 项目管理/Project Management	4. 制订会议/活动项目计划	4.1 制订项目计划 4.2 制定质量标准、政策和流程 4.3 开发活动主题 4.4 制订采购计划 4.5 建立里程碑和关键路径 4.6 制订综合沟通计划 4.7 制定评估/审计程序			
	5. 管理会议/活动项目	5.1 管理关键路径 5.2 合同管理 5.3 管理会议/活动的运行			
C. 风险管理/Risk Management	6. 制订和执行风险管理计划	6.1 识别风险 6.2 风险分析 6.3 制订风险管理与实施计划 6.4 制订和实施应急计划 6.5 安全安排			
D. 财务管理/Financial Management	7. 财务资源开发	7.1 管理赞助过程 7.2 管理捐赠过程 7.3 管理项目融资过程 7.4 管理注册登记过程			
	8. 预算管理	8.1 制定预算 8.2 建立定价体系 8.3 制定财务控制程序 8.4 管理现金流 8.5 监测预算绩效 8.6 修改预算			
	9.管理货币交易	9.1 建立现金交易程序 9.2 监控现金交易程序			

① 在MPI推出的*MBECS Curriculum Guide*中，附件2为“水平测试表”，主要包括内容评估（Context Rating）、知识—表现（Blooms Taxonomy）和掌握水平（Academic Level），其中，“内容评估”包括每项技能的习得时间、使用频率和重要性。

续表

知识模块/Domain	技能/Skill	子技能/Sub-skills	是否包含此项	处于什么水平？	
				知识水平	技巧水平
E. 行政管理/Administration	10. 执行行政管理任务	10.1 协调办公室管理 10.2 管理信息系统 10.3 撰写报告			
F. 人力资源管理/Human Resources	11. 人力资源规划管理	11.1 确定人力资源需求 11.2 建立人力资源政策和程序 11.3 制订培训计划 11.4 监控人力资源计划			
	12. 获得员工和志愿者	12.1 制定选择标准 12.2 招募新员工和志愿者 12.3 面试应聘者 12.4 选择最合适的候选人并提供具体岗位			
	13. 培训员工和志愿者	13.1 提供方向 13.2 提供培训			
	14. 管理员工关系	14.1 监督员工和志愿者 14.2 激励员工和志愿者 14.3 管理团队 14.4 评估人员 14.5 工作终止和辞职			
G. 利益相关者管理/Stakeholder Management	15. 管理利益相关者关系	15.1 识别利益相关者 15.2 评估利益相关者 15.3 利益相关者分类 15.4 管理利益相关者的行为 15.5 管理与利益相关者的关系			
H. 会议或活动设计/Meeting Or Event Design	16. 活动设计	16.1 确定活动的构成要素 16.2 选择活动内容和举办形式 16.3 对活动要素的结构和顺序进行安排			
	17. 演讲嘉宾和表演者管理	17.1 确定活动对演讲嘉宾和表演者的要求 17.2 制定选择标准 17.3 选择候选人 17.4 订立合同并做好期望沟通			
	18.协调餐饮服务	18.1 确定餐饮服务要求 18.2 选择菜单 18.3 计划服务风格 18.4 选择餐饮供应商 18.5 酒水服务管理			
	19. 环境设计	19.1 明确功能要求 19.2 选择装饰物与家具 19.3 协调会议或活动的标识系统			

续表

知识模块/Domain	技能/Skill	子技能/Sub-skills	是否包含此项	处于什么水平？	
				知识水平	技巧水平
H. 会议或活动设计/Meeting or Event Design	20. 技术管理	20.1 确定舞台和技术设备的要求 20.2 舞台和技术设备的获得 20.3 安装舞台和技术设备 20.4 监督技术设备管理			
	21. 制订观众/与会者流动管理计划	21.1 开发门禁/准入系统 21.2 选择人流管理技术 21.3 协调住宿和交通安排 21.4 礼仪要求管理			
I. 场地管理/Site Management	22. 选择场地	22.1 确定场地的规格 22.2 场地检查			
	23. 设计场地布置	23.1 设计现场布置			
	24.会议/活动现场管理	24.1 制订搭建与拆除物流计划 24.2 现场布置 24.3 会议/活动期间的现场监控 24.4 现场拆除			
	25. 现场沟通管理	25.1 建立沟通框架 25.2 确定和获取所需的沟通设备及资源 25.3 制定具体的沟通程序和协议			
J. 市场营销/Marketing	26.管理营销计划	26.1 进行情景分析 26.2 确定目标市场细分 26.3 制定会议或活动的品牌策略 26.4 选择分销渠道 26.5 制定整合营销策略 26.6 实施营销计划			
	27.管理营销资料	27.1 确定活动所需的营销资料 27.2 营销资料的内容设计 27.3 制作营销资料 27.4 分发营销资料			
	28.产品管理	28.1 确定产品设计及规格 28.2 确定价格 28.3 控制品牌的完整性 28.4 产品生产 28.5 产品发布 28.6 对接旅游接待			
	29. 会议或活动促销	29.1 制订广告计划 29.2 举行交叉促销活动 29.3 举行竞赛 29.4 协调各种促销活动			

续表

知识模块/Domain	技能/Skill	子技能/Sub-skills	是否包含此项	处于什么水平？	
				知识水平	技巧水平
J. 市场营销/Marketing	30. 公共关系管理	30.1 制定公共关系策略 30.2 有助于宣传计划 30.3 发展媒体关系 30.4 有助于宣传计划的实施 30.5 管理危机和争议			
	31.销售活动管理	31.1 制订销售计划和目标 31.2 开展销售活动 30.3 确定销售平台			
K. 专业/Professionalism	32. 表现出专业的行为	32.1 展示专业形象 32.2 表现出领导力 32.3 行为道德 32.4 与团队成员协同工作 32.5 在一个多样化的环境中工作 32.6 时间管理 32.7 压力管理 32.8 决策管理 32.9 解决问题 32.10 紧跟会议/活动行业的变化 32.11 促进持续改进 32.12 参加职业发展活动			
L. 沟通/Communication	33. 开展沟通	33.1 口头沟通 33.2 书面沟通 33.3 运用沟通工具 33.4 进行有效的演示 33.5 计划和组织会议 33.6 建立业务关系			

资料来源：MPI. Meeting and Business Event Competency Standards（MBECS）Curriculum Guide，V1.0，September 26，2012.

从表 4-1 中可以发现，与《注册会议专家国际标准》（CMP-IS）相比，MBECS 多了两个知识模块：行政管理 / Administration 和沟通 / Communication。增加行政管理和沟通两个知识模块，表明更加重视会议和活动管理专家的个人技能以及解决执行阶段遇到困难的专业素质。

二、学习效果评估

目前，MBECS 知识体系的开发以学生（或参加认证培训项目的行业人员）为中心，学习效果评估可分为三个层级：机构效果、项目效果和课程效果。

（一）机构效果

机构效果即一个教学机构的所有毕业生在临近毕业时了解 MBECS 知识体系和熟悉在实践中如何运用 MBECS 的相关技能的情况。它描述了毕业生要想在这个领域获得成功所需要具备的核心知识和能力，如思辨、释疑、写作、演讲、研究和技术运用。当然，机构效果在不同行业和职业设置中是可以转移的。

（二）项目效果

项目效果指毕业生在一个特定项目中的学习经历，即知道该项目的具体构成以及如何开展该项目。项目效果包含了机构效果，它需要学生或学员展示更高水平的、特定的机构效果，或者在这个专业中的学习效果。此外，项目效果还包括行业或特定科目效果。

（三）课程效果

相比较而言，课程效果更加具体，它包括学习内容、学习动作等，如聆听、解释、分析、建议和开发等，另外还包括学习条件和绩效标准。这些学习动作可以被观察和测量，它们描述了期望行为的类型和复杂程度。课程效果与项目效果紧密相关，涵盖了项目效果涉及的所有知识、技能和能力。

三、具体评估方法

利用图 4–2 中的输入—输出模型，可以将 MBECS 能力标准与会议和商务活动项目开发相结合，进而帮助学习者进一步理解 MBECS 知识体系各个模块之间的内在联系，以及识别协调、管理和指挥三个不同水平之间技能节点的划分界限。

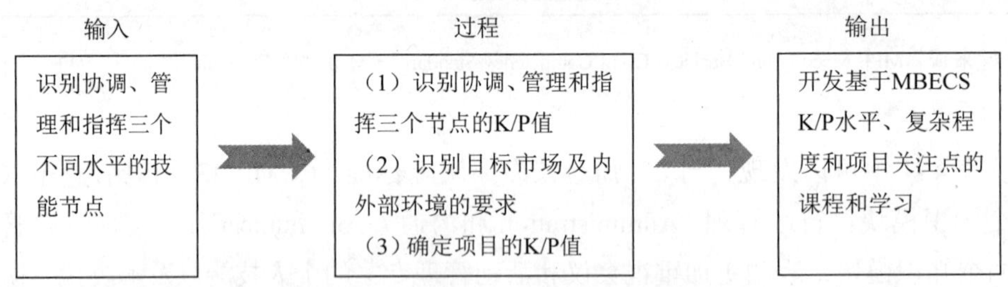

图 4–2　会议或商务活动项目开发流程图

在本科课程项目层次中，“协调”层次涵盖了所有评级为 K=2 和评级为 K=3 的部分子技能（共 17 项），以及其他评级低于 K=2 的子技能（共 105 项）；管理层次涵盖了所有评级为 K=4 和一些评级为 K=5 的子技能（共 85 项），以及其他评级低于 K=4 的子技能（共 37 项）①。

① 注释：K1= 记忆；K2= 理解；K3= 应用；K4= 分析；K5= 评估；K6= 创造

但是，如果高于本科课程项目层次，所有 K=6 的子技能（共计 32 项）和一些 K=5 的子技能（共计 5 项），只有在这一水平才能完成。利用技能 K 对协助、管理和指挥三个水平进行划分，有助于从业者识别协调、管理和指挥 3 个不同层次之间技能节点的划分界限，进而明确不同人员的工作范围与职责。如表 4–2 所示。

表 4–2　协调、管理和指挥三个不同水平的技能评判标准

<table>
<tr><th></th><th colspan="3">基于Bloom知识分类</th><th>基于全国资格要求</th></tr>
<tr><td rowspan="3">调协</td><td>K1</td><td>记忆</td><td>知道是什么（Know What）：
能回忆/复述数据或信息；引用规则、定义和法律。</td><td rowspan="3">这个层次的毕业生应该拥有：
1）行业基础知识；
2）涉及事实、概念、流程、技术的具体知识；
3）意识到工作领域内的不同观点和方法；
4）意识到自己知识的边界。</td></tr>
<tr><td>K2</td><td>理解</td><td>知道为什么（Know Why）：
理解意义，并能翻译、演绎和解释指令和问题；能用自己的话陈述问题。</td></tr>
<tr><td>K3</td><td>应用</td><td>知道怎么做（Know How）：
在新的情景下使用一个概念或在未受提示的前提下使用一个抽象概念；将在课堂上学到的东西用于在工作中遇到的新情况；把某个理论付诸实践；演示、解决一个问题和管理活动。
K3将跨越协调和管理层次。</td></tr>
<tr><td rowspan="2">理管</td><td>K4</td><td>分析</td><td>知道怎么做（Know How）：
检查信息，以便更好地了解、解释或预测；将资料或概念分为不同的组成部分（component parts），以便其组织结构容易被理解；区分事实和推论；解释要素、组织原则、结构、构建和内部关系；确定各个部分的质量和可靠性。</td><td rowspan="2">这个层次的毕业生应该拥有：
1）行业高级知识；
2）综合、专业化的知识，并能在多个能力领域整合相关概念和理论；
3）深入了解与行业相关的不同观点、方法和思路，以及背后的原理；
4）对自己知识的局限性以及为了未来职业发展而需要掌握的其他知识有清晰的认识。</td></tr>
<tr><td>K5</td><td>评估</td><td>知道怎么做（Know How）：
对创意/想法或资料的价值做出判断；在价值、产出、有效性和可行性方面，评估整体概念（whole concepts）的效果；践行批判性思维；进行战略比较与回顾，并根据相应外部标准做出判断。
K5将跨越"管理"和"指挥"层次。</td></tr>
<tr><td>挥指</td><td>K6</td><td>创造</td><td>知道怎么做（Know How）：
能综合分析信息，以便做出决定或采取行动；将多样化的元素构建成一个结构或一种模式；将零散的事物放在一起形成一个整体，并能重点创造一种新的意义或结构；创建新的模式/概念结构、系统、模型、方法和想法。</td><td>这个层次的毕业生应该拥有：
1）高度综合和专业化的知识；
2）行业的前沿知识，并作为原创思维或研究的基础；
3）对行业的相关知识和趋势有批判性认识，并具有在不同领域之间跨界的能力。</td></tr>
</table>

资料来源：Lloyd N. Competency Standards and Qualifications Frameworks：Exploring the Value of Bloom's Taxonomy as a Tool for Mapping and Analysis. The Canadian Tourism Human Resources Council，2010.

【本章小结】

本章详细介绍了国际会议与商务活动能力标准（MBECS）的知识领域和相关技能。12 个知识模块涵盖了活动项目管理的三个阶段，从业人员在不同阶段应该掌握的知识和技能各有侧重。MBECS 将会议与活动专业人员的角色分为协调、管理和指挥 3 个层次，不同层次的技能水平有所差别，由协调向指挥依次递进。掌握技能水平的时间年限也相应递增，水平越高，时间年限越长。

MBECS 的学习效果评估也可分为 3 个层级：机构效果、项目效果和课程效果。对于初学者来说，需要达到课程效果层次，而对于具备丰富行业经验的从业人员来说，达到项目效果将为他们今后的工作提供帮助。“输入—输出模型”是一种对会议和商务活动项目进行开发管理的理想工具，可以帮助从业者清楚地识别协调、管理和指挥 3 个不同层次之间技能节点的划分界限，进而明确不同人员的工作范围与职责。

【复习题】

1. 怎样理解国际会议与商务活动能力标准（MBECS）对专业人员的三个不同层次的划分？

2. 如何对会议和商务活动进行项目开发？

3. 请结合亲身经历的实际案例，对 MBECS 中的相关知识模块进行分析。

4. 如何运用“输入—输出模型”来分析会议和商务活动的项目？

5. 请结合自己的身份，简要论述如何评估 MBECS 的学习效果。

6. 请对照 MBECS，评估自己的专业知识和技能水平。

【案例分析】

万科的运营会议管理体系

为了规范内部管理和提高运营效率，万科集团在美国标杆帕尔迪那里学到一个重要的经验——“七对眼睛”，即把楼盘策划中非常复杂的一种会议——“综合可行性分析会议”简化成为“七对眼睛”。具体而言，针对每个项目，标准化地召开七次关键决策会议，每个会议的产出、与会人、议程、召开时间的先后关系、触发条件都非常明确。

后来，万科据此将项目里程碑会议简化为“6 大关键会议”，并构建了一整套完整的项目运营会议管理体系，从而大大提高了项目的运营效率。

一、广泛关注下的会议分级：早期试点“16 个关键会议”

2006 年，万科为有效提升项目运营效率，特别针对项目运营会议进行了整体梳理，提炼出 16 个项目开发过程中需要特别管控的会议，并在上海区域进行推广试行。

万科认为，梳理和推行项目运营的 16 个关键会议是管理标准化的重要举措，是地产开发企业最基本的业务决策过程。其标准化运营程度，将直接影响和左右项目的运营效率（见表 4–3）。

表 4–3　万科项目运营的 16 个关键会议

项目阶段	拿地前				拿地后					
	前置启动阶段	产品定位/概念方案		听证/决策	经营计划/交底/计划/协调/详规/出图		施工/开盘准备/定位			
10级会议	产品定位决策会	项目立项会	概念方案介绍会	项目决策会	项目经费计划会	规划方案汇报会	开盘前准备会	定价会	入住前准备会	项目分期总结会
会议主旨	确定市场、规划、产品、客户方向	决策项目可否立项	确定概念设计方案	批准是否获取项目	确定开发运营计划和财务指标	审议规划设计方案和示范区计划	开盘前最后的准备工作复核	开盘策略研判和确定开盘价格	对产品效果进行整体验收，入住前的风险预判	全方位回顾本期项目进程和效果
决策者	产品决策和计划管理委员会	总经理	产品决策和计划管理委员会	区域总经理	产品决策和计划管理委员会	产品决策和计划管理委员会	营销决策委员会	总经理	事业部/项目部/客服中心	总经理
汇报主体	市场企划部	项目发展部	设计部	项目发展部	事业部/项目部/财务部	设计部/营销管理部	营销管理部	营销管理部	事业部/项目部/客服中心	事业部/项目部
另外6级会议	前置启动会、前置工作听证会				项目交底会、实施计划沟通会	实施方案汇报会				分期定位研究会

注：6 个被精简的关键会议的内容见表 4–4。

由表 4–3 可以看出，万科早期的 16 个关键会议充分聚焦项目运营从拿地到入伙的七大关键环节，并将项目运营整体价值链从利润和风险视角分解为拿地前和拿地后两大阶段。相对标准化的会议设置，充分体现了万科将工作前置的战略举措，也反映了万科在项目运营环节“做正确的事情，然后正确地做事”的思想。对于 16 个关键会议的推行，万科坚持渐进优化、可测量、认真分析检讨的管理思路，并通过 IT 工具对项目开发的决策过程进行固化，形成电子抽屉，便于查询、分析和复用。其主要特点如下：（1）全面覆盖、面面俱到——覆盖项目开发从项目论证、拿地、产品设计、工程、营销、入伙的全过程。每个项目运营环节都开会，可谓面面俱到。（2）拿地前后、分类聚焦——将项目运营依据价值链和风险管控，划分为拿地前和拿地后两大阶段。其中拿地前定位于“做正确的事”，拿地后强调“正确地做事”。（3）工作前置、风险规避——将很多工作前置，其主要目的在于规避项目运营的风险。

二、决策聚焦：后期修正浓缩为“10 个关键会议”

在梳理和实践 16 个项目运营会议后，万科逐步发现了一些弊端。通过深入访谈与会议关联的项目发展部、营销管理部、设计部等职能部门，充分听取各方意见，最终对 16 个关键会议进行了调整，从而让整个会议体系更加聚焦（见表 4–4）。

表 4–4　被万科精简的 6 个项目运营会议

16级会议中被精简调整的会议	精简原因
1.前置启动会	是一个项目启动的标志，可以以邮件等多种形式开始安排前置工作
2.前置工作听证会	经过访谈，目前前置工作听证会已经与项目决策会合并，会议主题在项目决策会议上一并讨论
3.项目交底会	项目交底是两个部门之间，可以以多种形式实现，这是两个部门之间正常的工作
4.实施计划沟通会	实施计划是事业项目部内部决策的内容，在经营计划会上，一并向高层汇报结果
5.实施方案汇报会	实施方案侧重对规划方案的细化和执行，不需要以会议的形式让高层参与决策
6.分期定位研究会	分期定位是对下一阶段项目操作的建议，会议主题将归结到规划方案中进行汇报，提高会议的集中度

万科对关键会议进行调整的原因还在于企业规模不断增大，人力所承载的工作量本身相对较多较杂，因而很有必要在人力、物力非常有限的前提下，更加聚焦于有价值、有必要性的会议，而不是什么会都开。另外，很多初期设置的会议的决策效率也不一定最高，因此需要对里程碑会议进行调整。

调整的主要原则如下：（1）不重要下放策略——比如，针对实施方案汇报会，方案侧重对规划方案的细化和执行，不需要以会议的形式让公司高层参加群体决策，完全可以下放一级，让职能专线决策即可。（2）合并融合调整——比如，前置工作听证会完全可以与项目决策会合并，会议的议题完全可以在项目决策会上一并讨论。（3）通过其他形式解决——有些运营会议，比如前置启动会，不一定非要通过召开会议来解决，况且中高层管理者的时间都比较稀缺，对于前置项目启动会的效果和目的完全可以通过邮件、电话等多种形式来实现。

经过调整后，万科将关键项目运营会议由当初的 16 个简化为 10 个，最终形成的

10 个项目关键会议与项目开发计划紧密对应，是项目开发节点的里程碑标志。通过召开这 10 次会议，可以达到推进项目按照计划节点进行的目标。

三、简化落地：将项目里程碑会议简化为“6 大关键会议”

万科对项目运营的管理精细度和自身产品的标准化程度有力地支撑了 10 大关键会议的有效执行。而对于其他管理相对粗放、产品标准化程度不高的房地产企业而言，10 个或 16 个关键会议或许很难在运营中落地。因此，在这样的房地产企业中，也产生了一种非常简单而又实用的项目运营关键会议管理方法。即考虑到项目方案大多由集团做完然后交接给项目一线，这类企业往往将项目运营会议具体细分为项目启动会、项目交底会、项目开工会、项目开盘会、项目入伙会和项目后评估会六个会议（见图 4–3）。

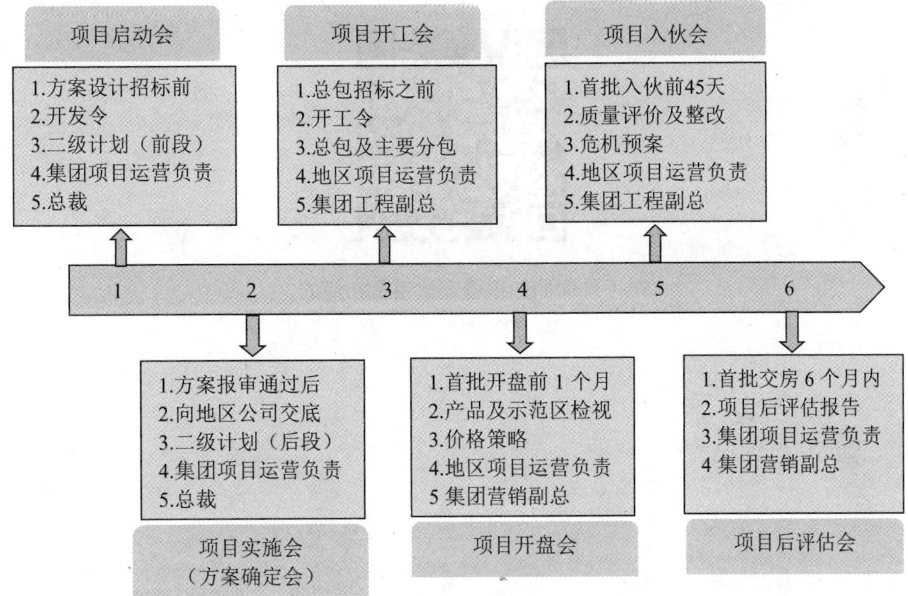

图 4–3 房地产企业项目运营的 6 大关键会议

资料来源：庄伟练 . 解读万科的运营会议管理体系［EB/OL］. http：//www.docin.com/p–1300717779.html，2018–05–22.

思考题： 万科项目运营的关键会议管理体系对会议和活动行业有什么借鉴意义？

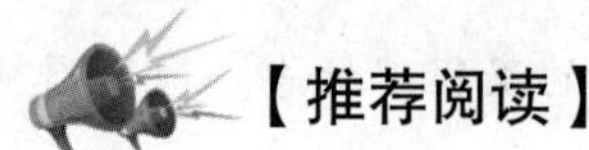【推荐阅读】

韩建军、王春雷：国际会议与商务活动能力标准（MBECS）开发及其对我国的启示

知乎：你的知识管理体系是如何的？

第五章

注册会议专家国际标准（CMP–IS）

【学习目标】

了解注册会议专家（CMP）认证项目的建立及价值

掌握注册会议专家国际标准（CMP–IS）的主要知识领域

熟悉 CMP–IS 规定的会议和活动专业人员必须具备的技能

【关键术语】

注册会议专家（CMP）；注册会议专家国际标准（CMP–IS）；会议联席委员会（Convention Liaison Council）；活动产业理事会（Event Industry Council）；知识体系（Body of Knowledge）；活动规范指南（ESG）

2011 年 6 月，美国会议产业委员会（Convention Industry Council，CIC）[①] 公布了注册会议专家国际标准（Certified Meeting Professional–International Standards，CMP–IS），该标准旨在帮助业内专业人士如何确定他们在专业领域的发展方向，提升其专业水平。其实，CMP 国际标准是由加拿大旅游人力资源委员会制定，由 MPI 基金会赞助，并由数百名来自世界各地的不同领域和协会的学术顾问和高级会议专业人士参与编写的。作为一个全面的知识体系，CMP–IS 对会议和活动专业人员所必须具备的知识、技能和能力进行了定义和分类。

① 2016 年，CIC 更名为 Event Industry Council（中文可翻译为“活动产业理事会”），为了描述当时的情景，本章仍保留了 CIC 的名字。

第一节　标准简介

注册会议专家（Certified Meeting Professional，CMP）是会议产业委员会于 1985 年启动的认证项目。CIC 的前身是会议联席委员会（Convention Liaison Council），最初由 4 个组织于 1949 年创立，旨在促进会议和展览行业的信息交换。现在的 CIC 已经拥有 33 个会员组织，这些会员代表了会展和活动行业内超过 103500 位个人和 19500 个企业或实体。CIC 提供相应工具和项目来支持产业发展和应对挑战，促进信息和思想的交融，并通过经济影响评估、宣传推广等方式来教育公众。

CMP 认证项目是 CIC 实现上述目标的重要途径之一。CMP 项目的启动，是为了提高会议专业人员的知识和绩效水平，提升会议专业人员的地位和信誉，并促进实践标准的统一。CMP 项目旨在通过以下方式来提高会议管理人员在各行业的专业水平：在会议管理领域确定一个全面的知识体系，促进行业标准、实践和道德的规范，提升会议管理的艺术性和科学性，增加经过认证的会议专家对其雇主的价值，同时最大限度地提高 CMP 提供的产品和服务的价值。今天，CMP 已经是会议、展览及活动产业优秀人才的徽章，被全球许多国家和地区所认可。

CMP 项目及考试以注册会议专家国际标准（CMP–IS）为基础。其中，CMP–IS 是 CIC 在 2011 年与 CTHRC 合作，在 EMICS 的基础上开发的知识体系，对成功的会议和活动专业人员所必需的知识、技能和能力进行了定义和分类。CMP–IS 从以下几个方面提升了 CMP 项目的专业性和权威性：（1）不断更新，以反映当前会议管理的实践和职业要求，从业人员达到这些要求才能通过考试和认证；（2）确保与全球会议专业人士的相关性和适用性；（3）为 CMP 项目创建真正全球化的知识体系；（4）在对任务和技能进行描述与分类时，能提高其详细程度；（5）将知识体系与其他国际标准联系起来；（6）让业内外人士认识到 CMP 知识体系代表了一套可信的专业标准。

第二节　知识领域

CMP–IS 是 CMP 项目多年实施的结果，涉及许多利益相关者。CIC 曾经委托全球最大的计算机化教育和考试认证服务公司——美国 Prometric 公司为 CMP 做工作分析，其目的是为了获取在工作中执行的任务的描述性信息以及充分执行这些任务所需的知识，同时更新认证会议专业人员所需的任务和知识或技能。

CMP–IS 的具体内容分为五个部分：知识领域（CMP–IS 的知识库范围）、技能（基于知识领域的任务）、子技能（执行技能所需的特定功能）、知识（对子技能的理解的最低要求）、技能说明（列出成功掌握各项子技能所需的具体细节和理解）。在 CMP–IS 框架内，标准被分成 9 个知识领域，分别是：A. 战略计划；B. 项目管理；C. 风险管理；D. 财务管理；E. 人力资源；F. 利益相关者管理；G. 会议或活动设计；H. 场地管理；I. 营销。与活动管理国际能力标准（EMICS）相比，少了行政管理、沟通和专业知识模块。

CMP–IS 每五年更新一次，2017 年的最新版本发生了一些变更（图 5–1 为 2011 年版本中"战略计划"模块的内容结构）。首先，删除了所有技能（skill）下的"常规知识"（Common Knowledge）部分。CMP–IS 以前的版本是为了反映与其他行业能力标准的一致性而开发的，例如，MPI 的 MBECS 和加拿大旅游人力资源委员会能力标准。常见的知识表述在 CMP 考试中并没有被测试，这引起了许多参加考试者的混淆，因而此部分被删除。其次，职业领域的专业性（Domain J）被删除，因为这些知识性声明已被纳入 CMP 的道德准则，所有 CMP 通过者和候选人必须承认并同意。最后，一些术语略有变化："能力"（Ability–Know Hot To，即知道如何去做）"改为"技能"（Skills）和"子技能"（Sub–skills）。最后，语言变得更为简洁，但并没有改变整体技能或辅助技能。

DOMAIN A. **STRATEGIC PLANNING**

16% OF EXAM

Skill 1: Manage Strategic Plan for Meeting or Event

Exam Questions in Domain A 24
Questions in Skill 1 6-8

COMMON KNOWLEDGE

- Basic business management skills
- Trend Analysis and forecasting methods
- Methods to analyze and interpret data

SUB SKILL 1.01 - DEVELOP MISSION STATEMENT, GOALS AND OBJECTIVES OF MEETING OR EVENT

KNOWLEDGE

- purpose and objectives for meeting or event
- mission statement, goals and objectives of organization and stakeholders
- target market(s)
- type of geographic location and local culture envisaged by organization
- type of meeting or event envisaged by organization, e.g., spectator, participatory
- sustainability objectives, e.g., financial, environmental, social
- financial resources that may be available
- target date(s)
- cross-cultural issues, e.g., holidays
- special conditions

ABILITY (KNOW HOW TO)

- work with, communicate and understand stakeholder goals
- develop mission statement to specify purpose, philosophy and target markets
- create goal statements to specify how meeting or event will achieve its mission
- establish objectives to specify actions, time frames and performance measurements needed to achieve goals
- align mission statement, goals and objectives of meeting or event and organization/stakeholders
- manage cross-cultural issues

图 5–1　2011 年版 CMP–IS 的内容结构（以战略计划为例）

九大知识模块的具体内容如下：

A. 战略计划（Strategic Planning）

战略计划模块列出了管理会议或活动的战略计划，制订活动的可持续性计划，以及为会议或活动制订连续、长期可行发展计划所需的知识和技能。该模块为所有关于活动管理的决定设定了基本方向。

B. 项目管理（Project Management）

在策划活动时，活动专业人员需要从头至尾负责项目的管理工作，包括后勤、预算、资源调配和进度管理。该模块从项目管理领域的最佳实践中吸取经验，并将其应用于活动管理中。

C. 风险管理（Risk Management）

应用于活动行业的风险管理是一个持续性的过程，它包括评估可能威胁与会者、会议或活动本身或利益相关者的风险，采取适当措施来管理此类风险发生的可能性和处理风险带来的严重后果。其中，会涉及企业、组织或会议项目的生命、健康、财产等多个方面的管理。

D. 财务管理（Financial Management）

财务管理模块涵盖了会议或活动在财务方面取得成功所需的关键技能。包括管理活动中的流动资金、储备资金、预算和货币交易，还包括赞助、赠款、入场登记、展览销售和其他各项收入来源。

E. 人力资源（Human Management）

会议和活动专业人员的角色已经延伸，包括人力资源管理的各个方面，可能涉及征聘、培训员工和志愿者，以及管理员工关系。该模块包括管理重要的人力资源职能，如制定选拔标准、选拔候选人、提供职位、提供培训、监督员工和志愿者以及管理团队等。

F. 利益相关者管理（Stakeholder Management）

所有组织都会影响其运营环境中的人员，反之也被相关人员影响，因此对影响因素的管理也尤为重要。就活动而言，这些影响因素包括各种利益相关者，如与会者、工作人员、供应商和社区。该模块提供管理利益相关方关系的最佳实践，包括识别、评估和对内部和外部利益相关者的分类，管理利益相关方活动，还包括利益相关方的沟通、识别、解决冲突和法律层面的考虑。

G. 会议或活动设计（Meeting or Event Management）

会议或活动设计模块涵盖了创造一次难忘的会议或活动所需的一系列技能。它包括制定节目的主题，征集内容摘要，邀请演讲者和表演者，并确定活动的结构和顺序。该模块还包括选择活动的装饰，指示标识和技术设备，监督会议的舞台和制作，人流管理，住宿要求和交通选择等所需的技能。

H. 场地管理（Site Management）

场地管理模块涵盖了活动经理必须在场地、区域、位置、特定设施中用于活动的所有细节。它包括选址，设计活动布局，现场管理活动和活动沟通。还包括场地可达性方面的因素，进行现场检查和布局考虑，以及制定场地设置计划，拆除场地材料和跨国界的活动材料。最后还涉及建立现场通信框架以及通信设备，程序和协议等相关事宜。

I. 营销（Marketing Management）

该模块概述了推广活动所需的技能。包括制订和实施营销计划的步骤，进行情景分析，确定目标细分市场和选择营销分销渠道，还包括管理营销材料和活动产品的最佳方法以及推广活动的步骤，公共关系活动和管理相关销售活动等。

第二节　技能要求

根据 CIC 的观点，所谓技能（Skill）就是基础知识领域（Domain-Knowledge Base Area）下的特定任务，它与知识（Knowledge，即对各项子技能的综合理解）和能力（Ability-Know How To，即对知识的具体应用）融为一体。

CMP-IS 九个知识领域下面共有 28 项技能，进一步细分为 84 项子技能（Sub skill）[①]。具体内容见表 5-1。

表 5-1　CMP-IS 的“知识—技能—能力”（KSA）要求

一、战略计划		
技能1：会议或活动战略计划管理		
子技能	**知识**	**具体要求/能力**
1.1 制订符合组织战略的会议或活动目标	这项任务所需的知识被纳入以下技能说明	与利益相关者合作，完成如下工作： ● 制定目标声明（goal statements），以明确会议或活动如何实现其使命 ● 制定目标，以明确为实现目标所需的行动、时间框架和绩效衡量标准 ● 协调会议或活动的任务说明，目标和组织/利益相关者 ● 确定和管理多样性和跨文化问题（譬如假期、团体偏好、可及性、遵从性） ● 确定可持续发展目标（如财务、环境、社会） ● 确定可能可用的财务资源 ● 确定目标日期和市场
1.2 完成需求评估，以确定会议或活动的可行性	● 适合于确定会议活动可行性的研究方法 ● 法律法规要求	● 确定对主办社区的短期、中期和长期的经济和社会影响 ● 开发评估过程，以获取有关潜在参与者成本和收益以及财务资源的信息

① 2011 年版的 CMP-IS 包括十个知识领域，下面共有 30 项技能和 106 项子技能。

续表

技能1：会议或活动战略计划管理		
子技能	知识	具体要求/能力
1.3 确定符合目标的会议或活动要求	可用于会议或活动策划的工具或资源（如技术）	根据会议或活动的范围确定需求，主要包括：规划周期，赞助机会，额外的资金来源，会议或活动评估，行政需求，领导和管理，物流和运营结构，跨文化需求，营销，人力资源（例如，人数、工资），会议或活动的时间，位置和大小，数据流，公关，追踪进度的系统
1.4 完成财务分析并制定财务摘要	财务计划的工具或资源	使用财务结果，当前财务状况，资金来源和应用，以及当前的资产负债表细节（如资产、负债、权益、运营成本表、现金流量表、预计期末资产负债表、盈亏平衡分析、预计投资回报率、适用税金），编制财务信息
	汇率变化的影响	理解汇率变化可能带来的影响
1.5 监控和测量活动基准以符合战略计划	这项任务所需的知识被纳入以下技能说明	● 对照使命和目标，分析会议或活动的进展情况 ● 监测现金流量，以确定迄今为止的财务状况 ● 管理财务资源 ● 分析变更需求时可用的所有数据 ● 记录更改控制的详细信息（例如，日期、原理、实施计划等），记录变更的需要，以便在重新审视战略计划时能为所做的更改提供支持
技能2：为会议或活动制订可持续性计划		
子技能	知识	具体要求/能力
2.1 实施可持续计划	会议或活动的可持续发展标准（如ISO 20121，BS8901，APEX / ASTM标准；全球报告倡议组织（GRI））	考虑会议或活动举办时对社会和环境可能产生的短期和长期的影响
2.2 展示环境责任	这项任务所需的知识被纳入以下技能说明	● 考虑会议或活动举办时对社会和环境产生的短期和长期的影响
		● 实施保护措施（例如，使用可回收产品、减少能源消耗和耗水量、尽量减少噪声和光污染）
		● 选择创造正面积极结果的策略，减轻会议或活动对社区的负面影响
技能3：开发会议或活动的业务连续性或长期可行性计划		
子技能	知识	具体要求
3.1 根据活动目标制订评估计划以符合组织策略	这项任务所需的知识被纳入以下技能说明。	● 确定投资回报率/预期成果（如效率、成效、问责制、正当投资）
		● 确定将收集哪些数据（例如成本、活动后参与者反馈）
		● 开发长期可持续发展的商业案例
3.2 使用评估计划收集和分析会议或活动数据，以衡量投资回报率	数量和质量数据	● 收集数据（例如评估相关、考勤、财务） ● 分析数据 ● 准备和报告数据

续表

技能3：开发会议或活动的业务连续性或长期可行性计划		
子技能	知识	具体要求/能力
3.3 评估会议或活动数据，以衡量目标的关键成功因素	这项任务所需的知识被纳入以下技能说明	● 审查会议或活动的关键成功因素（例如，基准）。
		● 按计划执行评估/审计程序（例如，收集和分析信息，验证信息的有效性和可靠性，识别和报告访问信息方面的任何困难，识别和处理违规行为）
		● 评估信息（例如，为会议或活动的成功/失败提供评判依据，为将来的活动的举办提供经验教训）
		● 制定报告（例如，详细列出使用的信息及其来源，说明如何分析信息，得出结论并以此为依据提出建议，对相关组织、关键人员和利益相关者进行最好的安排）
		● 按照综合沟通计划分发评估/审核报告和保密准则
		● 听取内部和外部利益相关者的汇报
二、项目管理		
技能4：规划会议或活动项目		
子技能	知识	具体要求/能力
4.1 根据满足目标的需求制订项目计划	这项任务所需的知识被纳入以下技能说明	● 查看可用的历史数据（例如，以前的项目计划），以确定优势和劣势，审查目标，并将结果与目标进行比较
		● 制定实现目标所需的步骤，时间范围和性能测量
		● 确定所需和可用的资源（例如，财务、材料、工作人员）
		● 让相关利益相关者参与计划过程（例如，包括与会者，进行探索性研究，寻求同侪评审）
4.2 制定质量标准、政策和流程	● 会议或活动产业标准 ● 研究方法 ● 组织标准和政策	● 审视会议或活动领域的法律法规、伦理、政治和社会规范 ● 检查现有的标准、政策和流程 ● 制定合同或开发相关合同语言 ● 确定适用领域 ● 开展研究 ● 必要时征求专家的建议和信息 ● 获得组织和关键利益相关者的支持
技能5：管理会议或活动项目		
子技能	知识	具体要求/能力
5.1 管理完成项目计划的关键路径	关键路径和审查时间表	● 确定为实现会议或活动目标所需完成的具体任务（Task）和项目（Project） ● 确定优先任务和项目 ● 确定时间表和关键日期 ● 创建会议或活动简报，概述具体利益相关者（例如，委员会成员、供应商、机构、项目团队）的相关信息 ● 根据技能或专业领域将特定任务分配给特定的团体或个人 ● 安排对关键路径的定期审查（例如，评估预期时间和实际时间之间的差异，分析资源缺陷和超额的原因） ● 根据审查结果采取纠正措施 ● 向关键人员通报进度和变化

续表

技能5：管理会议或活动项目		
子技能	知识	具体要求/能力
5.2 制定和管理合同，以满足利益相关者的期望和要求	● 法律合同的组成部分 ● 会议或活动和组织要求 ● 谈判原则 ● 谈判过程阶段 ● 谈判技巧	● 确定合同要求（例如，准备规格） ● 向潜在的货物和服务供应商传达需求建议书/提案请求（RFP）流程 ● 根据标准评估提案 ● 谈判合同（例如，争取有关各方的有利结果，确定什么是可谈判和不可转让的，解释组织的立场和观点，听取和验证其他各方的立场和观点，讨论选择权，商定最可行的选择，决定关于评估信息的来源） ● 如有需要，咨询法务部门或律师的意见 ● 将合同义务纳入会议或活动的关键路径 ● 与承包商保持稳定关系（例如，定期监测进度以确定组织和承包商履行义务，同意采取行动纠正不合规的地方，在可接受的时间范围内处理违约行为） ● 评估承包商的表现，以确定优势和劣势 ● 根据合同，监督承包商的支出 ● 根据合同比较组织的绩效
5.3 执行项目管理计划，以实现既定目标	● 关键路径和审查时间表 ● 现场资源和人员 ● 现场会议或活动管理 ● 整合传播计划	● 遵从会议或活动的活动规范指南（Event Specifications Guide） ● 在会议或活动期间维护活动的流程/顺序 ● 确定所有资源，人员和支持已到位并准备就绪。 ● 确保所有人员都得到相关事宜的交代（例如，向关键利益相关者提交活动规范指南） ● 为会议或活动的要素提供授权 ● 接收和分配资金 ● 在整个会议或活动中监督关键人员和其他利益相关者的工作（例如，遵循整合传播计划） ● 实施风险管理技术和策略，尽量减少对参与者的干扰，并处理出现的问题 ● 向关键人员通报进度和变化 ● 维护记录

三、风险管理

技能6：管理风险管理计划		
子技能	知识	具体要求/能力
6.1 通过审查当前数据和活动的历史来识别和解决潜在风险	● 调查方法 ● 风险管理	● 审查会议或活动计划（例如，会议或活动的类型、地点、年份、具体时间、持续时间、参加者简介、参加人数等） ● 审查对以前事故的所有调查 ● 确定法律、道德和监管义务的范围和性质：考虑法律和监管问题的范围（譬如合同）；确定负责的司法管辖区（如国家和地方政府）；确定适用于会议或活动及其业务的立法、守则、条例、任务和规定；确定负责机构或理事机构；确定获取授权的过程 ● 咨询其他相关人士（例如，同事、客户、承包商、表演者、法律顾问、保安人员、场地） ● 评估潜在危险、威胁、漏洞或其他风险的场所和地理位置 ● 评估在处理法律、法规和管辖要求方面对专家咨询或协助的需要 ● 进行风险评估

续表

技能6：管理风险管理计划		
子技能	知识	具体要求/能力
6.2 应用行业最佳实践来分析风险	主管辖区内的具体活动的权力机构、代理机构和理事机构	● 确定受到的损害、损失或负债的影响（例如，财产、人员、现金、声誉、环境）；可能造成损害、损失或负债的因素；可能遭受损害、损失或负债的人员；可能发生损害、损失或负债的时间 ● 评估发生的可能性、后果的严重性（例如，影响程度、财务后果、最大可能的损失或责任） ● 确定风险的优先级，考虑组织对风险的容忍度和司法对风险的管理，以及减轻或转移风险 ● 考虑风险管理技术的有效性
6.3 制订和管理合同计划，以满足利益相关者的期望	● 组织文化 ● 位置情境分析	● 评估可以满足法律要求并降低风险的各类选择（例如，向监管机构和专家寻求建议），提供支持以尽量减小风险 ● 确定健康和安全要求，并选择能满足要求的可用策略 ● 准备风险管理计划，包括指挥系统、紧急和控制程序、发言人和实施策略（例如，决策权限、资源需求、协调需求） ● 落实风险管理计划 ● 向紧急服务、媒体、供应商、高级管理人员和员工传达计划和程序 ● 持续评估风险管理计划 ● 遵守规定 ● 必要时咨询专家 ● 获得保险，定期检查保险的需求和水平，并根据需要更新保险范围
6.4 制定和实施应急预案，管理紧急情况下的资源	决策权过程	● 进行威胁评估，以确定潜在的威胁、危害或紧急情况（例如，地震、疾病爆发、有害物质泄漏、公用事业故障、炸弹威胁、建筑坍塌） ● 对执行能力进行评估，以确定可用于应对紧急情况的资源，例如，医疗、火灾、救援、安全等 ● 授权当局确定要求和适当的应急程序，包括出入口和紧急服务的位置；出站路线配置进行现场撤离；所需的现场医疗服务（如急救站和紧急医疗技术人员的数量和位置）；内部和外部通信系统；角色；责任；权威人员和责任人 ● 实施应急预案和沟通程序 ● 视情况而定执行应急和业务连续性计划
6.5 根据应急计划安排安保，减少影响	● 风险分析 ● 安全替代品类型	● 确定需求，包括考虑会议或活动的类型；工作时间；场所类型；活动类型（例如，是否提供酒精）；体育活动；参与者和VIP的数量和特征；入口和出口的数量和特点；交通模式；保险要求；不同类型的财产问题（如盗窃） ● 遵守法律法规 ● 通知消防、警察等相关管理部门，告知会议或活动的时长、日期和相关活动 ● 安排安全人员和设施，安排工作人员和志愿者的培训以及安保人员的认证 ● 根据需要从安全供应商处获得保险证书（例如，获得额外的保险） ● 详细规定紧急情况的安全程序（譬如人群控制、抗议者或纠察线、现场撤离、自然灾害、恐怖活动） ● 实施内部和外部安全沟通系统 ● 建立事故的报告与记录制度

续表

四、财务管理		
技能7：管理活动资金和财务资源		
子技能	**知识**	**具体要求/能力**
7.1 制定资金来源管理的预算流程，以实现财务目标	这项任务所需的知识被纳入以下技能说明	● 建立赞助计划：确定财务或实物价值，确定利益，估算成本，提供福利 ● 获得关键利益相关者对拟议赞助安排的支持 ● 根据需要寻求法律意见 ● 确定潜在的赞助者和捐助者，主要考虑因素：与会议或活动的兼容性，排他性，收入或成本回避目标以及广告和预算限制（以查找赞助商） ● 编写和提供赞助计划书（Sponsor Benefit Packages），其中包括会议或活动的概述和历史记录，要呈现的企业形象（如使用徽标），赞助价值，投标书，受众人口统计数据，投资回报机会，赞助利益和限制，以及会议/活动前的赞助限制 ● 向潜在的赞助者分发赞助计划书 ● 联系潜在的赞助商和捐赠者（譬如主要决策者或有影响力的人），确定可用的支持类型，包括现金、折扣、产品实物等 ● 考虑到赞助者可能会相互补充或相互冲突 ● 为承诺的赞助商准备合同，概述会议或活动的细节，双方的责任（如义务），人员，娱乐，财务义务，发布表格和豁免，关于会议或活动取消的政策和保险要求 ● 与赞助商和捐助者保持紧密联系（例如，定期更新情况） ● 管理合同的履行 ● 跟进（例如，评估发起人和捐助者的参与，评估赞助者的投资回报率） ● 协调潜在的捐助者和赞助者的方式
7.2 通过开发和管理注册过程，以实现既定的目标	● 为注册设立财务目标 ● 会议或活动的预注册清单 ● 注册系统（内部和外部）	● 识别与会者类型和潜在参与者 ● 在预注册信息包中传达与会者的福利，包括：会议或活动的概述和历史，参加会议或活动的地点和费用，会议或活动赞助者的身份，参加会议或活动议程的教育价值，接受注册的标准（如果适用）和提供额外的节目（如旅游、为配偶准备的相关活动） ● 识别潜在的供应商合作伙伴（例如，应用服务提供商，全方位服务的注册承包商）
7.3 使用当前年份的空间分配来开发和管理展览销售流程，以实现既定的目标	● 展览销售目标，包括现场和会后或活动后可交付成果 ● 协议（例如，通信方法） ● 安全法规、限制和约束 ● 公共关系和营销计划	● 确定参展费用 ● 在考虑与会议或活动的兼容性的基础上，确定潜在的参展商 ● 制作招展/邀请函说明书（Exhibitor Benefit Packages），包括：会议或活动的概况和历史、参与价值、招揽信息、受众人口特征、投资回报率，以及活动前、后的相关限制 ● 将优惠套餐告知潜在参展商 ● 与参展商完成合同谈判 ● 与参展商积极互动（如认可项目、参展商反馈）
7.4 通过研究和分析管理额外的收入，以实现既定的目标	这项任务所需的知识被纳入以下技能说明	● 采购广告 ● 销售 ● 谈判和设定佣金率 ● 确定和设定使用费率

续表

技能8：管理预算		
子技能	知识	具体要求/能力
8.1 使用公认的会计原则制订预算，以符合活动的目标和财务参数	• 会议或活动的范围 • 会议或活动目标 • 保险类型 • 组织的现金流 • 货币和税收的波动	• 定义预算格式和类别 • 识别、访问和解释预算编制所需的数据和数据来源（例如，以前的预算、审计） • 分析内部和外部因素对预算的潜在影响（如新的立法、市场趋势） • 确定潜在的收入来源，包括赠款、赞助、销售（如售票、纪念品）、注册、广告和参展费用 • 为会议或活动（直接/间接成本）分配预算金额，包括节目制作、营销、行政管理、人力资源（如志愿者、员工）、运输、食品和饮料、住宿、运输费用、保险、税收和小费 • 制订应急计划和资金 • 使用现有的科目表，将总体预算分解为每周或每月预算，或详细说明预计的现金流量 • 确定固定成本和可变成本的构成 • 遵守预算控制指南（如付款政策和程序），成本控制，以及现金、信用卡和付款的存款政策和程序 • 安排定期预算审查 • 必要时向管理层、合作伙伴或组织提交预算，并根据需要修改预算 • 向相关人员传达预算决定
8.2 根据市场分析建立定价（如注册、赞助及参展），以实现既定的财务目标	• 利润要求和期望利润率 • 销售成本 • 客户资料 • 年消费价格指数走势 • 对于跨国会议或活动的汇率和信用卡程序 • 信用卡处理费用 • 货币波动 • 主办地区的税收结构 • 感知产品和服务的市场价值	• 收集和分析与当前市场情况相关的信息 • 计算固定和可变成本 • 建立定价结构（例如，增加的百分比，成本加成，或会员折扣率等）
8.3 使用既定的审计程序监测和修改预算，以确定潜在的调整	报告和审计过程	• 遵守预算控制指导方针和回应差异 • 在既定的时间范围内监控收入和费用 • 将预算金额与实际金额进行比较 • 确定预算和实际金额之间的差异，包括：查明原因，确定影响并相应地作出回应（例如，调整活动，重新分配资金，向受影响的人传达信息和决定） • 确定提高预算绩效的可能：积极研究新的供应商和收入来源，与同事讨论预期成果，并向对应的个人或部门提出建议 • 获得修改预算的批准 • 追求增加收入或减少支出的想法 • 向关键人员传达预算执行情况 • 完成财务报告并交付利益相关方

续表

技能9：管理货币交易		
子技能	知识	具体要求/能力
9.1 建立货币交易程序，以符合活动或组织财务准则	这项任务所需的知识被纳入以下技能说明	• 向员工和志愿者传达政策和程序 • 协调货币交易，包括：设立中央现金处，建立记录制（如收据），设立现金收存和存款制度，安排安全审计制度，处理信用卡
9.2 管理货币交易流程，以确保活动或组织财务符合规范	这项任务所需的知识被纳入以下技能说明	• 审查安全程序 • 监控收入和费用 • 监控现金处理程序 • 监控审计文件 • 根据需要修改程序
五、人力资源		
技能10：招聘员工和志愿者		
子技能	知识	具体要求/能力
10.1 通过审查活动计划来确定需求和选择标准	• 当地就业条件 • 当地劳动法 • 特定职位所需的技能组合 • 适用于志愿者的本地条款和条件	• 确认现任员工的职责和责任 • 查看文档，譬如组织结构图 • 记录工作要求（例如，职位、职责总结、所需资格和技能、责任水平、权限和问责制、工资和/或福利、工作天数/工作小时数或时间承诺，着装要求、选择在外办公或“虚拟”办公）
10.2 制订员工和志愿者招聘计划	• 招聘费用 • 背景调查 • 预算限制 • 工作人员和志愿者的来源	• 确定招募目标群体的最佳方法（例如，通过本地媒体进行推广，在组织内部推广，通过网络寻求介绍，参与工作教育计划，审查申请，联系就业机构） • 确保这一过程是公正、一致和有效的 • 确保招聘信息清晰准确
技能11：训练员工和志愿者		
子技能	知识	具体要求/能力
11.1 为员工和志愿者提供指导和培训，以配合公司和活动目标	• 定位和培训程序	• 为员工提供培训和指导
	• 公司期望和指引	• 向员工传达期望和提供指导
六、利益相关者管理		
技能12：管理相关利益者关系		
子技能	知识	具体要求/能力
12.1 开展利益相关者分析，使其期望与目标保持一致	• 会议或活动和组织的任务陈述和目标 • 会议或活动的详细信息（如功能、关键路径） • 适当的协议和当地习俗（如着装要求、VIP接待）	• 识别内部和外部利益相关者（如客户、官员、赞助商、参与者、供应商、参展商） • 界定利益相关者的利益、问题和优先事项 • 确定每个利益相关者提出的机会和挑战

续表

技能12：管理相关利益者关系		
子技能	**知识**	**具体要求/能力**
12.2 管理利益相关者的活动，以达到预期效果	● 相关法律（如有关酒精的法律、行业守则） ● 适当的协议和当地习俗（如着装要求、VIP接待）	● 认识和整合利益相关者的各种利益和目标 ● 确定满足利益相关者需求的活动 ● 承认和监测利益相关者的关注和能力 ● 在与利益相关者沟通时，遵循既定的协议 ● 制定活动时间表 ● 与所有利益相关者建立联系
12.3通过沟通活动目标来更好地处理工作人员与管理利益相关者之间的关系	● 业务守则和道德规范，包括客户和消费者的权利 ● 法律法规要求 ● 利益相关者满意度调查方法	● 确定工作人员和志愿者了解利益相关者的期望 ● 确保员工了解自己的角色和责任，以满足利益相关者的期望 ● 为员工和志愿者提供良好的服务 ● 确认已经有明确而有效的冲突解决程序 ● 沟通符合组织价值观的可接受的日常行为 ● 肯定与利益相关者方合作的员工的贡献 ● 建立评估/监督利益相关者方满意度和改善服务的制度
七、会议或活动设计		
技能13：开发项目		
子技能	**知识**	**具体要求/能力**
13.1 确定会议或活动的主题	● 创意、促销、技术和运营的选择范围 ● 关键利益相关者 ● 预算参数 ● 营销和公共关系选择 ● 目的地品牌化 ● 议程目标（Program Objectives） ● 跨文化元素	● 确定利益相关者的期望，例如，研究目标市场、分析活动总结报告、研究观众预期等 ● 运用头脑风暴、网络方法，产生创意 ● 构思会议或活动主题，并使之与组织的营销和品牌战略相融合 ● 从参加者角度来理解会议或活动 ● 如果有必要，从营销公司、咨询公司那里获得专家支持 ● 对主题进行概念化，如核心观念、主题信息；创造具有吸引力的形象，包括Logo；寻找将主题整合进会议或活动各个方面的方法；让利益相关者参与进来 ● 将品牌和主题形象整合进会议或活动各个方面
13.2 制订采购计划（商品和服务）	● 如何进行收益分析 ● 需求建议书（RFP）的撰写 ● 组织策略与政策	● 评判资源使用的过去模式及发展趋势 ● 确定对补充物品和服务的需求，包括所需的范围（服务类型）和数量 ● 可用于满足风险最小化的需求的研究选择 ● 评估成本和收益的可能选择 ● 选择最佳策略，例如，购买或租用设备，提出服务建议 ● 如果没有合适的商品/服务，需要调整活动 ● 对最佳选择和财务信息进行记录 ● 评估并确定确保服务安全的最佳方法，包括住房、住宿、交通、视听等

续表

技能13：开发项目		
子技能	知识	具体要求/能力
13.3 确定里程碑和关键路径	● 会议或活动的不同阶段与任务 ● 阶段和任务之间的相互依赖性 ● 进度计划的制订与修改 ● 项目计划与管理	● 识别具体的、现实的、可测量的和可完成的任务以及相应的阶段 ● 设定目标 ● 确定目标的优先顺序 ● 确定各项任务之间的连接、依赖性、时间线和关键日期 ● 估计各项任务的完成期限 ● 将任务分配给具体的委员会甚至个人 ● 定期检查关键路径 ● 识别潜在的风险 ● 必要时调整关键路径
13.4 制订整合传播计划	● 适用的法律法规、惯例和内部沟通政策 ● 组织结构 ● 战略计划与目标 ● 利益相关者（包括内部部门、项目团队、外部人员等）在优先顺序和观点等方面的差异 ● 营销、公关和传播计划 ● 系统安全方面的政策	● 制订会议或活动的传播计划，该计划要兼顾组织的传播计划、组织内部的计划和外部利益相关者的计划 ● 建立标准化的文件编制和文档设计流程 ● 使用信息追踪系统（Information Retrieval Systems） ● 制定信息搜集的政策、流程和结构 ● 制定信息发布的政策、流程和结构（例如，谁将得到信息） ● 制定维护系统安全的政策和工作程序 ● 建立数据报告和监控系统 ● 建立记录（Record–keeping）和保存系统 ● 制定信息保护和归档政策 ● 制订现场沟通（Site Communication）计划，特别是明确将用于现场沟通、礼仪、紧急联络、风险管理计划和现场服务的工具及手段 ● 挑选用于现场沟通的技术 ● 分析和选择用于数据、文档存储的技术
13.5 制定评估/审计程序	● 评估流程 ● 通用的审计原则 ● 设定可测量的目标 ● 与会议或活动相关的元素，以及活动前、活动中和活动后可能的行动 ● 利益相关者的要求	● 明确审计和评估的目的 ● 确定评估的领域，比如使命、目标、议程、赞助计划、观众、财务等 ● 确定会议或活动的关键成功要素 ● 确定评估/审计流程，包括谁评估/审计、需要提供的信息（计划、预算、偏差报告、进展报告）等 ● 决定时期 ● 建立反馈流程
13.6 基于各种数据确定节目组成	● 潜在的节目组成部分（如活动、食品和饮料、装饰和设计、教育课程、演讲者），节目的结构和顺序 ● 人力、物质和财力资源 ● 会议或活动目标 ● 参加者资料 ● 以前的项目评估结果/报告	● 分析上一年的计划和评估报告 ● 将会议或活动目标和教育、学习原则相结合 ● 研究新的想法，包括：审查其他类似的会议或活动的计划，调查目标市场，确定参加者的期望（例如，进行头脑风暴和其他创意演习），以及确定创新的机会 ● 识别所需的节目内容（例如，演讲人、娱乐、景点、活动、辅助节目） ● 确定所需内容符合法律和法规要求 ● 生成成本估算，并与利益相关者和同事讨论细节 ● 获得利益相关者对计划组成部分的支持

续表

技能13：开发项目		
子技能	知识	具体要求/能力
13.7 定义与会议目标相一致的方案内容和交付方式	• 教育与学习原则 • 会议或活动的主题 • 预计出席率 • 法律要求 • 参与模式 • 合同要求 • 时间框架/会议或活动的关键路径 • 现场设计 • 沟通计划	• 识别选择（例如，发送提案/投标请求，联络代理人和发言人部门，确定关键人员），与演讲者和演艺人员交流会议或活动需求 • 将节目形式和结果与利益相关者目标相匹配 • 选择满足需求和限制的选项（例如，法律、地点、预算、教育目标） • 将节目内容和营销策略与会议或活动目标对齐 • 确保节目的组成部分：批准条件/期望/可交付成果，同意提供节目组成要求（如技术需求） • 确定每个节目的要求（如制作时间、位置、人员、设置要求） • 必要时，向利益相关者提交节目内容和交付形式以供投入和批准 • 分配所需资源 • 区分连续表演和同时进行的节目 • 执行仪式/宗教/政治组成部分的议定书 • 纳入营销活动要求（例如，比赛获奖者、竞赛、声明） • 编制方案议程 • 为员工和志愿者分配角色技能 • 制订方案构成部分的应急计划 • 创建必需的文档，包括脚本、详细的日程和执行计划
13.8 根据既定的指标分析活动结果，以衡量目标的实现	• 投资回报率（ROI） • 目标回报率（ROO） • 评估方法	• 根据目标策略活动的效果 • 开发标杆（Benchmarks） • 创建衡量成功的工具（如调查）
技能14：雇佣演讲者和表演者		
子技能	知识	具体要求/能力
14.1 使用活动设计确定会议或活动对演讲者或演员的要求	• 需要演讲者和表演者的时间、地点、活动 • 表演者的要求 • 可用的演讲者和表演者的类型（譬如音乐家、主持人）	• 确定演讲者或表演者的类型 • 选择演讲者和表演者（例如，使用演讲者机构、代理人、内容）
14.2 参考实现节目要求的目标，确定演讲者或表演者选择策略和标准	• 观众人口统计、政治环境和文化 • 所需流程 • 建议的时间、持续时间和位置	寻求关于选择标准的投入
14.3 使用相关标准来选择演讲者或表演者，以实现会议或活动目标	会议和活动目标	• 研究候选人的表现（例如，现场表演或录制表演） • 根据选择标准，记录评论和评分 • 选择演员或演讲者

续表

技能14：雇佣演讲者和表演者		
子技能	知识	具体要求/能力
14.4 与演讲者和表演者签订合同，并传达与活动设计相符的期望，以实现会议或活动目标	• 谈判准则 • 法律合同的内容 • 会议或活动的要求	• 合同谈判 • 监控合同，以确定责任已经完成 • 和演讲者和表演者进行持续沟通，包括对双方的期望、参加者的期望、会议目的、物流服务、参加者简介、表演限制（如着装要求）和文化信息 • 将合同管理纳入会议或活动的关键路径 • 跟进有关问题（例如，同意采取行动纠正不遵守的事情，在可接受的时限内处理违约的行为） • 评估表演者或演讲者的表现
技能15：协调餐饮服务		
子技能	知识	具体要求/能力
15.1 确定需求并制定食品和饮料服务指南，以达到会议预算和目标	• 由场馆、地点或气候条件造成的操作限制 • 膳食偏好，限定和文化礼仪 • 食品安全的原则和法律要求 • 参加者资料 • 节目日程	• 确定考虑因素（例如，主题、赞助商、许可要求、参加者资料、趋势） • 制定获取产品和服务的指南（例如，招标、直接购买），建立控制（如质量、安全性）和建立分配方法（如付费或免费） • 遵守食品安全适用的司法管辖区域（例如，酒类，公共卫生） • 确认食品和饮料服务的日期、时间和地点 • 进行数量计算 • 确定所需的用品和设备（例如，餐具、玻璃制品、桌子、桌布、冰、门票） • 安排设备搭建和运行；确保物品供应；物流；存储；回收瓶子；现金、酒类和门票的安全；对负责饮料服务的工作人员进行培训 • 安排工作人员（例如，确定所需工作人员人数、工作安排计划）
15.2 选择食品和饮料服务商及菜单，以符合活动设计并使之在预算之内	• 参与者资料 • 当前的食品和饮料趋势 • 活动历史（例如，过去的选择） • 场馆和位置	• 确定食品和饮料要求，包括菜单、满足膳食需求的安排、人数、取消政策、调整额度（例如，小费）和最低消费 • 确定茶点和饮料服务的要求，包括用品（例如，酒精、混合物、调味品、玻璃器皿、冰）和酒吧服务类型（例如，鸡尾酒吧、招待酒会） • 解决存储（例如，制冷）空间要求 • 设置菜单，包括与主要利益相关者或赞助商的咨询，纳入营养需求，适应膳食限制和解决成本问题 • 确保服务人员了解菜单和配料
15.3 使用有关规则和条例管理酒类服务，以遵守法律以及组织和活动政策	培训项目	• 解决责任和保险要求 • 识别酒类服务类型（例如，鸡尾酒吧，招待酒会） • 确保员工接受负责任的饮料服务培训 • 监测酒类服务 • 遵守相关法律

续表

技能16：设计环境		
子技能	知识	具体要求/能力
16.1 根据符合参加者和组织期望的既定目标，确定活动设计和主题要求	• 参与者信息 • 会议或活动设计理念（例如，学习理念、工效学） • 当前趋势	• 增强会议或活动的吸引力和功能性 • 将移动、方法和信息纳入设计理念 • 创造一个增强绩效的环境，鼓励所需的行为和学习，并履行利益相关者的合同义务（例如，满足组织的品牌要求） • 将主题、品牌和氛围融入会议或活动环境 • 确定需求（例如，注册区域、会议室、展览、存储、可访问性） • 遵守适用的法律（例如，气球、烟火、激光、容纳人数）
16.2 根据活动设计选择装饰，以满足会议或活动的要求	• 功能/体验环境的装饰元素 • 道具、场景和装饰品 • 设计趋势 • 会议或活动的主题、预算和目标 • 参与者的安全和保障	• 审查会议或活动的主题、预算和目标 • 明确活动预算和场地限制 • 确定会议或活动所需的氛围 • 设计包括会议或活动主题和图像在内的装饰计划的要素，包括符合声明的义务（如合同要求中所定义的），酌情纳入视听或技术要素，并遵守法律（如阻燃材料） • 向有关各方（如董事会、客户、消防员、利益相关者、政府）提交必要的批准草案 • 沟通方式（例如，网站管理员、会议或活动协调员和员工） • 研究和保障装饰和家具供应商
16.3 按照营销计划协调会议或活动标志，以满足会议或活动的要求	• 标牌类型（例如，数字的，印刷的，可重复使用的） • 特别的住宿标牌（例如，盲文） • 人和车的交通模式，交通流量设计 • 标牌限制	• 识别会议或活动的标牌要求（例如，语言） • 设计和制作提供信息及识别的标牌 • 选择增强期望的和/或要求的交通流量的标牌 • 研究和选择合适的供应商 • 协调安装和布置在会议或活动上的标牌 • 评估效果和参加者体验
技能17：管理视听和技术制作		
子技能	知识	具体要求/能力
17.1 使用活动设计确定舞台和技术设备要求，以支持会议或活动目标	• 场地限制（例如，有组织的劳动力、低的天花板、柱子等） • 节目目标 • 视听和制作的基础 • 参与者、演讲者和表演者的特殊要求（例如，听力障碍、视力障碍、过敏等） • 当前趋势和技术	• 查看节目元素 • 确定舞台和设置要求（例如，大小、高度、表面、容量） • 确定设备需求（例如，照明、声音、视听、基础设施、安全设备、特殊效果、互联网接入） • 确保舞台和设备的许可 • 确定舞台和设置要求（例如，大小、高度、表面、容量）
17.2 根据定义的要求获得舞台和技术设备，以支持活动设计	• 舞台和技术设备规格 • 供应商和承包商的类型 • 技术术语	协调规范（例如，详细说明要获得的舞台和设备的精确要求，使用正确的产品和服务术语） 调查供应商和承包商（例如，在必要时获得报价，谈判并获得舞台和设备）

续表

技能17：管理视听和技术制作		
子技能	知识	具体要求/能力
17.3 根据定义的要求安装舞台和技术设备，以支持活动设计	• 舞台和设备要求 • 应急计划	• 协调在会议或活动现场安装舞台和设备的物流（例如到达和交付的时间、安装等问题） • 解决安全问题或担忧（如电线、栏杆） • 确定安装设备、机械、工具和其他辅助设备的可用性 • 根据需要，聘请熟练的专业人员（例如舞台表演者、设备人员、电工） • 监控安装以确定必要的调整 • 与相关人员（例如技术人员，舞台经理）进行舞台演练，以确定能满足舞台、照明和视听、特殊效果、舞台安全、存储区域和互联网接入等方面的要求
17.4 根据定义的要求监督技术生产和运行，以支持活动设计	• 舞台管理 • 团队领导和委托 • 舞台和设备的安全性和完整性（例如，获得电力、重量负荷限制） • 技术人员进行操作的地点（例如，展位、桌子、区域、拖车）	• 与技术总监和设备操作人员协调 • 与技术人员沟通角色、责任、限制和时间表 • 为演出人员、技术排练和设备检查提供足够的时间，包括评估程序的所有要素（例如，节目内容、艺人、声音、特效、互联网）以及调整时序 • 在会议或活动期间监测技术操作 • 设置好节目和表演的中断方式
技能18：制订出席者路线管理计划		
子技能	知识	具体要求/能力
18.1 制订入场管理计划，以控制协议和效率	• 入场和访问控制方法 • 注册过程（例如，票务系统） • 人群管理技巧	• 分析需求和要求（例如，容量、访问标准、限制） • 选择要使用的入场系统（例如，注册程序、票证、名牌、照片标识、腕带） • 选择技术支持注册系统 • 咨询专家（如当地警方、保安公司） • 入场准备计划，包括标准、级别、类别（例如，普通进场、VIP）、方法、安全性、其他现场进入的要求、沟通政策和参与者的特殊需求
18.2 制定有效的人群管理计划	• 沟通计划 • 可达性 • 与人群控制有关的专家援助来源（如保安公司、警方）	• 制定包括交通流量（如人流、聚集）、超出限制的条件（如监管能力水平）、参与者行为和限制的人群管理策略 • 在考虑入场凭证、座位系统、安全性、交通流量和队列管理的同时，确定适当的入口和出口位置 • 确保空间、设施和服务适合与会者 • 验证是否使用适当的标识 • 关于参加者行为的沟通政策和限制 • 使用系统和人力以管理和监控人群状况和行为（如使系统能够响应超过预先建立的限制的情况） • 获得服务和设备（如迎接、安全、标志、路障、技术） • 确保当局的批准（如消防员） • 确保与人群相关的特定风险管理问题到位

续表

技能18：制订出席者路线管理计划		
子技能	知识	具体要求/能力
18.3 协调住房需求，并按照组织标准界定政策	• 住宿类型 • 预约程序和政策 • 取消政策 • 人员减少 • 押金要求 • 付款程序 • 房间区域和房价 • 公司旅游政策	• 协调住宿（例如，通知参加者预订过程）和责任（例如，房屋管理、自行预订） • 确定和管理房间区域 • 确定可访问性的要求
18.4 协调运输要求，制定符合组织标准的政策	• 可用的交通工具类型 • 预约程序和政策 • 取消政策 • 押金要求 • 付款程序 • 组织和公司旅游政策	• 组织交通运输 • 分析需求和选择（例如，航空公司、出租车、特许客车），谈判和承包供应商，确保可达性 • 通知参与者预约过程和责任（例如，期限、费率、自行预订）
18.5 按照既定的协议指南，遵守组织和情境要求	• 协定资源（例如，外交事务、外交使团、联合国、协定官员） • 名称和称呼（例如，国王、女王、王子、公主、尊敬的阁下） • 地址样式 • 宗教、文化和仪式的要求 • 监管问题（例如，移民、交通法律）	• 确定协议要求（例如，邀请、接待室、座位安排、介绍、交通、住宿、安全、国歌、名片） • 确保适当的人员（例如，举行仪式、陪同贵宾） • 安排礼仪设备（如旗帜）
八、场地管理		
技能19：选择场地		
子技能	知识	具体要求/能力
19.1 使用活动设计完成需求评估，以确定现场细节	• 目标市场 • 特殊人群（如贵宾，运营机动车辆的个人）的无障碍需求 • 活动或会议的目的	• 审查会议或活动的性质、范围、复杂性和财务要求（例如，预算、简介和形象、设施许可、季节、预期出席率、灵活性、可访问性、安全性和安全需求） • 确定期望的或所需的地理位置和会议或活动的设施类型 • 确定场地的空间需求、邻近度、客房模式和可访问性要求 • 确定场地占用的日期和时间 • 制定选址标准

续表

技能19：选择场地		
子技能	知识	具体要求/能力
19.2 根据活动设计和选择标准，识别和检查场地	• 场地基础设施 • 风险管理因素 • 预算限制	• 研究潜在的场地（例如，审查相同类型和范围的场地）并调查相关的竞争活动 • 进行现场检查，包括调查和评估现场（例如，使用现场检查表，验证设施和服务的可行性，确定服务的可用性） • 优先选择标准 • 评估可能的场地，包括根据酒店的接近度评估位置，停车场的可用性以及可达性（例如，公共交通、直升机）和评级网站日期，费率，空间，客房和其他能力或约束 • 确定最佳网站，并将信息传达给同事和主要利益相关者以获得批准 • 预留和确认地点（如谈判和签约设施，概述责任） • 与场馆负责人员保持和发展有效的工作关系
技能20：设计场地平面图		
子技能	知识	具体要求/能力
20.1 根据活动设计和要求开发场地平面图，以实现活动目标	• 成人学习原则 • 会议或活动简介、功能、预算和计划 • 会议或活动的概念和主题 • 预算影响 • 适用的辖区（如访问、消防代码）	• 确定空间、结构（如固定的和临时的）、成人的学习需求、公共服务（如电力、水、污水、天然气）、停车场、通信、急救和走失儿童的区域、紧急通道、法律要求（如消防条例）、标牌、翻译或口译需求 • 确认场地内结构和设施的位置 • 起草现场计划，包括：结构（如现有的永久性的和临时性的）、设施及服务、展览空间、会议或活动计划、景点、人和车辆交通流量、环境影响、资源利用、安全和会议服务区域（如注册处） • 建立空间分配和设置配置：在需要时获得关于配置的专家建议，灵活地构建以允许调整，详细说明放置和配置（如临时结构的开口），以及实现精确的比例图 • 检查现场和可通达性、盥洗室、障碍物、容量限制、装载码头或装载入口、特殊需要停车、车辆通道和公用服务的现场计划 • 现场计划的调整和传达更改
技能21：管理活动和会议场地		
子技能	知识	具体要求/能力
21.1 根据活动设计创建场地准备、搭建和拆除的物流计划	这项任务所需的知识被纳入以下技能说明	• 确认访问场地（如具体日期和时间） • 准备详细的运营计划，包括平面图、时间安排、房间布置、所需人员、角色和责任、展示布置和安全性（如胸牌检查员） • 安排运输/接收和存储 • 确定可用于安装和拆卸的人员 • 确定现场搬运和恢复的要求，包括关键联络点 • 向适当的个人传达计划 • 将计划与会议或活动的其他方面相结合

续表

技能21：管理活动和会议场地		
子技能	**知识**	**具体要求/能力**
21.2 在场地准备期间实施物流计划，以满足活动设计要求	● 与供应商的合同义务 ● 交货时间表 ● 健康、安全和环境方面的考虑	● 确认访问场地 ● 向相关个人（如工作人员、供应商）传达生产计划和责任 ● 确保相关人员对设备熟悉 ● 根据执行进度确定情况（例如，服务、运送和设备的到达，相关团体的到来，技术排练时间和表演者/参与者的接待，专门设施，包括更衣室、客房/休息室、设备房间和职员办公室） ● 检查设备，并确保正常运行 ● 确定和协调入库库存 ● 适应不断变化的情况（例如，通报所有有关人员）
21.3 在活动期间实施物流计划，以满足活动设计要求	● 用于现场管理的典型系统 ● 程序和物流 ● 合同义务	● 通过观察和适当的沟通和控制机制，监测会议或活动的运行 ● 识别、分析和实施响应计划，以解决运营问题，或者在出现问题时能提供所需的额外服务 ● 通过与供应商的沟通来监测和确定有效的服务提供
21.4 在拆除时实施物流计划，以满足活动设计和要求	这项任务所需的知识被纳入以下技能说明	● 向相关个人（如工作人员、供应商）传达运营计划和责任 ● 使场地恢复到合同或协议中指定的状态（例如，检查设备并确定其是否完好，确认供应商已经从现场移除物品，消除安装临时结构造成的危险，清除废物和装饰物，考虑回收） ● 确定会议或活动评估的相关要点 ● 按照组织程序，完成所有相关文件和记录
技能22：管理现场沟通		
子技能	**知识**	**具体要求/能力**
22.1 定义与营销计划相一致的现场沟通计划，以实现活动目标	沟通模型和过程	● 定义会议或活动的沟通需求（例如，个人、会议或活动特征） ● 识别要传达给内、外部公众和人员的消息类型（例如，公告、更新、结果、调整），并概述要传达的消息的内容和样式，包括术语和语言 ● 开发沟通资源，包括验证文件（例如，规格说明书、生产书）和联系人列表（例如，参与者、工作人员、供应商、应急服务） ● 建立沟通渠道，明确沟通流程
22.2 确定和确保所需的通信设备和资源，以满足活动要求	沟通设备和资源	● 在考虑用户类型和场地大小的同时分析需求（例如，工作人员和志愿者、应急人员） ● 制定用户指南（例如，频率、使用情况）以及发布和维护设备 ● 获取设备和服务（例如，蜂窝电话或移动设备、双向无线电、寻呼机、PA系统、基于网络的技术、平板电脑） ● 将会议或活动的各部分技术整合到沟通计划中（如技术生产、标牌）

续表

技能22：管理现场沟通		
子技能	**知识**	**具体要求/能力**
22.3 根据活动要求为每个观众指定沟通程序和协议	这项任务所需的知识被纳入以下技能说明	● 指定内部和外部沟通的技术（例如，书面、音频、视觉和电子的） ● 识别要传达的消息的类型 ● 协调情况介绍会和汇报会 ● 建立协议和监控通信（例如，无线电） ● 为危机或紧急情况（例如，设备故障）制订计划、建立团队 ● 培训工作人员使用设备，并确定服务位置和协议
九、营销		
技能23：开发市场营销计划		
子技能	**知识**	**具体要求/能力**
23.1 使用历史和当前数据进行情景分析，制订营销计划以实现目标	● 数据收集和分析技术 ● 营销模式和相关概念 ● 使命宣言和目标	● 查看历史数据（例如，调查、评估、预算） ● 评估会议或活动功能（如位置、服务、商品、资源、促销、价格、形象） ● 定义参与者的需求和期望 ● 分析社区基础设施和资源 ● 研究新的可用营销技巧和平台 ● 确定拓展新市场的机会 ● 确定可能影响会议或活动的法律法规及相关限制 ● 总结情景分析结果，包括在考虑预算和资源的同时提出建议和结论
23.2 使用情境分析来确定目标市场细分，以确定关键特征、产品和服务	这项任务所需的知识被纳入以下技能说明	● 潜在的会议或活动参会者/参与者/参展商/赞助商的客户画像（如使用人口统计学和心理学） ● 将目标分类与功能、产品和服务相匹配 ● 定义会议或活动的地理范围
23.3 使用与营销计划相一致的情境分析，选择分销渠道	不同类型的营销平台（如社交媒体、广告、电子邮件活动）	● 分析市场渗透的可用分销渠道 ● 使用最佳方法将消息与目标市场相匹配 ● 选择最有效的分销渠道，寻求最佳投资回报
23.4 实施营销计划来接触目标群体，以支持会议或活动的目标	● 可用的营销平台（如社交媒体、广告、电子邮件广告系列） ● 目标市场偏好	● 沟通计划的目标 ● 协调和监督营销活动与会议或活动制作的其他方面 ● 调整营销计划并向利益相关者传达变更信息 ● 开展营销活动评估 ● 保持品牌信息与使命目标具有一致性
技能24：创建和管理营销材料		
子技能	**知识**	**具体要求/能力**
24.1 确定满足目标市场需求并支持目标的营销材料	这项任务所需的知识被纳入以下技能说明	● 确定营销资料和会议或活动所需的营销附属品（如小册子、节目、门票） ● 分析可用于满足营销要求的媒介（如印刷品、电子产品） ● 确定每个目标细分市场的信息 ● 选择营销平台

续表

技能24：创建和管理营销材料		
子技能	**知识**	**具体要求/能力**
24.2 根据营销计划制定营销内容和设计规范，最大限度地发挥影响力	这项任务所需的知识被纳入以下技能说明	• 确定营销附属品的风格（如设计、格式） • 整合和监控品牌信息（如徽标、口号、定位） • 批准/准备印刷 • 确保材料符合知识产权、版权和特别许可等方面的要求
24.3 根据市场营销计划，向目标市场送达促销材料	• 采购计划和流程 • 联络名单 • 推广活动的时间安排 • 供应商地理位置的潜在影响（如海关、航运）	• 调查供应商和沟通细节 • 确定每个产品的交货方式和期限（如协调运送物流） • 监控文本的质量和准确性，并与要求匹配 • 组织和组装材料，并进行分发 • 遵守印刷材料归档的信息管理计划
技能25：创建和管理会议或活动商品		
子技能	**知识**	**具体要求/能力**
25.1 使用营销计划确定产品设计和规格，以支持会议或活动目标	会议或活动主题、品牌和关键信息	• 查看历史数据（如商品的种类、出售的地点和方式、价格点） • 研究客户需求和兴趣 • 评估修改或停止现有商品的需要：识别新的或可替换的商品 • 评估竞争（例如，其他类似产品、价格及销售场所） • 确定与商品相关的潜在责任和合法性 • 定义产品设计和生产规格 • 确定新的营销手段和平台 • 将产品概念与其他营销活动相结合（例如，将广告营销海报升级为商品质量海报）
技能26：推广会议和活动		
子技能	**知识**	**具体要求/能力**
26.1开展交叉促销活动，扩大市场覆盖面，与销售计划相一致，以支持目标	会议或活动对当地社区的影响（如经济效益、社会责任）	• 与赞助商、捐助者、供应商和其他组织评估潜在的合作机会 • 评估其他非竞争性会议或具有类似目标市场的活动的机会和成本 • 确定资源需求（例如，打印材料和商品） • 协调每个宣传活动的发布日期
26.2 开展促销活动及营销平台建设，实现目标	• 预算拨款 • 会议或活动的品牌和信息	• 决定推广方式 • 评估责任和法律
技能27：安排公关活动		
子技能	**知识**	**具体要求/能力**
27.1 制定、实施和管理公共关系策略，以配合营销计划	这项任务所需的知识被纳入以下技能说明	• 发展和实施沟通计划 • 制定和实施公共关系策略 • 制订和管理应急响应和风险管理计划

续表

技能28：管理会议相关的销售活动		
子技能	知识	具体要求/能力
28.1 参考营销计划，并支持销售计划的制订与目标	• 营销计划 • 竞争者的销售实践	• 确定销售的法律法规和道德准则 • 指定收入来源（如注册费、广告、产品） • 确定所有会议或活动产品的销售目标（例如，查看先前销售数据的历史数据，识别以前的目标市场细分） • 定义潜在的目标细分市场
28.2 从销售计划执行活动，以实现目标	采购计划与过程	• 将销售策略与宣传和广告活动整合，以鼓励所需的消费者行为 • 使用销售工具和策略（例如，合格的潜在客户，进行电话销售，交付销售演示，包装产品，提供销售奖励，提供赠品） • 近距离销售，包括谈判销售细节（譬如成本/价格、运输费用）和产品交付的设置日期（譬如展位设置、商品交付） • 检查未经授权的现场或远程销售活动

资料来源：EIC. Certified Meeting Professional–International Standards［R］. 2017.

【本章小结】

作为一个全面的知识体系，由美国会议产业委员会（CIC）开发的注册会议专家国际标准（CMP–IS）对会议和活动专业人员所必须具备的知识、技能和能力进行了定义和分类，旨在帮助业内专业人士如何确定他们在专业领域的发展方向，提升其专业水平。

本章主要介绍了注册会议专家（Certified Meeting Professional，CMP）认证项目，注册会议专家国际标准（CMP–IS）的知识体系与技能要求。最新版的 CMP–IS 包括战略计划、项目管理等 9 个知识领域，会议或活动战略计划管理等 28 项技能要求，其中，再细分为 84 项子技能。该标准还对每个子技能下的能力要求（Ability–Know How To）做了具体解释。

【复习题】

1. 如何理解 CMP–IS 的建立对 CMP 项目的指导作用？

2. 你觉得在实际工作中是否有 CMP–IS 尚未涵盖到的技能？

3.CMP–IS 中 9 个知识模块之间的逻辑是怎样的？

4. 请对项目管理知识体系（PMBOK）和 CMP–IS 中的项目管理知识领域进行对比分析。

5. 请结合具体事例，对 CMP–IS 中某项技能的要求进行简要评述。

6. 请结合案例，论述 CMP–IS 在实际会议或活动管理工作中的具体应用。

【案例分析】

达沃斯世界经济论坛（WEF）的成功之路

达沃斯世界经济论坛由瑞士日内瓦大学商学院教授克劳斯·施瓦布（Klaus Schwab）创办。1971 年，施瓦布在瑞士的滑雪小镇——达沃斯创办了一个企业家们讨论国际经济的论坛。虽然论坛只是一个非政府组织，但是发展到现在，它已经成为全球政要、企业界和学界人士研讨世界经济问题的重要聚会场所。人们形象地把它比喻为“经济联合国”，小城达沃斯也因此闻名遐迩。且看达沃斯世界经济论坛是如何建设成如此响亮品牌的。

1. 优秀的创意策划

当初创建达沃斯论坛时的世界政治、经济大背景是：美、苏两个超级大国进行着冷战对峙；中国尚处于“文化大革命”的动乱之中；欧洲已有联合的雏形；亚洲的日本处于经济高速发展时期；亚洲“四小龙”经济也开始起飞；拉丁美洲一些大国（巴西、阿根廷、墨西哥、智利、秘鲁等）通过大量外债的支撑获得经济的快速发展；其他广大发展中国家则还处于为取得民族独立或国内和平的奋斗之中；同时，新的技术革命已在孕育。在这样的形势下，发达资本主义国家处于相对平稳的发展时期。这些国家的大企业在具备了比较雄厚的实力以后，有着对世界经济深入分析，对发展走势进行预测的强烈需求与愿望。而且，瑞士作为世界上的一个永久中立国，政治稳定、经济发达，也自然可以成为理想开会的首选之地。

正因如此，当瑞士日内瓦大学商学院的施瓦布教授于 1971 年创办达沃斯世界经济论坛时，很快就能得到欧美一些大企业的支持、赞助和与会。如果从著名会议、论坛的首要基本特征——“优秀的创意策划”方面看，达沃斯论坛的主办者确实已经做到了。

2. 成功的商业运作

这方面达沃斯论坛无疑也是非常成功的。在这个论坛全球影响力迅速扩大的时候，从第 6 年起，它改成了会员制。到现在，达沃斯论坛已经拥有 1000 多家国际知名公司成为会员（这些公司的年营业额合计超过 4 万亿美元）。一般企业的会费为每年 1.25 万美元，银行会员会费是 1.5 万美元。这样，每年会费就可达上千万美元。而且会议的很多设备，诸如车辆、电脑、办公用品乃至部分会场，都是由合作伙伴赞助的。

当然，要想吸引大企业踊跃参加，就必须保持论坛主题、议题具有足够的吸引力。所以，达沃斯世界经济论坛总是要紧紧抓住世界经济发展中的热点问题和影响世界经济发展的矛盾冲突，有针对性地邀请一些关键性的政要人物在这个论坛上发表演讲，以求引起世界的关注。加之达沃斯论坛都是每年一月举行，正是新的一年开始之际。与会人们可以就这一年的经济前景进行讨论，由此也影响着诸多跨国公司谋划与策略。例如，20 世纪 70 年代初，当出现了第一次石油危机时，1974 年的论坛即围绕这个问题展开了讨论。

进入新世纪，中国、印度、俄罗斯等国家经济迅速崛起，2004、2005、2006 等年度的论坛又分别对此展开讨论。2007 年则围绕能源危机、世界气候等重大课题进行讨论。近年来我国已经注意利用这一论坛发表自己的声音。先后有曾培炎、黄菊、华建敏等国家领导人出席沃斯世界经济论坛并发表讲话。至于其他世界政要人物，譬如南非前总统曼德拉、美国前总统克林顿、俄罗斯总统普京等也都曾经出席。如此看来，把沃斯世界经济论坛称为“经济联合国”确实不为过。

3. 周到的服务安排

可以认为达沃斯世界经济论坛也做到了。当然这也有赖于瑞士发达的服务业基础。因为论坛能把许多服务工作顺理成章地分包出去，并很好地得到保障和完成。多年来，世界经济论坛年会在达沃斯的会场安排、嘉宾接待等工作都是由达沃斯地方旅游机构负责办理的。每年论坛期间，只有一万居民的小镇达沃斯会涌来 5000 多位到访者。但是，小镇的人们已经习惯并认同了这个著名的世界性聚会，并为此感到自豪。

4. 新鲜的会议议题

自 1971 年创办至今，达沃斯论坛在瑞士举办了 35 年。只有 2002 年为表示对美国发生“9 · 11”事件的关注以及表达对美国人民的支持，特意把论坛移到纽约。这实际上也是抓住了当时世界上最新鲜、最热门的话题。

在 2007 年 1 月的达沃斯论坛上，论坛创始人施瓦布教授又宣布，从 2007 年起，要在中国举办“夏季达沃斯经济论坛”。2007 年 9 月是在中国大连，2008 年 9 月则在中国天津。这一消息对于中国来说，无疑是值得欣喜的。因为它再次证明了中国在世界经济格局中的重要地位。同时，这也是达沃斯经济论坛向新兴市场扩张，利用中国对于世界的新引力打造新的会议“亮点”的又一杰作；是著名世界性论坛扩大品牌效应的再次成功之举。2007 年 9 月，该论坛已经在大连成功举办了。从实际情况看，确实达到了中外双方共赢的良好结果。

资料来源：陈泽炎 . 会议、论坛品牌建设的案例分析［C］.2008 中国会展经济研究会学术年会会议论文集，2008.

思考题： 达沃斯世界经济论坛的成功离不开高水平的会议策划人（团队），请结合 CMP–IS 中的技能要求，对其会议策划人（团队）进行综合评价。

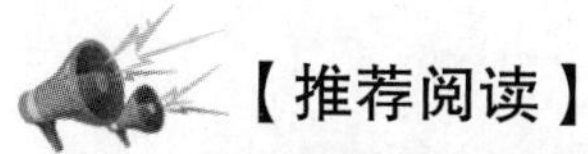

【推荐阅读】

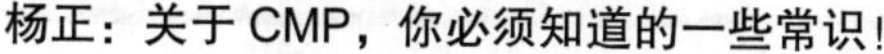

杨正：关于 CMP，你必须知道的一些常识！

刘春章：如何成为一名“活动人”（EventProf）？

第六章

活动项目管理知识体系（EPMBOK）

【学习目标】

了解活动项目管理知识体系（EPMBOK）的建立及应用价值

掌握项目管理与活动管理之间的关系，以及项目管理知识体系（EPMBOK）对活动管理的阶段划分及各阶段的主要内容（管理步骤）

熟悉活动项目管理知识体系（EPMBOK）的具体内容，特别是知识领域中每个管理步骤的主要内容与相应技能

【关键术语】

活动项目管理知识体系（EPMBOK）；活动管理层次模型；活动管理步骤；知识领域

2012年，美国项目管理协会（American Project Management Association，APMA[①]）推出了活动项目管理知识体系（EPMBOK）。APMA认为，活动管理（Event Management）是指活动的规划、部署、执行和评估过程，它包括对时间、预算、人力资源、产品及服务的分析、评估、定义、分配与控制。活动管理的主要目标就是确保整个过程的顺利执行，从活动概念开始，到活动完成结束（见图6–1）。在图6–1中，横轴代表活动的总体完成时间，纵轴代表活动规模，由参加者人数、总花费、活动内容的丰富程度等决定。

① 请注意APMA与美国项目管理学会（Project Management Institute，PMI）的区别。PMI是全球项目管理行业的领导者，由其组织编写的《项目管理知识体系（PMBOK）指南》是项目管理领域最权威的行业标准之一。

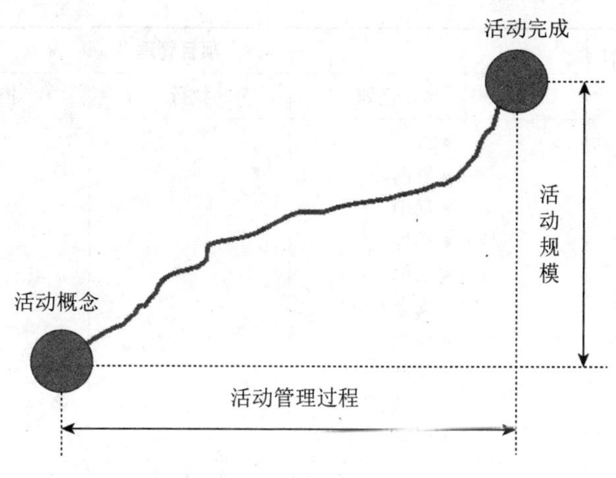

图 6-1　活动管理过程

第一节　体系简介

APMA认为，活动管理与常规项目管理的最大区别在于一次特殊活动的执行时间相对较短，而且因为活动大都直接在公众面前举办，所以当出现准备不充分或相关工作缺失的情况时，几乎没有足够的时间作相应调整。然而，尽管如此，从整体过程上看，活动仍然是一个标准化的项目，因为它具有项目的两个主要特征：特殊性（Uniqueness）和临时性（Temporariness）。活动管理与项目管理的关系如表 6-1 所示。

表 6-1　活动管理与项目管理的关系

项目 / 活动	项目管理				
	启动	规划	执行	控制	收尾
活动规划（Event Planning）		• 目标 • 系统 • 技术 • 人力资源 • 财务 • 场地 • 时序（进度） • 内容 • 设施 • 人流 • 物流 • 沟通 • 接待 • 关系			

续表

活动 \ 项目	项目管理				
	启动	规划	执行	控制	收尾
活动规划（Event Planning）		• 许可 • 赞助 • 促销 • 销售 • 法律 • 安全 • 应急 • 风险 • 环境卫生 • 保险			
活动部署（Event Deployment）			• 法律事务 • 团队组建 • 人员培训 • 设备购买和准备 • 场地准备 • 议程彩排 • 安装、搭建 • 活动促销 • 获得相关许可 • 活动赞助 • 活动保险 • 安全演习		
活动执行（Event Implementation）			• 宾客指引 • 翻译服务 • 宾客接待 • 物流支持 • 摄影摄像 • 媒体广播 • 产品销售	• VIP保护 • 议程管理 • 安全管理 • 犯罪控制 • 噪声管理 • 紧急情况处理 • 技术支持	
活动完成（Event Completion）					• 活动结束 • 活动评估

资料来源：American Project Management Association. Event Project Management Body of Knowledge（EPMBOK），2012.

在表 6–1 中，活动规划（Event Planning）的 24 项工作对应项目管理的规划阶段[①]；活动部署（Event Deployment）的 12 个工作步骤对应项目管理的执行阶段；在活动执行阶段的 14 项工作中，有 7 项归入项目执行阶段，另外 7 项归入项目控制阶段；活动完成（Event Completion）的 2 项工作对应项目管理的收尾总结阶段。

EPMBOK 将活动管理的知识分为知识体系（Body of Knowledge）和知识领域

① 这里的“工作”就是 EPMBOK 所指的工作步骤（Steps）。

（Knowledge Area）两部分。其中，知识体系包括活动管理的理念、框架、过程、步骤和方法，最终构建了活动管理的4级层次模型（见图6-2）。

其中，第一层是最重要的活动管理框架（Framework），该总体框架强调活动管理的基础设施规划和活动管理过程的设计，主要包括训练有素的团队、系统、资源和方法的使用。第二个层次是活动管理过程（Process），包括活动规划、部署、执行和完成4个阶段（APMA指出，活动管理的阶段之间可能有不同的划分，但大多数阶段并没有明确划分）。第三层次是活动管理的步骤（Steps），代表活动管理过程的详细扩展。第四个层次是活动管理方法（Methods），它是每个步骤所需的执行技术，包括需要输入的信息、受到的限制、可以使用的方法以及产生的结果。虽然EMPOK在对活动管理过程和管理步骤的内容划分上存在一些不足，但该模型不仅能指导活动管理的顺利进行，提高活动管理工作的质量，而且有助于促进活动管理人员之间的沟通。

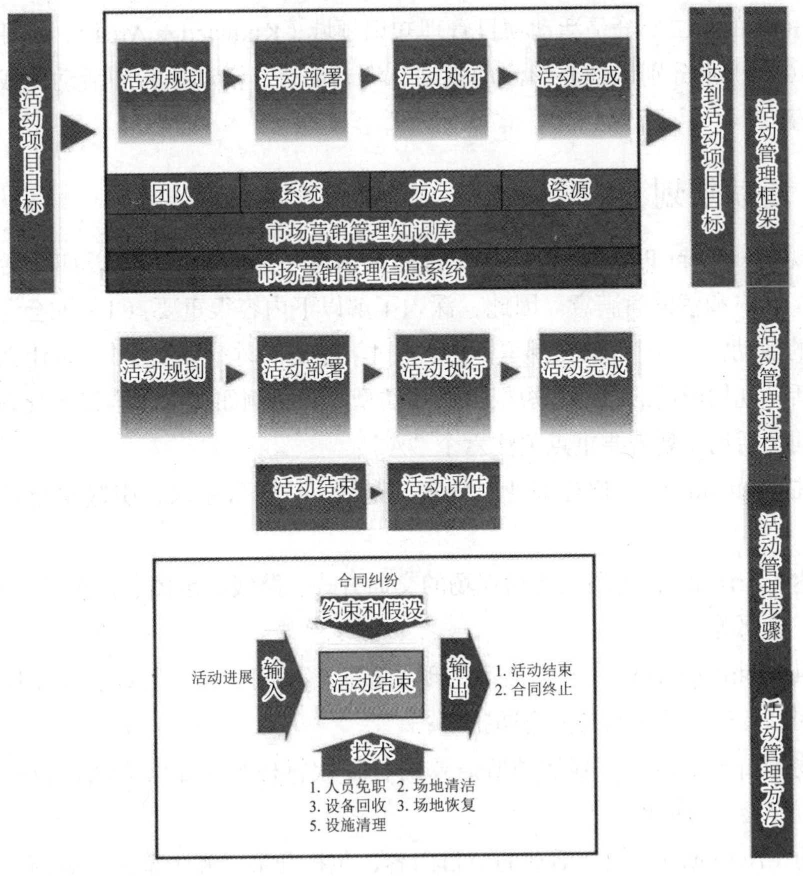

图6-2 活动管理层次模型①

① 图6-2至图6-4主要参考了刘春章：活动管理者，你知EMBOK，可知EPMBOK？[J]. 活动策划家，2016-11-09，在此表示衷心谢忱！

活动管理知识体系（EMBOK）把活动管理分为启动、计划、执行、现场和结束五个阶段，把活动管理所涉及的知识和能力分成五个领域：行政管理、设计管理、运营管理、营销管理以及风险管理。与EMBOK相比，EPMBOK是以规划（Planning）、部署（Deployment）、执行（Implementation）、完成（Completion）四个阶段来安排知识领域的。在每个阶段需要执行不同的任务，该知识体系将它们分为行政、运营、营销和安全四大部分。在每个工作步骤（任务），又分输入、方法、制约和输出四个方面来进行详细解释。这种按活动阶段来梳理专业知识和技能的做法，也见于"认证特殊活动专家"（Certified Special Events Professional，CSEP）证书的职业能力标准中（刘春章，2016）。

第二节 知识模块

EPMBOK的第二部分是活动项目管理知识领域（Knowledge Area），即用4章（第7章至第10章）来分别详细介绍活动规划、活动部署、活动执行和活动完成四个阶段的具体内容。

一、活动规划

活动规划（Event Planning）的主要目标是创建一个活动过程，以期让活动的参与者或用户、客户和赞助商满意。因此，深入了解以下内容很重要：（1）谁会参加？（2）是什么样的活动？（3）活动在哪里举办？（4）活动何时举办？（5）为什么要举办这个活动？活动规划所需的时间长短根据活动类型而异，例如，国际会议的规划通常需要两年半时间。活动规划需要重点关注六个"A"：

● 关注（Attention）：通过商业、促销、邀请、广告等手段，引起参与者对活动的高期望；

● 到达（Arrival）：规划到活动现场的交通方式、路线、地图、停车场、指引标志、入口装饰、售票等；

● 气氛（Atmosphere）：规划活动的现场布置、空间安排、装饰、温度控制、基础设施、照明、音乐、洗手间及安全防护等；

● 食物（Appetite）：规划活动所需要的各种饮料种类和品尝方法，包括食品、饮料、菜单、宴会、自助餐等；

● 活动（Activity）：规划活动的节目内容，包括开幕式和闭幕式、表演、比赛、烟火或舞蹈等；

● 便利设施（Amenities）：规划在活动结束时送给客人的礼物，包括奖品、礼品、纪念品、照片等。

活动规划阶段所涉及的主要知识模块如表6-2所示。

表 6-2 活动规划的主要内容

工作步骤	解释	具体工作
行政规划（Administrative Planning）		
目标	指举办活动的最初目的，是活动管理团队开始所有规划工作的基础	往往需要综合考虑以下几个方面：（1）参与者是谁；（2）有多少人参与；（3）活动的功能是什么；（4）活动什么时间举行；（5）活动在哪里举行；（6）为什么举办这个活动
系统	规划活动所需的各种管理和信息系统，每个系统都将负责规范和执行活动的具体功能	例如，在线预订系统负责客人预订和注册；数据库系统负责保存与活动相关的信息等
技术	活动规划过程中所需的各种技术，对技术的应用是营造成功活动氛围的重要手段	包括立体声、视听、照明、彩色、多媒体及其组合；其他特殊效果，包括动画、喷水、雾、气泡、气球、五彩纸屑、从天而降的人、火焰、空中表演、烟花、活动现场布置、舞台建设、自动控制等
人力资源	确定整个活动过程中所需人员的类别和数量，包括官方和非官方人员，全职和兼职人员，甚至临时和志愿人员	在完成招聘后，可以用工作描述和组织结构来明确每个人的任务组和他们所属的小组、报告关系、角色及职责。同时，要制定完善的培训计划
财务	规划活动所需资金的金额和来源（包括筹款、票务或产品销售收入等）	估计活动所需的成本，包括场地、基础设施、设备、表演团体、员工、广告、餐饮等。此外，还要根据与供应商的合作关系，估计现金流量
运营规划（Operation Planning）		
场地	包括确定活动现场详细说明、选择标准、评估场址对环境的影响、获得授权和相应批准等	活动负责人需要亲自对场地进行实地考察，以便选择最有效的活动举办地点
时序（进度）	规划所有活动内容的执行顺序，包括从开幕式开始的整个过程，直到活动结束	活动顺序的展示风格可以是列出时间顺序、甘特图、网络图或常规日程表，而且活动过程控制通常需要精确到每一分钟
内容	包括节目安排、节目顺序决定、节目主题、节目高潮，甚至主持人的选择、演讲顺序、演讲时间等	考虑可能对现场和舞台设计及布置带来的影响，还需要考虑相邻程序的道具清理和背景更改
设施	规划电力系统、医疗服务、停车场、指示牌等活动现场所需的各种基础设施	在有限的资源条件下，尽量规划最全面的活动设施
人流	规划与活动嘉宾或观众有关的所有事宜，包括交通票预订、活动注册、付款方式、到达/离开方式、座位安排、人员移动路线、住宿安排、餐饮制作、停车场规划等	应充分考虑客人和客户的需求
物流	规划与活动后勤支持有关的一切事宜，包括与供应商之间的沟通协调，最小库存量的控制，卡车卸货现场，规划物品运输路线等	注意与后勤支援有关的路线和位置（如装卸区、垃圾集中区等），另外，还应在现场设置清晰的指示牌，使后勤人员的身份识别更容易
沟通	对活动过程中的沟通手段、媒介、颜色及标签等进行规划	在合适的时间和顺序将需要传达的信息及时传达给需要信息的人员，以促进活动的顺利进行

续表

工作步骤	解释	具体工作
营销规划（Marketing Planning）		
接待	规划与嘉宾有关的一切事宜，包括贵宾服务、迎宾和护送、休息区和更衣室规划、餐饮安排、礼品赠送等	提供人性化服务，同时考虑嘉宾随行的家人和朋友的需求
关系	规划公共关系以及与媒体有关的所有事宜，如举办新闻发布会、邀请媒体采访等	与媒体建立良好的关系，增加活动在媒体上的宣传，建立活动的积极形象，吸引更多的观众和嘉宾参与活动
许可	根据活动的目标和活动类型规划外部许可或授权的可能性	可以包括活动场地的空间授权、活动商标使用授权、公司产品销售授权、电子媒体广播授权等
赞助	规划预算资金、志愿者招募、拍卖捐赠、广告赞助及成功实现活动目标所需的其他事项	适当的赞助可以补偿活动资源的不足，同时加强活动宣传和提升其非营利的形象
促销	通过不同媒体传播活动的相关信息，制作活动的营销材料，引起参与者和嘉宾的兴趣和期望	制定优良的推广策划；重要活动可以包含在广告代理机构中，以促进广告设计和推广事宜
销售	为活动门票、活动产品或其他相关衍生产品制定销售渠道、销售技巧和价格	除了门票，可以开发各种礼品、纪念品、衣服、帽子等具有活动商标的产品；可以考虑与其他行业的联系，例如邀请名人作为活动的代言人
安全规划（Safety Planning）		
法律	即确保活动满足相关法律规定，包括聚集批准、建筑使用授权证、消防安全授权、道路占用批准等	规划合法的方式是成功活动的基本标准
安全	对活动环境进行全面规划，避免员工和客人受到伤害	包括场地安全设计、防火安全保护、事故预防、交通安全保护、人群暴动控制、饮食安全、升降设施安全等
应急	制定地震、强风、暴雨、火灾、爆炸、食物中毒、恶意破坏、电力短路、机器故障等各种活动的应急响应政策	彻底规划适当的响应系统，此外，所有相关应急规划必须通过演习
风险	识别、分析和应对活动风险	注意对活动组织者有正面和负面影响的所有风险因素
环境卫生	规划与活动相关的卫生事务，包括废物管理、污水排放、回收利用、洗手间和危险材料的处理等	遵守活动在整体卫生和环境友好方面的要求，尽量减少废物排放，并循环利用相关物资
保险	提供工作人员、嘉宾、表演者等活动参与者的安全保护规划，以及在安全方面所需的各种保险，包括财产损失保险、意外险、健康保险、火险等	符合法律规定，合同要求和相关利益者的期望

资料来源：American Project Management Association. Event Project Management Body of Knowledge（EPMBOK），2012.

二、活动部署

APMA 认为，活动部署（Event Deployment）即根据活动管理规划而开展的实际准备工作，主要内容包括行政部署范畴（Administrative Deployment）的团队组建（员工获得）、人员培训、设备采购，运营部署范畴（Operation Deployment）的场地布置、基础设施安装、节目排练，营销部署范畴（Promotion Deployment）的广告、许可、赞助，安全部署范畴（Safety Deployment）的合规申请、保险、安全演习等（见图 6-3）。

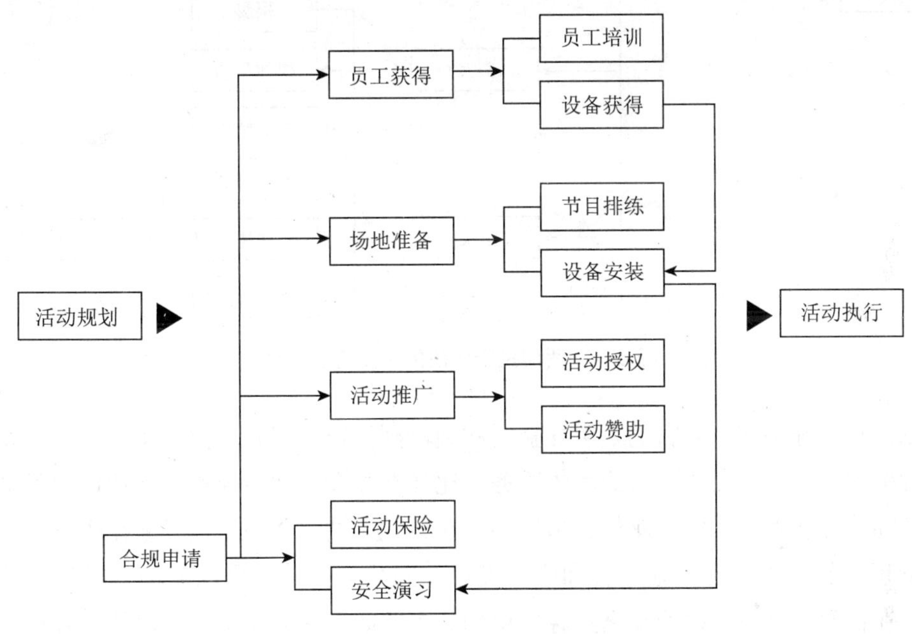

图 6-3　活动部署阶段的主要管理内容

以合规申请（法律事务）为例，它是指活动获得相应的合法性，包括游行、烟火、道路占用、建筑物使用、声音、工作授权、消防管理等。获得相应合法性对活动的顺利举办至关重要，因此，活动管理团队必须及时准备申请，以避免活动延迟，特别是在特殊节日和繁忙假期期间需要及早申请，以防止影响商机。再以活动授权为例，其目的是授权活动的第三方执行相关权利，以获得相应的授权收益，包括活动的商标、产品、广播等。

三、活动执行

活动执行（Event Implementation）是根据活动规划，在适当的时间和地点执行相应的任务，主要工作内容包括行政执行中的技术支持，运营执行层面的嘉宾引导、节目管理、翻译服务和后勤支持，营销执行层面的嘉宾接待、媒体广播、摄影摄像和产品销售，以及安全执行方面的噪声管理、紧急情况处理、预防犯罪、VIP 保护和安全管理等，见图 6–4。

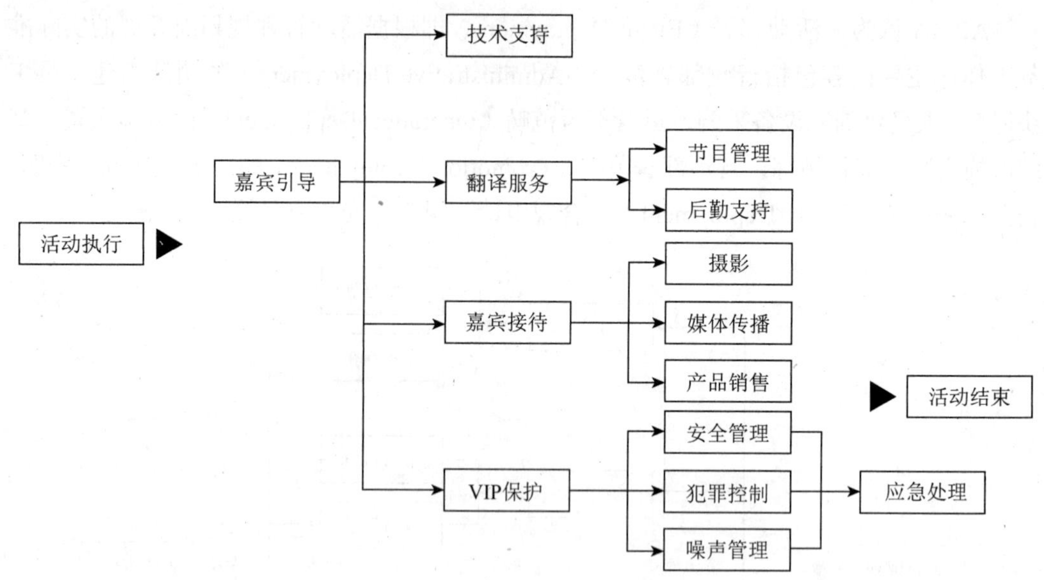

图 6–4 活动执行阶段的主要管理内容

以嘉宾引导为例，其目的是引导嘉宾和观众到指定区域和座位就座。为此，除了使用各种标识之外，还需要个人或团体服务，比如在宴会期间指导嘉宾到特定的餐桌，在比赛期间指导嘉宾到指定的座位，指导嘉宾在典礼上站立在固定点或坐在座位上。活动现场管理人员必须熟悉场地布置和座位安排，并且应佩戴可见的 ID 卡或特殊的制服，特别是在夜间活动中，以便让嘉宾轻松识别。再比如，在活动中要有效处理各种紧急情况，如地震、火灾、暴动、爆炸、绑架、食物中毒、舞台倒塌等。或者也可以参考为嘉宾和观众提供的特别紧急事件服务，如协助寻找遗失货物、车辆、儿童等。紧急情况处理的指导原则包括：（1）首先保证人的安全；（2）内外部做好及时的沟通；（3）确保损失得到有效控制。

四、活动完成

活动管理的最后一个重要阶段便是评估和总结，主要工作包括召开总结会议（Debrief Meetings）、搜集信息与撰写总结报告、感谢相关机构和重要个人等。这个阶段的核心目标包括：（1）给所有参与活动的人反馈体验、意见和建议创造机会；（2）帮助活动组织者基于事实甚至是一些逸闻趣事，更真实地评估活动的成功或失败之处；（3）从物理上和情感上表明或宣布一次活动的正式终止；（4）指导下一届活动的策划。

APMA 提出，活动完成阶段（Event Completion Stage）的管理步骤包括活动结束（Event Closure）和活动评估（Event Evaluation）。其中，活动结束的主要工作包括场地拆除、账款结清、人员解散、设备撤离、现场清洁以及寄发感谢信等（见图 6–5）。以会议为例，事后工作主要包括数据库更新、与会者分析、会议评估，以及寄发感谢信、总结、新闻报道、催款、准备下一届会议等其他善后工作。

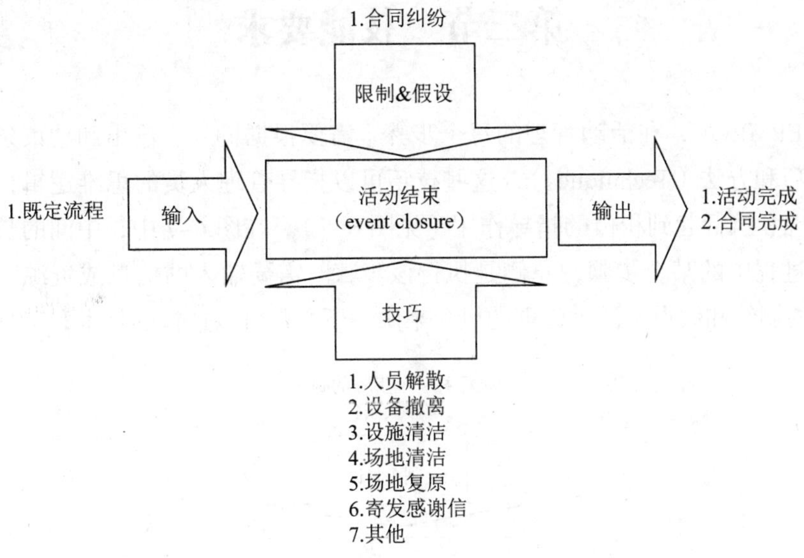

图 6-5　活动结束工作的逻辑①

APMA 认为，活动评估就是在活动结束后评判活动是否达到了特定的目标，如参加者人数、售票数量等硬性指标（Hard Event Objective），以及参加者的满意度、媒体评价等软性指标（Soft Event Objective），如图 6-6 所示。

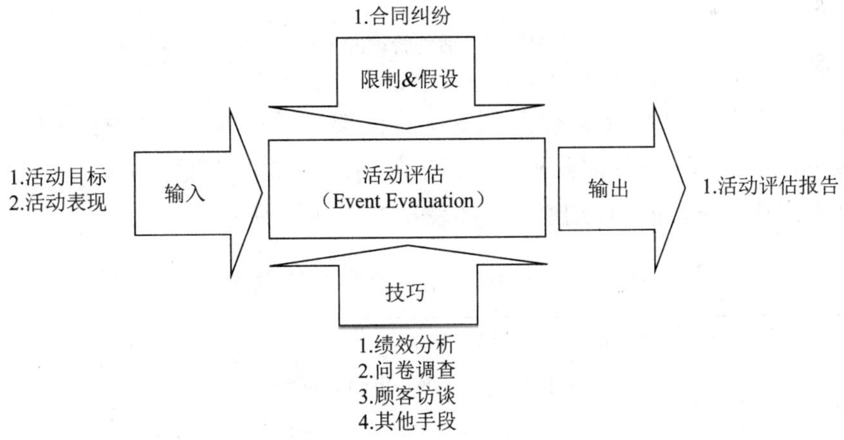

图 6-6　活动评估工作的逻辑②

① APMA. Event Project Management Body of Knowledge. 2012，P.127

② APMA. Event Project Management Body of Knowledge. 2012，P.129

第三节　技能要求

根据EPMBOK，在活动管理的每个步骤，需要根据输入、输出和约束条件，选择不同的技巧和方法（Techniques），这些技巧可以指导管理人员的思维逻辑，对每一步的有效实现和执行起到积极的指导作用（见图6–7）。在图6–7中，中间的长方形表示活动管理过程中的某个步骤，左侧是执行该步骤时需要输入的信息或资源，右侧是输出，上方的制约和假设是活动管理的风险来源，下方是可以选择的技术和工具。

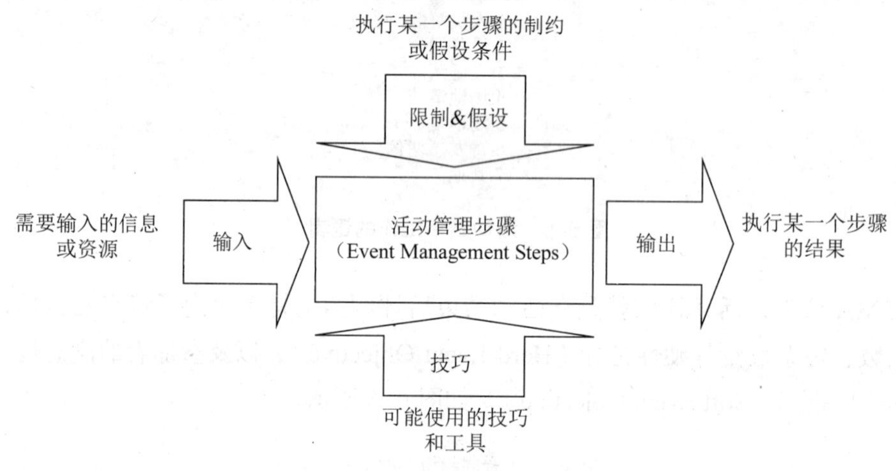

图6–7　活动管理的技巧

从第7章开始，EPMBOK按照图6–7的框架，对活动管理的每一个工作步骤（Management Steps）作了具体分析。受篇幅限制，本节只列出了输入、输出和限制或假设的纲要，但对技术进行详细说明，如表6–3~表6–6所示。

表6–3　活动规划阶段主要工作步骤的技巧

工作步骤	输入	输出	限制或假设	技巧
行政规划（Administrative Planning）				
目标	活动要求	1.活动目标 2.活动项目	活动要求的表达清晰度	1.活动需求分析：分析活动需求，促进活动内容的规划和设计 2.确定活动范围：确认为了获取成果所需要执行的活动范围，它可进一步分解成不同的项目（WBS） 3.其他：可以使用的其他技术和工具

续表

工作步骤	输入	输出	限制或假设	技巧
系统	1.活动目标 2.活动项目 3.系统要求	1.变更控制系统 2.预订系统 3.安全系统 4.维护系统 5.库存系统 6.数据库系统	系统是全新的	1.系统需求分析：分析系统需求与客观成就之间的关系 2.系统思考：综合系统思维是完成活动系统规划的必要手段 3.其他：可以使用的其他技术和工具
技术	1.活动目标 2.活动项目 3.技术要求	1.视听技术 2.声音技术 3.照明技术 4.特殊技术	安全规定	1.技术要求分析：分析难度等级、危险性及成本等 2.技术顾问：必要时可聘请外部技术顾问协助解决 3.其他：可以使用的其他技术和工具
人力资源	1.活动目标 2.活动项目 3.法律法规	1.员工要求 2.工作描述 3.组织结构图 4.培训要求	活动预算	1.工作分析：分析工作的技术性、难度、能耗及学术水平要求等 2.法律分析：分析和了解活动工作人员的限制性规定 3.利益相关者分析：通过了解活动相关方的报告和关联，对活动人力资源规划进行效益评估 4.其他：可以使用的其他技术和工具
财务	1.活动目标 2.活动项目 3.利润目标	1.资金需求 2.票价 3.筹款要求	活动预算	1.成本估算：活动项目的成本可以通过活动的WBS单独估计。活动的总成本就是这些成本的总和 2.成本预算：根据活动的总成本和现金流量进行活动预算规划 3.成本效益分析：对活动资本投入和回报利润进行分析 4.其他：可以使用的其他技术和工具
运营规划（Operation Planning）				
场地	1.活动目标 2.活动项目 3.场地规格 4.场地选择标准	现场规划（Floor Plan）	活动目标的清晰度	1.现场检查：通过检查图表和现场规模，检查活动现场的适当性。活动组织者应该亲自进行现场检查 2.场地租赁：遵循活动现场租赁程序 3.现场申请：跟进场地使用，包括集会和行走、道路堵塞、烟花、指示标志安装、噪声等 4.其他：可以使用的其他技术和工具
时序（进度）	活动项目	活动程序	活动复杂度	1.速度规划：根据活动目标和关键要求，规划活动节目的进展速度，包括开幕、高潮设计、结局等 2.时间估计：估计每个活动项目所需时间需要考虑所有制约因素、假设、历史数据及活动项目之间的等待时间等。也可以包括乐观和悲观的估计时间 3.活动日程：活动顺序通常从每个活动节目的结束时间开始，根据每个活动项目的估计时间来估计下一个项目的开始时间。而且，活动项目之间的相互依存关系也必须加以考虑 4.关键路径分析：利用网络图顺序和关键路径分析找出活动的关键路径，它由最可能延迟的所有部分组成 5.其他：可以使用的其他技术和工具

续表

工作步骤	输入	输出	限制或假设	技巧
内容	1.活动过程 2.节目要求	1.节目清单 2.典礼规划 3.排练规划 4.表演者指南	1.嘉宾多样性 2.场地面积	1.节目要求分析：分析嘉宾或利益相关者对节目的要求 2.嘉宾分析：分析客人或参与者的特征，包括年龄、性别、种族等 3.主题设置：以精炼的形式来传达活动概念 4.节目设计：活动节目的设计必将为客人带来一系列的体验和影响，包括视觉、听觉、味觉和气味、质量、高潮和低谷时间、娱乐、惊喜、发现等。通常建议在活动结束前30分钟将活动节目推向高潮 5.其他：可以使用的其他技术和工具
设施	1.现场规划 2.设施要求	1.电力系统 2.医疗服务 3.停车场 4.邮件服务 5.公共电话 6.公共交通 7.标牌	嘉宾数量	1.设施要求分析：分析设施需求，确定必要的活动基础设施 2.法律分析：分析活动设施的法律规定 3.其他：可以使用的其他技术和工具
人流	1.活动目标 2.嘉宾要求 3.活动类型	1.入场控制 2.等待模式 3.注册 4.票务 5.移动路线 6.座位安排 7.交通管制 8.停车场	嘉宾数量	1.嘉宾要求分析：对嘉宾和观众的需求进行深入分析，可以提供更好的相关活动内容规划 2.调查问卷：通过问卷调查，了解嘉宾，客户或观众的需求 3.其他：可以使用的其他技术和工具
物流	1.场地规划 2.后勤要求	后勤管理规划	后勤需求的类型	1.后勤需求分析：分析活动的所有后勤需求 2.承包商协调：与承包商和供应商协调补货管理机制 3.入口和出口：规划货物进出口订单 4.装卸：规划货物的装卸地点 5.补货规划：规划货物补货时间 6.其他：可以使用的其他技术和工具
沟通	1.沟通要求 2.沟通项目	1.负责人 2.口译员 3.联系人员 4.广播系统 5.活动手册 6.发言人 7.组织结构图 8.指挥中心 9.标牌 10.活动网站	活动规模	1.利益相关者分析：分析在活动过程中需要参与沟通的所有员工 2.沟通要求分析：分析沟通需求的要求、及时性和达成方式 3.其他：可以使用的其他技术和工具

续表

工作步骤	输入	输出	限制或假设	技巧
营销规划（Marketing Planning）				
接待	1.活动目标 2.活动项目 3.接待要求	1.接待区 2.更衣室 3.休息区 4.贵宾服务 5.餐饮服务 6.礼物	嘉宾人数高于预期	1.接待要求分析 2.专家判断：咨询相关接待礼仪专家 3.其他：可以使用的其他技术和工具
关系	1.活动目标 2.利益相关方的要求	1.新闻发布会 2.新闻稿 3.发言人 4.活动采访 5.媒体名单	活动的现有形象	1.利益相关者要求分析 2.专家判断：聘请公关专家传达良好的公众形象 3.其他：可以使用的其他技术和工具
许可	1.活动目标 2.活动类型 3.授权机会	1.商业权利 2.商标权 3.广播权	活动特征	1.授权机会分析：分析每个授权机会的可能性、盈利能力和具体方法 2.选择标准：各类执照公司的评估标准 3.其他：可以使用的其他技术和工具
赞助	1.活动目标 2.资金要求 3.赞助要求 4.筹款要求	1.筹款规划 2.广告赞助规划 3.销售赞助规划 4.服务赞助规划	经济展望	1.资金需求分析 2.赞助要求分析 3.筹资需求分析
促销	1.活动目标 2.推广要求 3.销售规划	1.印刷媒体 2.电子媒体 3.互联网 4.优惠券 5.DM 6.礼物 7.新闻发布会	创意	1.推广要求分析：包括推广期、推广技巧及媒体选择等 2.推广媒体的选择：分析不同媒体的效果和成本/效益，选择最适合的推广手段 3.公共关系：利用广泛的活动来支持活动的可见度 4.其他：可以使用的其他技术和工具
销售	1.活动目标 2.销售目标	销售规划	活动吸引力	1.销售渠道分析：包括销售许可、战略联盟、互联网销售等 2.定价策略 3.其他：可以使用的其他技术和工具
安全规划（Safety Planning）				
法律	1.活动目标 2.活动项目 3.法律规定 4.合同要求	1.赛事应用（可能适用） 2.建筑物使用申请 3.消防安全应用 4.道路占用申请	审批时间表	1.法律法规分析：分析如何满足法律规定 2.合同要求分析 3.知识产权分析：分析如何避免侵权或违规 4.其他：可以使用的其他技术和工具

续表

工作步骤	输入	输出	限制或假设	技巧
安全	1.法律法规 2.贵宾保护要求 3.入口/出口控制要求	1.设备操作程序 2.防止职业危害 3.事故处理程序 4.人群管理规划 5.活动安全规划	员工安全意识	1.法律法规分析：分析活动的安全相关规定 2.安全管理中心：建立安全管理中心，开展活动安全规划 3.安全检查表：检查建筑物、活动现场的安全设施等所有与活动相关的设施设备 4.专家判断：由专业保安公司协助并规划 5.其他：可以使用的其他技术和工具
应急	1.活动目标 2.法律规定 3.可能的情况	1.指挥系统 2.疏散规划 3.人群管理规划 4.报告系统 5.活动取消程序 6.医疗服务 7.报警系统	情景预测能力	1.法律法规分析：分析与紧急情况有关的规定 2.可能的情景分析：分析所有可能的紧急情况，以选择适当的响应方法 3.专家判断：由专业公司协助策划 4.其他：可以使用的其他技术和工具
风险	1.活动目标 2.活动项目 3.利益相关者的期望	1.风险活动 2.风险优先 3.预防措施 4.应急规划	员工风险意识	1.风险识别：确定活动中可能发生的风险。常用的方法包括专家咨询、头脑风暴、场景模拟、SWOT分析、差距分析、检查表等 2.风险分析：分析各种风险的发生概率和影响程度，确定应避免和降低哪种风险 3.风险回应：风险回应政策可以通过风险分析制定，常见的包括回避、转移、缓解和接受等方式 4.影响分析：通过影响力分析活动项目之间的影响关系 5.灵敏度分析：灵敏度分析是讨论活动项目可能发生的变化对其他活动项目的影响级别
环境卫生	1.活动目标 2.法律规定 3.利益相关者的要求	1.卫生系统 2.废物管理 3.空气污染管理 4.有毒物品管理	参与者数量	1.法律法规分析：分析相关法律规定，确认必要的卫生规划 2.利益相关者要求分析：分析有关各方对活动卫生的要求 3.其他：可以使用的其他技术和工具
保险	1.活动目标 2.法律规定 3.合同要求 4.利益相关者要求	1.财产保险 2.伤害保险 3.健康保险 4.火灾保险 5.地震保险 6.其他	无	1.法律法规分析：分析与活动保险相关的法律规定 2.合同要求分析 3.利益相关方要求分析 4.其他：可以使用的其他技术和工具

资料来源：APMA. Event Project Management Body of Knowledge. 2012.

表 6–4　活动部署阶段主要工作步骤的技巧

工作步骤	输入	输出	限制或假设	技巧
行政规划（Administrative Planning）				
团队组建（员工获得）	1.员工要求 2.工作描述	1.员工清单 2.责任分配 3.工作检查表	行业供应链	1.员工招聘：通过广告进行外部招聘 2.志愿者获取：招聘全职或兼职志愿者 3.人力合同：直接承包一部分人力，例如保安人员
员工培训	1.员工清单 2.培训要求 3.职位说明	合格人员	语言差异	1.培训需求分析 2.模拟：使用电脑软件或现实工具，培训员工 3.面对面的课程 4.在线课程 5.活动管理知识库：运用最好的实践知识库培训员工 6.其他：其他类型的培训方法
设备采购	1.设备要求 2.材料要求	1.活动设备 2.活动材料	活动预算	1.采购：直接从供应商处采购商品 2.投标：如果采购数量庞大、时间足够，邀请供应商出价 3.租赁：租赁商品
运营规划（Operation Planning）				
场地布置	场地规划	1.现场准备 2.更改请求 3.规划修订	现场条件（例如，不好的空间划分、不平坦的地形、拥挤的空间等）	1.聘请顾问 2.承包：外部承包商协助进行现场布置 3.场地检查：检查和评估活动现场布置 4.其他：可以使用的其他技术和工具
基础设施安装	场地规划	1.设备准备就绪 2.更改请求 3.规划修订	现场条件	1.顾问：现场安装工作由活动团队和顾问协调完成 2.承包：由外部承包商安装，包括供应商或设备承租人
节目排练	1.活动程序 2.程序列表 3.典礼规划 4.彩排规划	1.节目修订 2.典礼修改	出勤率	1.活动贯穿 2.节目排练 3.其他：可以使用的其他技术和工具
营销规划（Marketing Planning）				
广告	1.活动目标 2.活动项目 3.销售目标	1.推广表现 2.回退规划	重大新闻	1.纸质媒体 2.电子媒体 3.互联网 4.优惠券 5.DM 6.礼品 7.新闻发布会
许可	1.业务权限 2.商标权 3.广播权	1.营业执照 2.商标许可 3.广播授权	没有	1.授权谈判：对感兴趣的公司执行授权内容和使用费的谈判 2.签订授权合同

续表

工作步骤	输入	输出	限制或假设	技巧
赞助	1.筹款规划 2.广告赞助规划 3.销售赞助规划 4.服务赞助规划	1.基金 2.广告 3.慈善义卖 4.志愿者	经济衰退	1.筹款 2.广告赞助 3.销售赞助 4.服务赞助 5.其他：其他类型的赞助
安全规划（Safety Planning）				
合规申请	1.活动目标 2.活动项目 3.申请手续 4.申请表	申请批准	竞赛活动	1.游行申请 2.建筑用途申请 3.消防安全申请 4.道路占用申请 5.其他：申请其他类型的许可证
保险	1.财产保险 2.伤害保险 3.健康保险 4.火灾保险 5.地震保险 6.其他类型的保险	1.个人保险 2.集体保险	无	保险谈判：与保险公司进行谈判，包括保险的内容、保险金额等
安全演习	1.现场规划 2.安全规定 3.设备操作程序 4.职业伤害保护 5.事故处理程序 6.人群管理规划 7.活动安全规划	1.倒退规划（发现原有安全政策中需要改进的地方） 2.纠正措施 3.规划修订	情景现实（安全演习场景与现实的相似程度）	1.安全场景模拟：根据模拟场景进行活动安全练习 2.其他可以使用的技术和工具

资料来源：APMA. Event Project Management Body of Knowledge. 2012.

表 6-5　活动执行阶段主要工作步骤的技巧

工作步骤	输入	输出	限制或假设	技巧
行政规划（Administrative Planning）				
技术支持	1.活动项目 2.活动技术要求 3.技术活动	1.成功完成活动的技术需求 2.解决技术问题	技术人员的数量	1.技术顾问：聘请技术顾问 2.技术承包：将技术问题外包给其他专业公司 3.其他：可以使用的其他技术和工具
运营规划（Operation Planning）				
嘉宾引导	1.场地规划 2.座位规划 3.路线规划	所有的观众和嘉宾就位	嘉宾数量	1.迎接人员：负责指引嘉宾和观众 2.座椅标签：使用座位或桌卡、标志或数字，甚至使用座椅颜色进行识别，以便于查找和识别座椅 3.接待技能：迎接者具备足够的沟通能力和接待技巧，并接受相关培训 4.其他：可以使用的其他技术和工具

续表

工作步骤	输入	输出	限制或假设	技巧
节目管理	1.节目列表 2.活动过程 3.表演者指南	1.更改请求 2.纠正措施	没有	1.照片拍摄：拍摄节目照片以检测变动 2.短片拍摄：拍摄节目短片以检测变动 3.合同管理：对照合同管理方案
翻译服务	1.翻译要求 2.客人名单	1.嘉宾满意度 2.纠正措施	需要翻译的人数	1.翻译人员：聘请口译员 2.传译耳机：使用耳机口译员介绍的活动项目和内容，或通过预先录制的翻译机 3.字幕翻译：通过屏幕或横幅显示翻译的文字 4.其他：可以使用的其他技术和工具
后勤支持	物流管理规划	1.及时供应各类物料 2.规划修订	参与者人数	1.后勤管理中心：负责活动后勤管理的办公室 2.及时系统：及时提供数量最多的货物 3.经济订单数量：采用最低单价订货 4.其他：可以使用的其他技术和工具
营销规划（Marketing Planning）				
嘉宾接待	1.常客 2.特别VIP 3.接待要求	1.嘉宾满意度 2.纠正措施	嘉宾数量	1.接待人员：负责招待客人，也可以是迎宾人员。详细信息参考通信规划 2.礼物：详细信息参考接待规划 3.仪式：详细信息参考节目设计 4.其他：可以使用的其他技术和工具
媒体广播	1.活动目标 2.活动项目 3.广播权	1.现场直播 2.录播	天气状况	1.电视 2.广播电台 3.互联网 4.其他：可以使用的其他技术和工具
摄影摄像	1.活动目标 2.图片拍摄要求 3.摄像要求	1.活动图片 2.活动视频	天气状况	1.设计：设计拍摄摄像的场景内容和角度 2.专业顾问：在摄影和摄像的专业顾问的帮助下完成 3.承包：直接外包给专业公司
产品销售	1.活动目标 2.销售目标 3.销售规划 4.业务权限 5.商标权	1.销售表现 2.回退规划	库存控制	1.现场销售 2.互联网销售：通过互联网进行销售，包括活动门票、相关产品等 3.许可销售：通过授权公司的销售渠道销售
安全规划（Safety Planning）				
噪声管理	1.活动项目 2.法律规定 3.利益相关方的要求	1.噪声符合规定 2.照明符合规定	对噪声管理的及时性	1.噪声检查：由指定人员或探测器检查活动现场的噪声程度 2.隔音：在活动环境中安装隔音墙 3.声级控制：当噪声超过阈值时，应建立控制程序 4.照明控制：控制活动照明的强度和范围，避免影响公众生活、车辆的移动甚至夜间动物的生活
紧急情况处理	1.应急规划 2.紧急事件	1.医疗服务 2.活动干预 3.人群疏散	重大事故	1.应急管理团队 2.发言人：负责与媒体和所有嘉宾的沟通 3.其他：可以使用的其他技术和工具

续表

工作步骤	输入	输出	限制或假设	技巧
预防犯罪	活动现场安全规划	1.活动现场零犯罪 2.规划修订	嘉宾和观众隐私	1.安全警卫定期巡逻 2.视频拍摄：视频拍摄活动现场，以及时发现犯罪行为，并保存证据 3.照片拍摄：用固定或移动摄像头拍摄活动场地，以制止犯罪行为并保存证据 4.其他：可以使用的其他技术和工具
VIP保护	1.VIP列表 2.贵宾保护要求	VIP安全	恐怖袭击	1.安全警卫：在活动现场的关键位置安排安保人员 2.个人安全：使用个人保镖保护贵宾的安全 3.分离措施：将VIP与人群分开，如人墙、安全通道、安全轨道等 4.其他：可以使用的其他技术和工具
安全管理	1.设备操作程序 2.职业危害保护 3.事故报告程序 4.事故处理程序 5.人群管理规划 6.活动安全规划	1.人员安全 2.设施安全 3.区域安全	嘉宾和观众数量	1.警告标志：使用各种标准警告标志和信号，如高压电、湿滑地板等 2.定期检查设施 3.人群监控：监测活动人群的流量和移动模式 4.人员控制：控制交通设施允许的人数 5.安全检查表：详细信息参考安全规划 6.其他：可以使用的其他技术和工具

资料来源：APMA. Event Project Management Body of Knowledge. 2012.

表 6-6　活动完成阶段主要工作步骤的技巧

工作步骤	输入	输出	限制或假设	技巧
活动结束	活动程序	1.活动结束的相关支付 2.合同终止	合同纠纷	1.员工解散 2.嘉宾送别：包括表演者、贵宾和常客。如有需要，可以使用预留的火车或车辆 2.设备撤回：撤出所有活动设备，顺序和安全是两个关键问题 3.设施清洁：清洁所有设施，包括装饰、围栏、地毯、帐篷、标牌、广告、隔音和警示装置等 4.现场清洁 5.网站转移：将活动网站转移给所有者
活动评估	1.活动目标 2.活动表现	活动评估报告	没有	1.绩效分析：将实际绩效与预先设定的绩效进行比较 2.问卷调查 3.嘉宾采访：用访谈来评价客人的满意度 4.其他：可以使用的其他技术和工具

资料来源：APMA. Event Project Management Body of Knowledge. 2012.

【本章小结】

本章开篇介绍了由美国项目管理协会（APMA）开发的活动项目管理知识体系（Event Project Management Body of Knowledge，EPMBOK）的基本框架，特别是 APMA 对活动管理阶段的划分以及活动管理层次模型。

APMA 按规划、部署、执行和评估 4 个阶段来介绍活动管理的知识领域（Knowledge Area）。在每个阶段需要执行不同的任务，EPMBOK 将它们分为行政、运营、营销和安全 4 大部分。具体来说，活动规划（Event Planning）包括目标设定等 24 项工作（即 EPMBOK 所指的工作步骤 |Management Steps），活动部署（Event Deployment）有团队组建等 12 个工作步骤，活动执行（Event Implementation）阶段有嘉宾引导等 14 项工作，活动完成（Event Completion）包括活动技术和活动评估 2 项工作。在每个工作步骤（任务），又分输入、方法、制约和输出 4 个方面来进行详细解释。

【复习题】

1. APMA 如何理解活动管理与项目管理之间的关系？
2. 你觉得 EPMBOK 的活动管理层次模型有什么优缺点？
3. 你如何看待本章第二节中提到的活动规划的“6A”原则？
4. 请解释 EPMBOK 中 4 个阶段的具体工作步骤。
5. 试结合具体案例，对 EPMBOK 中的活动结束和评估工作进行分析。
6. 请结合案例，论述 EPMBOK 在实际活动管理工作中的具体应用。

【案例分析】

“注册节庆与活动经理”（CFEE）的知识领域要求

注册节庆与活动经理认证（Certified Festival and Event Executive，CFEE）是由国际节庆与活动协会（International Festivals & Events Association，IFEA）于 1983 年开发的，旨在促进节庆行业从业人员获得认可和提升。IFEA 的前身是节庆管理者协会（Festival Manager's Association），成立于 1956 年。如今，IFEA 是“支持和促进提升全球节庆从业人员的首要协会”。

CFEE 由卡利夫保险（Kaliff Insurance）提供赞助，因为卡利夫坚信，经过认证的专业人员是安全和成功的节庆和活动产业的基石。CFEE 由 IFEA 活动教育委员会负责考核，这是一个由顶尖的行业专业人员和教育者组成的机构。该委员会开发了 CFEE 的核心课程，包括 6 大知识领域，分别为：赞助、行政管理、营销和媒体关系、运营和风险管理、非赞助收入计划以及项目管理。

1. 赞助（Sponsorship）

A. 什么是赞助？（What is a Sponsor?）

B. 可控资产的决定因素（Determination of Controlled Assets）

C. 活动清单：有什么资产？（Event Inventory：What is the Property?）

D. 营销清单（Marketing Inventory）

E. 接待清单（Hospitality Inventory）

F. 项目开发基础（Basics of Program Development）

G. 确定价值（Determining Value）

H. 撰写引人注目的建议书（Creating Compelling Proposals）

I. 赞助服务和实施（Sponsor Servicing and Fulfillment）

2. 行政管理（Administration and Management）

A. 商业计划基础（Business Plan Basics）

B. 管理：领导层和人员配置（Management：Leadership and Staffing）

C. 预算和财务（Budgets and Financials）

3. 营销和媒体关系（Marketing and Media Relations）

A. 营销和媒体关系的作用（Role of Marketing and Media Relations）

B. 观众人口统计学（Audience Demographics）

C. 品牌基础（Basics of Branding）

D. 战略营销（Strategic Marketing）

E. 营销的基本战术（Basics Tactics of Marketing）

F. 媒体关系基础（Basics of Media Relations）

G. 媒体赞助（Media Sponsorships）

H. 创意（Creativity）

4. 运营和风险管理（Operations/Risk Management）

A. 制订场地计划（Creation of a Site Plan）

B. 制订搭建与撤除计划（Development of a Set-up and Tear-down Schedule）

C. 招标与服务合同签约（Bidding and Contracting Services）

D. 服务合同管理（Management of Contracted Services）

E. 保险的关键要素（Key Elements of Insurance）

F. 风险管理基础（Basics of Risk Management）

G. 关系建立技巧（Relationship Building Skills）

H. 安全和人群控制（Security and Crowd Control）

I. 应急计划（Contingency Planning）

J. 交通管理（Traffic Management）

K. 领导（Leadership）

L. 志愿者管理（Volunteer Management）

5. 非赞助收入计划（Non-Sponsorship Revenue Programs）

A. 非赞助收入的积极和消极方面（Basic NS Revenue Positives and Negative Features）

B. 人口统计学和非赞助收入（Demographics and NS Revenue）

C. 新收入创意（New Revenue Ideas）

D. 现金和存货控制（Cash and Inventory Controls）

E. 商品（Merchandise）

F. 餐饮（Food and Beverage）

G. 接待（Hospitality）

H. 门票（Admission Tickets）

I. 特殊收入项目（Specialty Revenue Items）

J. 成本控制（Cost Control as Added Revenue）

6. 项目管理（Project Management）

A. 项目管理和活动背景（Project Management and Events Background）

B. 利益相关者管理（Stakeholder Management）

C. 活动的可行性（Event Feasibility）

D. 项目管理工具（Project Tools）

E. 活动团队（Event Team）

F. 风险管理（Risk Management）

G. 合同管理（Contract Management）

H. 活动文件包（Events Portfolio）

I. 活动建档与报告（Event Documentation and Reporting）

由此看来，CFEE 的知识体系（能力标准）可以与 Silvers 等人（2006）提出的活动管理知识体系的五个知识领域大致对应。例如，行政管理可对应 EMBOK 的行政管理；赞助、营销和媒体关系可对应 EMBOK 的营销管理；运营 / 风险管理可对应 EMBOK 的运营管理和风险管理；非赞助收入项目部分对应 EMBOK 的行政管理，部分对应 EMBOK 的设计管理；项目管理则对应 EMBOK 中五个阶段的管理。

资料来源：刘春章．从 CFEE 看活动管理的能力标准［EB/OL］．活动策划家，2016-11-11.

思考题： 请结合一次节庆管理全过程中的主要工作，对 CFEE 的知识领域进行对照分析。

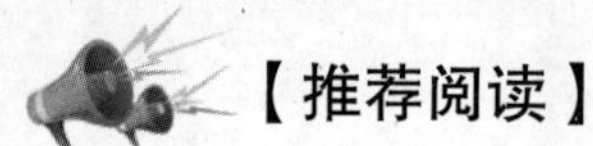

【推荐阅读】

刘春章：活动管理者，你知 EMBOK，可知 EPMBOK？

王春雷：项目管理在会展（活动）管理中的应用

第七章 活动管理知识体系与专业课程体系设计

【学习目标】

了解国外代表性大学活动管理专业的课程开设情况及其对国内院校的启示，以及会展经济与管理专业教学质量全国标准的主要内容

掌握活动的分类、活动管理与会展经济与管理的联系及区别

熟悉基于扩展后的活动管理知识体系（EMBOK）提出的会展经济与管理专业的课程结构的原理

【关键术语】

活动；特殊活动；活动营销；会展经济与管理专业教学质量全国标准；课程结构；扩展后的活动管理知识体系（Extended EMBOK）

综观会展业发达国家和地区的成功经验，会展经济与管理（活动管理）作为一门独立的交叉性学科的地位正受到越来越多学者和业界人士的认可。在我国，包括会议、展览会、节庆、体育赛事、演艺和公司活动等在内的“大会展”概念也逐渐得到学界和业界认可，这为中国会展教育提供了更大的发展空间，并将促进多元化会展办学格局的形成。同时，越来越多的业界和教育界人士都意识到共同构建活动管理知识体系的重要性和紧迫性。

第一节　活动管理专业课程设计的国际经验

通过梳理国际上著名旅游学院或商学院的活动管理专业课程设置，可以发现：活动管理教育主要与旅游、体育、媒体、文化或营销等专业嫁接，而且硕士和本科层次都有；尽管每个学校的培养定位有所差异，但学生毕业后的就业范围都较广。另外，可能是因为展览业的专业性更强等原因，除了有个别大学开设相关课程外，很少有院校涉入展览管理教育，这方面的工作主要由展览行业协会来承担。以下列举了部分大学和行业协会的课程设计，供国内相关院校参考。

一、美国乔治·华盛顿大学（The George Washington University，GWU）

美国乔治·华盛顿大学建校于 1821 年，是一所著名的私立综合性大学。作为全球最早开展旅游教育的大学之一，GWU 在 20 世纪 90 年代中期就开始了会展、体育赛事管理等相关课程的探索，其国际旅游研究院推出的活动管理证书（Event Management Certificate）在美国业界享有盛誉。EMC 的理论课程包括 4 门必修课和 3.6 个继续教育学分（CEU）的选修课，分别对应活动管理的基本原理以及不同类型的活动管理或活动管理中的不同模块。虽然 EMC 不是学位教育项目，但对开设活动管理专业的院校仍有较强的启发性，如表 7–1 所示。

表 7–1　乔治·华盛顿大学活动管理证书的课程设计

课程性质	课程
必修课/Core Courses （4门）	活动协调（Event Coordination） 活动营销（Event Marketing） 活动风险管理（Event Risk Management） 最佳实践与案例（Best Practices）
选修课/Elective Courses （任选3.6个学分）	会议管理（Meetings & Conferences） 展览会管理（Trade show Management） 体育赛事管理（Sport Management） 餐饮管理（Catering） 婚礼工作坊（Wedding Workshop） 融资与赞助（Fundraising & Sponsorship） 活动礼仪（Event Protocol） 活动娱乐管理（Event Entertainment） 绿色会议与活动（Green Meetings & Events）

注：（1）每学完为时两天的课程能获得 1.2 个继续教育学分（CEU）；

（2）学员还必须参加 100 小时的实践活动，并提交一份完整的报告。

二、德国拉芬斯堡合作教育大学（Ravensburg University of Cooperative Education）①

在开展活动管理教育之初，拉芬斯堡合作教育大学的活动管理教育仅局限于展览行业，但随着德国会展和活动产业的迅速发展，活动教育的内涵也在不断扩展，目前已涵盖会议、展台搭建、大型活动策划等领域。在课程设置上，主要分为五大模块，即工商管理、展览管理、会议管理、大型活动管理以及展台设计与搭建，学生每学完一个模块再经过相应的实习，能基本具备该模块所要求的工作能力，见表 7–2。

表 7–2　拉芬斯堡合作教育大学活动管理专业的课程设置

专业模块	主要课程	备注
工商管理	市场营销管理；组织管理学；人力资源管理；统计学；战略管理；经济学；会计学；法律基础；计算机；专题讲座	这些课程在不断优化调整
展览管理	展览项目管理；财务会计；展览后勤服务；场地规划；市场调研；战略与计划实施；参展商管理	
会议管理	会议项目管理；会议财务预算；会场选择；专业会议组织（PCO）课程；会议保险与法律；服务商管理；会议摘要处理	
大型活动管理	大型活动项目管理；大型活动概念与创新；活动场地与设施；活动代理商管理；活动效果调研；音乐与娱乐设计；活动指南设计	
展台设计与搭建	展台施工前期工作；展台设计；展台安全管理；展台施工流程；展台财务学；展台后勤；展台活动策划	

三、澳大利亚维多利亚大学（Victoria University）

澳大利亚维多利亚大学建校于 1915 年，是一所充满活力和多元文化的综合性大学，也是全澳同时提供职业教育（TAFE）与高等教育（本科和研究生教育）的五所大学之一。该校在多个学院都设有与活动管理相关的专业，具体而言，休闲运动学院设有运动管理专业（Sport Administration），毕业生可获得体育管理学士学位（Bachelor of Sport Management）；经济学院设有活动管理专业（Event Management），授予商务管理学士学位（Bachelor of Business）；法学院设有活动管理专业（Event Management），授予法学学士学位（Bachelor of Laws）；酒店与旅游学院设有营销与活动管理（Marketing & Event Management）、服务与活动管理（Hospitality & Event Management）、旅游与活动管理（Tourism & Event Management）等专业，均授予商务管理学士学位（Bachelor of Business）。其中，经济学院的活动管理专业（Event Management）课程开设情况如表 7–3 所示。

① 还有“瑞文斯堡合作教育大学”的译法。

表 7-3 澳大利亚维多利亚大学经济学院活动管理专业的课程设置

学年	课程
第一学年	经济学原理（Economic Principles） 商业统计（Business Statistics） 市场营销原理（Introduction to Marketing） 商业法（Business Law） 组织行为学（Management and Organisation Behaviour） 综合商业技能（Integrated Business Challenge） 管理会计学（Accounting for Decision Making） 商业信息系统（Information Systems for Business）
第二学年第1学期	24 个学分的方向课（Specialization Units） 24 个学分的选修课（Elective Units）
第二学年第2学期	24 个学分的方向课（Specialization Units） 12个学分的选修课（Elective Units）
第三学年第1学期	24 个学分的方向课（Specialization Units） 24 个学分的选修课（Elective Units）
第三学年第2学期	24 个学分的方向课（Specialization Units） 24 个学分的选修课（Elective Units）
主要方向课程： 可持续运营（Sustainable Operations）；活动创意与设计（Event Creation and Design）；活动管理概论（Introduction to Events）；现场表演管理（Live Performance Management）；活动运营（Event Operations）；商业活动（Business Events）；商务综合知识（Business Integrated Learning）；实用商业技能（Applied Business Challenge）	

资料来源：澳大利亚维多利亚大学官方网站 .

四、英国利兹贝克特大学（Leeds Beckett University，LBU）

利兹贝克特大学由利兹都市大学和利兹理工学院合并而成，是英国规模最大、最受欢迎的大学之一。其中，利兹都市大学始建于 1842 年，于 1992 年经皇室特许正式成为一所大学。LBU 在图书馆与信息管理、食品科学、运动科学、土木工程、工商管理、活动管理、酒店与旅游管理等专业领域的本科或硕士课程设置实用性极强，深受业界青睐。其活动、旅游与酒店管理学院以及英国活动管理研究中心（UK Centre for Events Management）在国际上享有很高的声望，该院活动管理专业（Event Management）的课程设置如表 7-4 所示。

表 7-4 利兹贝克特大学活动管理专业的课程设置

学年	主要课程	
	2016年前	2016年后
第一年核心课程/Year1 Core Modules	活动创意设计（Creative Event Design）； 活动财务管理与技术（Event Finance and Technology）； 活动策划与管理（Event Planning and Management）； 活动支持性服务与法律（Event Support Services and Law）； 活动组织管理（Events Organization Management）； 活动的演化（Evolution of Events）	活动策划（Event Planning）； 社会中的活动（Events in Society）； 活动创意营销（Creative Event Marketing）； 活动安全管理（Staging Safe Events）； 活动组织管理（Managing Event Organizations）； 专业实习1（Professional Event Practice 1）
第二年核心课程/Year 2 Core Modules	活动人力资源管理（Managing the Event Workforce）； 活动设计（Production of Events）； 活动营销（Event Marketing）； 项目管理与财务（Project Management and Finance）； 活动法律与行政管理（Event Law and Administration）	活动法律与行政管理（Event Law and Administration）； 活动整合营销传播（Integrated Marketing Communications of Events）； 活动人力资源管理（Managing the Event Workforce）； 活动设计（Production of Events）； 专业实习2（Professional Event Practice 2）
第二年选修课程/Year 2 Option Modules	公司接待活动管理（Corporate Hospitality Events）； 公司与活动管理（Enterprise and Events） 公共关系与活动（Public Relations and Events）； 庆典仪式与文化（Celebration Ritual and Culture）； 体育、媒体与文化（Sport，Media and Culture）	节庆管理（Festival Management）； 公司活动与接待管理（Corporate Events & Hospitality）； 庆典仪式与文化（Celebration Ritual and Culture）； 创业创意（Creative Entrepreneurship）； 公共关系与活动（Public Relations and Events）； 活动安全与人流管理（Event Security & Crowd Management）； 体育、媒体与文化（Sport，Media and Culture）； 与工作有关的实习（Work-Related Placement）
第三年核心课程/Year 3 Core Modules	活动战略与营销（Event Strategy and Marketing）； 活动场地与资源（Event Venues and Resources）； 活动的未来发展（Future Development of Events）； 项目实践（Individual Project，共40个学分）	活动的未来发展（Future Development of Events）； 场地运营战略管理（Strategic Venue Operations Management）； 活动组织机构战略管理（Strategic Management for Event Organizations）； 项目实践（Individual Project）

续表

学年	主要课程	
	2016年前	2016年后
第三年选修课程/Year 3 Option Modules	商务活动策划（Business Event Production）； 体育赛事的影响与遗产（Impacts and Legacies of Sport）； 融资创新（Innovative Fundraising）； 合作伙伴与客户管理（Managing Partners and Clients）； 活动赞助（Sponsorship in Events））	合作伙伴管理（Understanding Partnerships）； 大型活动风险管理（Managing Risk for Major Events）； 活动中的异议管理（Event & Dissent）； 融资创新（Innovative Fundraising）； 商务活动策划（Business Event Production）； 体育赛事政策与政治（Policy & Politics of Sports Events）； 活动赞助（Sponsorship in Events）

注：为了反映利兹贝克特大学活动管理专业课程设置的变化情况，本书保留了 2016 年前的课程安排。

据国际活动管理教育协会（AEME）的不完全统计，世界上有 150 多所大学设立了独立的活动管理本科专业（注：统计口径为专业名称中含有“event”，我国的“会展经济与管理专业”显然不在统计之列），如昆士兰大学的活动管理专业（Event Management in the Bachelor of Business）、希腊三一大学的活动、会议和展览管理专业（Event，Convention and Exhibition Management）等。此外，还有很多大学提供活动管理及相关专业的硕士学位，例如，澳大利亚悉尼科技大学设有工商管理专业活动管理方向硕士（Master of Management in Event Management）、加拿大乔治·布朗大学设有体育与活动营销专业硕士（Sport and Event Marketing Program）等。

尽管德国、美国、澳大利亚等会展业发达国家与中国在会展行业管理体制、活动运作方式、场馆投资与经营模式等方面均存在很大差异，但这些国家在活动管理教育方面的成功经验仍然能给中国会展教育带来许多有益的启示。综观国际活动管理教育的发展历史和办学效果，以下 4 点特别值得国内院校借鉴：实行宽口径培养、推进产学研合作、倡导模块化教学以及注重实践性环节。

第二节　活动管理与会展经济与管理的联系及区别

一、活动的定义

活动的范围极为广泛，很难给出一个能囊括所有活动类型的定义。国际著名节事研究专家唐纳德·盖茨（Donald Getz）从活动组织者和客户两个方面对特殊活动进行了界定（Getz，1997）：对管理者而言，特殊活动是一种在发起人或组织者的常规计划或活动以外的一种一次性或不经常发生的活动（A Special Event is a One-time or Infrequently Occurring Event Outside the Normal Program or Activities of the Sponsoring or Organizing body）；对客户和客人而言，特殊活动是指在常规选择范围之外或日常经历之外的一次休闲、社交或文化体验的机会（To the Customer or Guest，a Special Event is an Opportunity for a Leisure，Social，or Cultural Experience Outside the Normal Range of Choices or Beyond Everyday Experience）。上述两个定义的出发点很好，但对“特殊活动”的“特殊性”刻画得还不够深刻。

被誉为“现代活动管理之父”的乔·戈德布莱特（Joe Goldblatt）教授认为，“特殊活动”总是经过精心策划，总是能激发期望，总是能通过提供一个值得庆祝的理由而让人激动不已（Goldblatt，1990）。因此，特殊活动是那些“发生在特定时刻的，以典礼或仪式的形式来庆祝的，能满足特定需要的活动”（A Unique Moment in Time Celebrated with Ceremony and Ritual to Satisfy Specific Needs）（Goldblatt，1997）。他认为，为了创造或强化这种“特殊性”（Uniqueness /Specialness），需要在许多主观因素上去努力。

本书认为，活动是一种影响力工具，其灵魂在于对特定时空下的仪式设计，即通过面对面的互动、联结和在场的参与、体验，让参加者产生新的情感能量（Emotional Energy），其运作要求是创造和传递意义（王春雷，2018）。

二、活动的分类

活动是一个五彩斑斓的世界。尽管业界和学术界根据目的、性质、规模等不同标准，提出了不同的活动类型划分，但所有活动都代表了一种为了一个特定的目的、在特定的时间和地点将人们聚集在一起的场景。

（一）Silvers 的划分

茱莉亚·斯沃斯是构建和推广活动管理知识体系（EMBOK）工作的重要先驱之一。关于 EMBOK 的详细内容，可以参考她的个人网站：http：//www.juliasilvers.com/embok.htm。斯沃斯认为，尽管业界将活动分成多种类型，但所有的活动都是出于特定的目的，在特定的时间、特定的地点将人们聚集在一起。按照活动目的的不同，她将活动分为 10 大类：

1. 商务及公司活动（Business & Corporate Events）

任何有助于实现商业目标（Business Objectives）的活动，包括管理职能、企业沟通、培训、营销、奖励、雇员关系、顾客关系等，单独安排或与其他活动共同安排。常见类型见表 7–5。

表 7-5　常见的商务及公司活动类型

颁奖晚宴（Awards Banquet） 董事会（Board Meeting） （简要的）发布会（Briefing） 非正式的小组讨论会（Buzz Session） 公司派对/野餐（Company Party/Picnic） 公司参展（Corporate Exhibit） 公司（自办）展示（Corporate Show） 活动赞助（Event Sponsorship） 高管会议（Executive Retreat） 盛大开业典礼（Grand Opening） 破土动工（Ground Breaking） 假日派对（Holiday Party） 酒店套房/帐篷招待会（Hospitality Suite/Tent） 招待会（Hospitality Reception） 人力资源活动（Human Resources Event） 奖励活动（Incentive Event） 奖励会议（Incentive Meeting） 奖励旅游（Incentive Travel）	行业展览会（Industrial Show） 管理会议（Management Meeting） 媒体会议/新闻发布会（Media/Press Conference） 里程碑事件（Milestone Event） 移动营销展览会（Mobile Marketing Show） 开放参观日（Open House） 产品发布活动（Product Launch Event） 公共宣传活动（Publicity Event） 销售会议（Sales Meeting） 促销活动（Sales Promotion） 团队建设（Team Building） 技术考察（Technical Visit/Tour） 头脑风暴（Think Tank） 贸易访问（Trade Mission） 贸易展览会（Trade Show） 培训活动（Training Event） 用户会议（User Conference）

2. 公益及筹款活动（Cause-Related & Fundraising Events）

由慈善组织或公益团体创办，旨在吸引资金、获得支持或引起关注的活动，可以单独安排，或者与其他活动放在一起举办（见表 7-6）。

表 7-6　常见的公益及筹款活动类型

拍卖（Auctions） 周年纪念日（Anniversary） 颁奖晚宴（Awards Banquet） 烧烤野宴/烹饪比赛（Barbecue/Cook-offs） 早午餐（Brunch） 工作坊（Workshop） 赌场之夜（Casino Night） 慈善嘉年华（Charity Carnival） 教堂庆典（Church Fête） 演示（Demonstration） 教育旅行（Educational Tour） 展览会（Exhibition） 交易会（Fairs & Fêtes） 时装秀（Fashion Show） 募捐长跑/行走马拉松（Fun Run/Walk-a-thon）	晚宴舞会（Gala Dinner Dance） 假日活动（Holiday Event） 家庭和花园旅行（Home & Garden Tour） 正式的午宴（Luncheon） 家庭招待会/开放参观日（Open House） 露天表演/游行（Pageant） 展示（Presentation） 招待会（Reception） 招聘会（Recruitment Fair） 陈列（Showcase） 社交晚宴（Social Dinner） 体育赛事（Sport Events） 电视马拉松（Telethon） 主题派对（Theme Party）

3. 展览会、博览会及交易会（Exhibitions，Expositions & Fairs）

把买家、卖家以及感兴趣的人聚集在一起，以展示或销售产品、服务和其他资源给特定的行业或一般公众的活动，可以单独安排，也可以与其他活动放在一起举办（见表 7-7）。

表 7–7 常见的展览会、博览会及交易会类型

亲密团体展览会（Affinity Group Show）	招聘会（Job Fair）
农业展览会（Agricultural Show）	商场展览会（Mall Show）
艺术及手工艺品交易会（Arts & Crafts Fair）	移动营销路演（Mobil Marketing Road Show）
汽车展览会（Car Show）	宠物展览会（Pet Show）
消费类贸易展览会（Consumer Trade Show）	私人贸易展览会（Private Trade Show）
演示（Demonstration）	产品展示会（Product Showcase）
跳蚤市场/收藏品市场（Flea/Collectibles Market）	公众博览会（Public Expo）
电视竞赛节目（Gate Show）	招聘会（Recruitment Fair）
礼品/爱好展览会（Gift/Hobby Show）	贸易展览会（Trade Show）
健康、保健展览会（Health/Wellness Fair）	垂直展示（Vertical Show）
工业展览会（Industrial Show）	世界博览会（World' s Fair）

4. 娱乐及休闲活动（Entertainment & Leisure Events）

为娱乐目的而举办的一次性或周期性的，免票的或凭票入场的演出或展示活动，可以单独安排，也可以与其他活动放在一起举办（见表 7–8）。

表 7–8 常见的娱乐及休闲活动类型

探险旅游（Adventure Tour）	假日活动（Holiday Event）
颁奖典礼（Awards Ceremony）	商场秀（Mall Show）
艺术展览会（Arts Exhibition）	神秘旅游（Mystery Tour）
小型讨论会/工作坊（Clinic/Workshop）	露天表演（Pageant）
音乐会（Concert）	游行（Parade）
演示（Demonstration）	表演（Performance）
生态旅游（Eco–tour）	公众展览会（Public Show）
教育旅游（Educational Tour）	重现表演（Re–enactment）
民俗旅游（Ethnic Tour	陈列展示（Showcase）
短途旅行（Excursions）	观光旅游（Sightseeing Tour）
博览会（Fairs & Fêtes）	特殊活动旅游（Special Event Tour）
时装秀（Fashion Show）	体育赛事（Sport Event）
电视竞赛节目（Gate Show）	

5. 节庆（Festivals）

由公众或为公众举办的一种文化庆祝活动，可以是世俗的或宗教的，可以单独安排，也可以与其他活动放在一起举办（许多节庆都会在节日的氛围中把买家和卖家聚在一起），如表 7–9 所示。

表 7–9 常见的节庆活动类型

艺术/工艺品节（Arts/Crafts Festival）	假日节（Holiday Festival）
嘉年华（Carnival）	地方和宗教集会（Local & Regional Fair）
百年纪念（Centennial）	音乐节（Music Festival）
舞蹈节（Dance Festival）	社区节（Neighborhood Festival）
奉献节（Dedication）	游行（Parade）
民族节日/文化节（Ethnic/Cultural Festival）	造物节（Products Festival）
美食节/烹饪比赛（Food Festival/Cook–off）	重现表演（Re–enactment Pageant）
传统节庆（Heritage Festival）	宗教节日（Religious Festival）
历史的节日（Historical Festival）	季节性节日（Seasonal Festival）

6. 政府及市政活动（Government & Civic Events）

由政治团体、社区或政府部门举办或者为它们举办的活动，可以单独安排，也可以与其他活动放在一起举办。常见的此类活动如表 7–10 所示。

表 7–10　常见的政府及市政活动类型

周年纪念日（Anniversary） 集会（Assembly） 宴会（Banquet） 百年纪念（Centennial） 仪式活动（Ceremonial Event） 公民颁奖典礼（Citizen Award Celebration） 社区/村落庆典（Community/Village Fête） 辩论会（Debate） 献身节（Dedication） 政府会议（Government Meeting） 破土动工（Ground Breaking） 假日活动（Holiday Event）	就职典礼（Inauguration） 授职仪式（Investiture） 新闻发布会（Media/Press Conference） 社区活动（Neighborhood Events） 游行（Parade） 政治集会（Political Rally） 国葬（State Funeral） 国事活动（State Occasion） 峰会（Summit） 智囊团会议（Think Tank） 贸易访问团（Trade Mission） 高端访问活动（Visiting Dignitary Event）

7. 营销活动（Marketing Events）

一种有助于把买家和卖家聚在一起的商业导向（Commerce-oriented）活动，其主要目的是提升商品或服务的知名度，可以单独安排，也可以与其他活动放在一起举办，如表 7–11 所示。

表 7–11　常见的营销活动类型

大厨招待会（Chef's Table） 顾客接待活动（Customer Hospitality Event） 演示（Demonstration） 赞助活动（Event Sponsorship） 工厂考察（Facility Tour） 熟悉考察团（Familiarization Tour） 时装秀（Fashion Show） 正式开业（Grand Opening） 接待活动（Hospitality Suite/Tent） 新闻发布会（Media/Press Conference）	开放参观日（Open House） 产品发布会（Product Launch Event） 公共宣传/促销活动（Publicity/Promotional Event） 零售活动（Retail Event） 陈列展示（Showcase） 主题茶歇（Theme Break） 主题派对（Theme Party） 贸易代表团（Trade Mission） 贸易展览会参展（Trade Show Exhibit）

8. 会议及大会活动（Meeting & Convention Events）

人们为了交换信息，辩论或讨论，达成共识或决议，教育，以及建立关系而聚集在一起的活动，可以单独安排，也可以与其他活动放在一起举办，如表 7–12 所示。

表 7-12 常见的会议及大会活动类型

学术会议（Academic Conference） 集会（Assembly） 协会会议（Association Meeting） 颁奖宴会（Awards Banquet） 董事会会议（Board Meeting） 思维碰撞会（Brainstorming Session） 茶歇（Break） 吹风会（Briefing） 小组漫谈会（Buzz Session） 伙伴聚会（Companion Program） 会议（Conference） 代表会议（Congress） 大会（Convention） 公司会议（Corporate Meeting） 辩论会（Debate） 总结报告会（Debriefing） 演示会（Demonstration） 餐桌会议（Dine Around） 教育会议（Educational Conference） 联谊会会议（Fraternal Meeting） 全体大会（General Assembly） 政府会议（Government Meeting） 套房招待会（Hospitality Suite） 奖励会议（Incentive Meeting） 演讲（Lecture）	午餐会（Luncheon） 管理会议（Management Meeting） 新闻发布会（Media/Press Conference） 医学会议（Medical Meeting） 军事会议（Military Meeting） 海报论文讨论会（Poster Session） 宗教会议（Religious Meeting） 圆桌会议（Roundtable） 销售会议（Sales Meeting） 科学会议（Scientific Meeting） 研讨会（Seminar） 观光旅游（Sightseeing Tour） 体育比赛（Sport Tournaments） 研究代表团（Study Mission） 座谈会/专题学术讨论会（Symposium） 宣讲会（Teach-in） 技术会议（Technical Meeting） 主题茶歇（Theme Break） 智库会议（Think Tank） 贸易展览会（Trade Show） 培训活动（Training Event） 用户会议（User Conference） 欢迎酒会（Welcome Reception） 工作坊（Workshop）

9. 社会 / 人生里程碑活动（Social/Life-Cycle Events）

一种受邀请才能参加（Invitation Only）的私人活动，其目的往往是为了庆祝或纪念一个文化的、宗教的、公共的、社会的或具有人生里程碑意义的时刻，可以单独安排，也可以与其他活动放在一起举办，如表 7-13 所示。

表 7-13 常见的社会 / 人生里程碑活动类型

周年纪念日（Anniversary） 受戒/成人仪式派对（Bar/Bat Mitzvah Party） 野餐会（Barbecue） 早午餐（Brunch） 洗礼/命名仪式（Christening/Naming Ceremony） 教堂聚会（Church Socials） 俱乐部派对（Club Parties） 毕业典礼（Commencement/Graduation） 宣誓仪式（Commitment Ritual） 坚信礼/按手礼（Confirmation） 社交舞会（Dance Socials） 家庭团聚（Family Reunion） 联谊会（Fraternal Reunion）	葬礼（Funeral） 晚宴舞会（Gala Dinner Dance） 聚会（Get-together/Gathering） 假日派对（Holiday Party） 午餐会（Luncheon） （西班牙语）午后点心（Merienda） 军人重聚（Military Reunion） 家庭招待会（Open House） 社交晚宴（Social Dinner） 茶话会（Tea Party） 圣线佩戴仪式（印度）［Thread Ceremony（Hindu）］ 婚礼（Wedding）

10. 体育赛事（Sports Events）

一种包括休闲性或竞技性体育运动，供人参观的或参与的活动，可以单独安排，也可以与其他活动放在一起举办，如表 7–14 所示。

表 7–14　常见的体育赛事类型

动物运动会（Animal Sports）	筏赛（Rafting）
颁奖宴会（Awards Banquet）	赛船会（Regattas）
锦标赛（Championship）	拉力赛（Road Rally）
竞赛（Competition）	竞技表演（Rodeo）
单车旅游（Cycling Tour）	绳索课程（Ropes Course）
马术比赛（Equestrian Events）	校园运动（School Sports）
极限运动（Extreme Sports）	足球比赛（Soccer Game）
募捐长跑/行走马拉松（Fun Run/Walk–a–thon）	特奥会（Special Olympics）
高尔夫邀请赛（Golf Tournament）	观赏性运动（Spectator Sports）
马拉松（Marathon）	体育诊所（Sports Clinics）
奥林匹克/类奥林匹克运动会（Olympic/Olympic–Style Games）	游泳比赛（Swim Meet）
开幕式/闭幕式（Opening/Closing Ceremonies）	团队建设活动（Team Building Course）
运动员入场仪式（Parade of Athletes）	网球公开赛（Tennis Tournament）
参与式运动（Participatory Sports）	火炬跑（Torch Run）
马球比赛（Polo Match）	三项全能运动（Triathlon）
职业与业余选手混合赛（Pro–Am Competition）	田径运动会（Track Meet）
赛马会（Races）	水上运动（Water Sports）

（二）Getz 的划分

Wagen 和 Carlos（2005）将活动分为体育，娱乐、文化和艺术，市场营销和促销，会展，节日庆典，家庭活动以及筹资活动等类型。根据活动内容的不同，Getz（1997）把经过事先策划的活动（Planned Events）分为以下 8 种基本类型：

- 文化庆典，包括节日、狂欢节、宗教事件、大型展演、历史纪念活动等；
- 艺术娱乐活动，主要包括音乐会、文艺展览、授奖仪式和其他表演；
- 会展及商贸活动，如会议、展览会 / 展销会、博览会、广告促销、募捐 / 筹资活动等；
- 体育赛事，主要包括职业比赛、业余竞赛和商业性体育活动；
- 教育科学活动，包括研讨班、专题学术会议、学术讨论会等；
- 休闲活动，包括演唱会、游戏和趣味体育、娱乐活动；
- 政治 / 政府活动，包括就职典礼、授职 / 授勋仪式、贵宾 VIP 观礼、群众集会；
- 私人活动（个人庆典，如周年纪念、家庭假日、宗教礼拜等；社交活动，如私人舞会、家庭聚会、同学 / 亲友联欢会等）。

（三）Shone 和 Parry 的划分

Shone 和 Parry（2004）使用分类学原理提出了类似的活动分类。他们认为，可以将特殊活动分为 4 种基本类型，即文化活动（庆典类的、宗教类的、传统类的、艺术类的和大众类的）、休闲活动（休闲、体育和娱乐活动）、个人活动（婚礼、葬礼、生日和各种周年纪念）和团体活动（商务类的、政治类的、慈善类的以及销售类的），见图 7–1。

他们同时指出，这种分类有一定的重叠性，譬如，毕业典礼对于个人和家庭来说是个人活动，但对于学校来说，是组织活动；再如，一个乡村嘉年华，既是文化活动，在某种程度上来说，也是休闲活动。因此，重叠应该视为必然而非例外（刘春章 a，2016）。

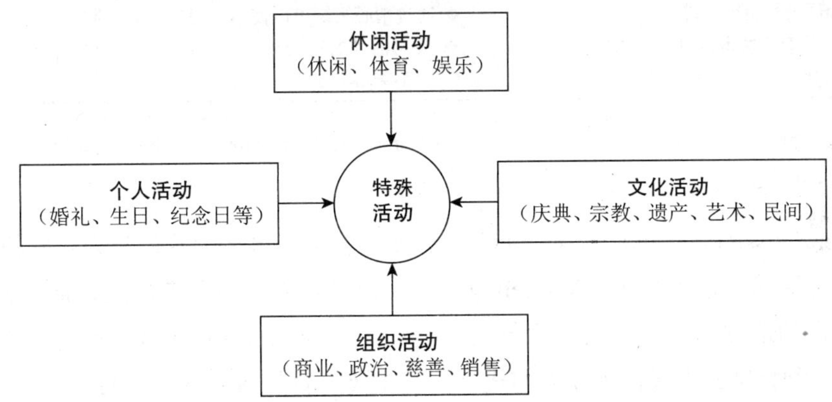

图 7–1　Shone 和 Parry（2004）对活动的分类

三、会展经济与管理和活动管理的异同点

（一）会展和活动的区别

从上一部分可知，Getz（1997）将会展与商务活动列为特殊活动的第三大类，其中，商业会议、贸易展览会与公司活动（Corporate Event）都属于商务活动的范畴，且大都带有营销的性质（见表 7–15）。所谓商务活动，是一个统称性的术语，它包括展览会以及企业自身举办的用来服务客户（主要指中间商）、潜在客户甚至消费者的活动。

表 7–15　常见商务活动的分类及特征

	会展	公司活动	其他活动
主要类型	◆ 纵向、横向展览会 ◆ 国际、全国、区域及地方性展览会 ◆ 由行业协会、非营利机构组织的展览会 ◆ 大型会议、研讨会等	◆ 多站点巡回展/路演 ◆ 用户小组 ◆ 单个客户活动 ◆ 合作伙伴讨论会 ◆ 教育性讲座 ◆ 网络讲座 ◆ 娱乐活动 ◆ 奖励旅游	◆ 体育赞助 ◆ 手机营销 ◆ 游击营销 ◆ 公益事业 ◆ 消费者活动

续表

	会展	公司活动	其他活动
共同点	◆ 与客户或潜在客户面对面沟通的效率高 ◆ 和其他营销渠道相比成本较高，但比直接销售的成本低 ◆ 侧重点在于发现销售机会 ◆ 通常被认为与企业内部的预算、组织和管理具有一样的功能 ◆ 与活动前的沟通和活动后的跟进一起，才能发挥最佳效果		—
主要区别	◆ 侧重于潜在客户 ◆ 活动的进度、内容和与会者（观众）都由会展公司组织安排 ◆ 竞争对手使得信息和注意力分散 ◆ 提供大量的公共关系机会	◆ 侧重于现有客户 ◆ 整个活动由公司人员组织 ◆ 通过精心组织可以使信息得到有效控制 ◆ 公司活动的花费可以由商业伙伴来支付或者向参加者收费	—

参考资料：Ruth P. Stevens. Trade Show & Event Marketing：Plan，Promote & Profit，2005，South-Western Educational Publishing.

Behrer，Larsson 和 Sandgren（1998）从营销的角度，将活动营销分为 4 种基本类型，其中，现场活动营销（Action Marketing）是一种富有创意的促销形式，而且必须发生在产品销售的地方；以建立关系为导向的活动（Relation Building Events）是富有情感的，并以一种特别的方式让观众参与进来，其主要内容是活动本身，而不是活动举办的场地，如图 7–2 所示。

图 7–2　活动营销（Event Marketing）的基本类型

以展览会为例，参展作为企业实施整合营销战略的一种重要工具。首先，作为平台，展览会是一个信息市场。展会期间，某个甚至多个行业的供应商、生产商、批发商、分销商等汇聚一堂，进行交流洽谈、签订合同。参展企业可以利用各种信息渠道宣传自身的产品，推介品牌、展示形象。企业与顾客之间可以直接沟通，并得到及时反馈。其次，展览会具备了其他营销工具的相关属性，例如，作为广告工具，可以通过各类媒介将信息有针对性地传送给特定观众；作为促销工具，能刺激公众的消费和购买欲望；作为一种直销形式，可以直接将展品展示和销售给观众。

（二）会展经济与管理、活动管理和活动研究的区别

活动管理能为会展管理提供一般原理和方法上的指导。然而，如果把会展经济纳入会展本科教育，其内涵更加宽广，要超出会展管理的范畴，甚至不是所属一级学科工商管理所能囊括的。王春雷等（2015）曾经对“会展经济与管理”与“活动管理”的关系做过比较清晰的评论。

不同于国外的活动管理及相关专业，“会展经济与管理”专业的命名是由我国教育部审批的。依照学科分类的偏序特征，许多高校和研究者均把它列入管理学的范畴，特别是从2012年教育部把“会展经济与管理”列入旅游管理大类开始，这种趋势更加明显。从产业实践来看，该专业名称较好地涵盖了会展产业政策、城市会展业发展、会展行业管理、相关企业经营以及项目管理等问题。然而，从项目管理的角度来看，涵盖了节庆、会议、展览会、体育赛事和商务活动的“大会展”在本质上和“活动”是一样的。站在学科发展的角度，如果把会展经济与管理专业中的“会展”理解为“大会展/活动”的话，该专业的内涵和外延又明显大于“活动管理”。

概括而言，会展经济与管理研究的内涵主要包括会展经济与产业发展的关系、会展产业与项目管理的适用理论、对现有研究和相关理论的评估、会展研究的未来，以及会展活动的具体策划、执行和管理等，它建立在经济学、管理学、公共管理学、社会学、新闻传播学、艺术学等多门学科的基础上，是对上述理论和知识的综合运用。这里的“会展经济与管理研究”相当于本书所探讨的“活动研究”（Event Studies）。

第三节　会展经济与管理专业教学质量全国标准

2013年，教育部高校旅游管理类专业教学指导委员会委托上海师范大学主持完成了《会展经济与管理专业教学质量国家标准（征求意见稿）》初稿，本书作者为课题组主要执笔人员。2013年11月9日，课题组在上海师范大学召开了“《旅游管理类（本科）会展经济与管理专业教学质量国家标准》专家咨询会”，来自中国会展经济研究会、中山大学、华东师范大学、北京第二外国语学院、上海财经大学、上海师范大学、锦江集团、上海世博会有限公司、迈氏（上海）会展服务有限公司等机构的10位专家对国家标准初稿特别是会展专业定位、知识体系和专业课程体系提出了宝贵的意见和建议。

会后课题组又采用电子邮件、电话等手段，面向与会专家征求了两轮意见，在此基础上构建了一个更加适合会展学科发展需要的新的会展经济与管理知识体系。以下内容摘自该标准的征求意见稿。

一、专业特点

综观国际会展与活动管理教育的发展历史和办学效果，会展经济与管理专业具有三个基本特点:（1）交叉性，即会展专业要向学生讲授经济学、管理学、企业管理及项目管理等多个学科的知识，以培养厚基础、宽口径、复合型的应用型人才。（2）平台性。会展经济与管理专业可以和工商管理、旅游管理、经济与贸易、体育、新闻传播、外国语言文学、艺术等不同专业大类嫁接，尽管每个学校的培养定位有所差异，但学生毕业后的就业范围都相对较广。（3）实践性。鉴于会展活动策划与管理对从业人员的操作技能有很高的要求，国外的会展专业十分注重实践性环节特别是现场教学和上岗实习的作用，因此会展高等教育要在实践教学的模式、学时等方面进行积极的改革。

二、培养目标

本专业秉承大会展的理念，按照“面向国际、依托行业”的基本要求，培养熟悉国内外会展经济发展规律和会展产业链上各个环节的主要知识，了解会展及各类活动策划与管理的基础理论，具有创新精神和独立分析、解决问题的能力，能在会展或相关企事业单位从事会展与活动策划及组织、企业经营管理或科学研究的应用型人才。

各高校应根据所在城市社会经济及会展业的发展以及本校的学科优势等具体情况，明确自身的办学特色和培养定位。

三、课程体系

（一）课程体系的总体框架

会展经济与管理专业以活动项目管理为核心，实行厚基础、宽口径培养。本专业的课程由公共必修课、专业必修课、限定选修课、任意选修课和实践性环节 5 部分组成（课程类型名称可以根据各高等学校的划分进行调整），各类课程的学分、学时参考比例如表 7–16 所示。

本标准建议会展经济与管理专业的学时在 150~170 之间，各高等学校可以根据自身实际情况灵活设定。

表 7–16　会展经济与管理专业各类课程的学分、学时参考比例

课程类型	学分数	占比（%）	学时数	占比（%）
公共必修课（学位课）	26	15.6	576	21.2
公共必修课（非学位课）	20	12.0	396	14.5
专业必修课（学位课）	30	18.0	540	19.8
专业必修课（非学位课）	14	8.4	252	9.3

续表

课程类型	学分数	占比（%）	学时数	占比（%）
限定选修课	24	14.3	468	17.2
任意选修课	10	6.0	180	6.6
实践性环节	43	25.7	336	12.4
总计	167	100	2718	100

注：各个学校的课程类型名称可以不一，总学分和学分比例也可以有一定浮动。

（二）课程设置

1. 公共必修课程

公共必修课即“通识类课程”，对于某所高等学校或其二级学院来说，包括会展经济与管理专业在内的所有专业的学生都要学习。在设置课程时，各高等学校可以根据本校的办学特色及师资力量等情况具体而定。

2. 专业必修课程

会展经济与管理专业的必修课包括学科基础课程、专业平台课程以及专业模块课程，总学分在44分左右，其中，学科基础课程和专业平台课程各高等学校必须开设，学科基础课程包括《高等数学》（微积分、线性代数和概率论）、《经济学原理》、《管理学原理》、《公共管理学》和《企业管理概论》；专业平台课程包括《会展学原理》《项目管理》《会展经济学》《活动管理原理与方法》《会展职业规划与创业指导》《研究方法》；专业模块按照会展项目管理的不同阶段对知识和能力的要求来设计，各高等学校可以根据自身培养定位灵活组合，如表7–17所示。

3. 限定选修课程

会展经济与管理专业的限定选修课程原则上在10门以上，各高校可以根据培养定位及办学条件等实际情况，在本标准所推荐的模块中灵活选择或进行必要的调整（见表7–18）。另外，会展经济与管理专业对外语要求较高，原则上要求学生达到大学英语六级考试水平，并具有较强的口语表达能力。

4. 任意选修课程

与其他专业一样，为了拓宽学生的知识面，提高学生的人文素养，会展经济与管理专业的学生也必须修满一定学分的任意选修课程。

5. 实践教学

高等学校会展经济与管理专业培养方案中的实践性环节学分不得低于总学分的25%。另外，开设会展经济与管理专业的学校应根据专业教学需要建立充分可用的实验室、校企合作见习基地，并根据会展行业的特点，对会展经济与管理专业的各类实践教学活动给予必要的支持。

表 7-17　会展经济与管理专业的专业必修课学分数和学时数

类别		课程代码	课程		一				二				三				四				总计		考核方式	
				学期	1		2		3		4		5		6		7		8					
				学时A 学分B	A	B	A	B	A	B	A	B	A	B	A	B	A	B	A	B	A	B	考试	考查
专业必修课	学科基础课		高等数学		3	3	2	2	2	2											126	7		√
			*经济学原理		3	3															54	3	√	
			*管理学原理		3	3															54	3	√	
			公共管理学				2	2													36	2		√
			*企业管理概论				2	2													36	2	√	
	专业平台课		*会展学原理				2	2													36	2	√	
			*项目管理				2	2													36	2	√	
			*会展经济学				2	2													36	2	√	
			*活动管理原理与方法						2	2											36	2	√	
			会展职业规划与创业指导						1	1											18	1		√
			研究方法								2	2									36	2		√
	专业模块课		研究策划	产业经济学					2	2											36	2		√
				市场调查与预测					2	2											36	2		√
				*应用统计学					2	2											36	2	√	
				*策划学					2	2											36	2	√	
			计划	*财务管理					2	2											36	2	√	
				人力资源管理					2	2											36	2		√
				*组织行为学					2	2											36	2	√	
				战略管理					2	2											36	2		√
			组织筹备	供应链管理							2	2									36	2		√
				*市场营销学							2	2									36	2	√	
				*传播学概论							2	2									36	2	√	
				销售管理							2	2									36	2		√
			现场管理	*运营管理							2	2									36	2	√	
				服务管理							2	2									36	2		√
				经济法							2	2									36	2	√	
				*危机管理							2	2									36	2	√	

注：上表中的学科基础课和专业平台课各个高校必须开设；本标准建议将带“*”的课程列为学位课程，并纳入绩点计算范围。

表 7-18 会展经济与管理专业的限定选修课程一览表

系列	课程代码	课程名称	总学时	学分	考核方式	
					考试	考查
活动类型模块		会议策划与管理	36	2		√
		展览项目管理	36	2		√
		奖励旅游策划与组织	36	2		√
		公司活动管理	36	2		√
		节庆策划与组织	36	2		√
		婚礼策划与组织	36	2		√
		体育赛事策划与管理	36	2		√
		参展实务	36	2		√
功能管理模块		会展融资	36	2		√
		会展法规	36	2		√
		会展场馆经营与管理	36	2		√
		会展与传媒管理	36	2		√
		会展与节事营销	36	2		√
		会展风险管理	36	2		√
		会展礼仪	36	2		√
		DMC经营与管理	36	2		√
商务沟通模块		国际贸易实务	36	2		√
		商务谈判	36	2		√
		国际商务英语	54	3		√
		电子商务概论	36	2		√
		网页设计与制作	54	3		√
		数据挖掘	36	2		√
		会展英语	72	4		√
		会展文案	36	2		√
传播设计模块		艺术概论	36	2		√
		广告学原理	36	2		√
		整合营销传播	36	2		√
		网络传播概论	36	2		√
		计算机平面设计	36	2		√
		会展设计	54	3		√
		博物馆学概论	36	2		√
		博物馆经营与管理	36	2		√

第四节　会展经济与管理专业的课程体系设计

会展是一个新兴学科（注：在国外，相对应的是活动管理 /Event Management 或相关专业），在世界范围内，活动管理教育也不过 30 多年的时间。时至今天，中国会展教育已形成多学科、多领域、多样化的特色，如果能及时得到正确的理论指导及教育职能部门的得力扶持，此学科是最有可能跻身世界教育先进专业之林的（马楠，马新宇，2007）。然而，关于会展经济与管理的学科属性及归属问题在学术界一直有很大的争议。有专家认为，会展管理只是一个专业领域，讨论学科问题为时尚早，也有学者提出"会展学是介于社会科学、技术科学和自然科学的一门综合性交叉学科"（俞华，仇薇，2007）。

但有一点可以肯定，由于会展和活动涵盖了各种不同功能功能导向的活动类型，从广义上讲，它涉及人类生活的方方面面，目前的上位二级学科"旅游管理"不能涵盖会展经济与管理的全部内涵。

本书作者按照活动项目管理不同阶段所涉及的主要理论和知识点，并参考教育部发布的《普通高等学校本科专业类教学质量国家标准》，对 EMBOK 进行了修正，进而提出了一个扩展后的活动管理知识体系新框架（Extended EMBOK，请参考第 10 章）。基于此，可以为会展经济与管理专业提供一个建议性的课程结构框架，如表 7–19 所示。

表 7–19　会展经济与管理专业的课程结构建议

课程类型	主要课程	备注
经济管理基础知识（对应学科基础课程）	微观经济学、宏观经济学、产业经济学、统计学、经济法、国际贸易、国际金融、管理学原理、战略管理、市场营销学、会计学、人力资源管理、财务管理等	可以参照经济学、工商管理专业的教学质量全国标准
会展/活动管理专业基础知识（对应专业平台课程）	会展学概论/会展产业导论 活动管理原理与实务 活动营销 活动融资与赞助 活动风险管理 活动产业经典案例研究	《会展学概论》和《会展产业导论》的侧重点不同，但都涉及专业术语、产业系统等基础知识
活动项目管理知识（对应专业模块课程）	平台性课程：项目管理 对应项目管理的不同环节，开设相关课程	例如，在研究和策划阶段，可以开设《市场调研与预测》《策划学》等课程

续表

课程类型	主要课程	备注
活动类型课程	会议策划与管理、展览会策划与管理、公司活动管理、参展管理、奖励旅游策划与组织、节庆活动策划与管理、体育赛事策划与管理、婚礼策划与组织、艺术策展管理、文艺演出管理……	有条件的学校还可以在不同类型的活动管理课程下设模块
支撑性专业知识（对应辅助知识课程）	餐饮服务与管理、场馆经营与管理、场景设计与布置、绿色活动理论与实践、DMC经营与管理、会展英语、城市会展业发展管理、目的地营销……	

注：课程类型和具体课程名称可以灵活调整

【本章小结】

本章从介绍 GWU 等几所国外代表性大学活动管理专业的课程开设情况入手，总结了活动管理专业课程设计的国际经验及其对国内院校的启示。第二节在介绍几种活动分类的基础上，初步讨论了活动管理与会展经济与管理之间的联系及区别，旨在辨明活动管理知识体系与会展经济与管理专业课程体系设计的关系。第三节对会展经济与管理专业教学质量全国标准的主要内容进行了简要说明。

按照活动项目管理不同阶段所涉及的主要理论和知识点，并参考教育部发布的《普通高等学校本科专业类教学质量国家标准》，本书作者对 EMBOK 进行了修正，进而提出了扩展后的活动管理知识体系（Extended EMBOK，请参考第 10 章）。基于此，第 4 节提供了一个会展经济与管理专业课程结构的建议框架。

【复习题】

1. 本章中列举的几所国外代表性大学活动管理专业的课程设计对你有什么启发？

2. 特殊活动有哪些常见的分类方式？

3. 活动管理和会展经济与管理之间的主要区别是什么？

4. Getz（1997）根据活动内容的不同，把经过事先策划的活动（Planned Events）分为 8 种基本类型，请对这种活动类型的划分进行简要评论。

5. 对于企业而言，商业会展和公司活动主要有什么异同点？

6. 你如何看待基于扩展后的活动管理知识体系（Extended EMBOK）提出的会展经济与管理专业的课程结构建议？

【案例分析】

上海对外经贸大学会展经济与管理专业（中德合作）2017级的课程安排

上海对外经贸大学的中德合作会展经济与管理专业（IEMS）由上海对外经贸大学与德国奥斯纳布吕克应用技术大学（Hochschule Osnabrück，University of Applied Sciences）合作举办，以“为中国会展业培养未来领袖”（We Educate Future Leaders for Chinese Event Industry）为使命，定位于为会议、展览会、公司活动、节庆、体育赛事等各类特殊活动的主承办或服务企业及机构培养掌握现代企业管理及市场营销知识和项目策划、营销及执行等专业技能的高素质、应用型管理人才。

该专业旨在培养具有开阔的国际视野、熟练的英语语言应用与商务管理能力，并熟悉中国会展行业政策法规和各类会展及商务活动操作技能的复合型人才。

1. 知识结构

在知识结构方面，除了数学、人文科学基础知识外，该专业要求毕业生掌握管理学、经济学、会展管理理论与实务、语言和文化交流五个方面的理论和业务知识：

（1）在数学和人文社会科学方面，要求掌握高等数学的基础知识，具有一定的文学、历史、哲学、艺术、法律等人文科学知识；

（2）在管理学方面，要求掌握管理学原理、会计、统计、市场营销、人力资源管理、信息管理、财务管理等方面的理论知识；

（3）在经济学方面，要求掌握微观经济学、经济政策、国际贸易、国际贸易实务、国际金融等方面的理论与知识；

（4）在会展经济与管理方面，要求熟悉我国会展行业的有关方针、政策和法规以及国际会展管理的惯例与规则，掌握城市会展经济发展、商务活动管理、会议管理、展览会管理、企业参展管理等方面的理论知识；

（5）在语言方面，要求学生掌握常用的商务应用文写作技巧；具有较强的英语听、说、读、写、译能力和专业英语表达能力；在第二外语方面，本专业学生应能掌握德语基础语法和常用词汇，并能进行日常会话；

（6）在跨文化交际方面，掌握常用的国际商务礼仪、国际惯例以及由文化差异所带来的经营管理上的不同与相应的对策。

该专业引进德方的15门课程，具体包括“微观经济学（Principles of Economics）”“商务管理原理（Principles of Business Management）”“服务营销（Services Marketing）”“宏观经济学（Economic Policy）”“战略管理（Strategic Management）”“人力资源管理（Human Resource Management）”等。其学分结构与具体课程设置见表7–20和表7–21。

表 7-20 上海对外经贸大学会展经济与管理专业（中德合作）的学分结构

课程性质	理论学分	实践学分	学分小计	比例
通识教育课	61	4	65	36.1%
学科基础课	39	2	41	22.8%
专业课	35	6	41	22.8%
个性拓展课	8	25	33	18.3%
学分合计	143	37	180	100.0%
其中：必修课135学分，占比75.0%； 选修课45学分，占比25.0%。				

表 7-21 上海对外经贸大学会展经济与管理专业（中德合作）的指导性教学计划

<table>
<tr><th colspan="3" rowspan="2">课程类别</th><th rowspan="2">课程名称</th><th rowspan="2">应修学分</th><th rowspan="2">开课学期</th><th colspan="8">分学期周课时分布</th></tr>
<tr><th>1</th><th>2</th><th>3</th><th>4</th><th>5</th><th>6</th><th>7</th><th>8</th></tr>
<tr><td rowspan="21">通识教育课</td><td rowspan="16">必修课</td><td rowspan="6">思想政治理论课</td><td>思想道德修养与法律基础</td><td>3</td><td>1~2</td><td>3</td><td></td><td></td><td></td><td></td><td></td><td></td><td></td></tr>
<tr><td>中国近现代史纲要</td><td>2</td><td>1~2</td><td></td><td>2</td><td></td><td></td><td></td><td></td><td></td><td></td></tr>
<tr><td>马克思主义基本原理</td><td>3</td><td>3~4</td><td></td><td></td><td>3</td><td></td><td></td><td></td><td></td><td></td></tr>
<tr><td>毛泽东思想和中国特色社会主义理论体系概论</td><td>6</td><td>3~4</td><td></td><td></td><td>3</td><td>3</td><td></td><td></td><td></td><td></td></tr>
<tr><td>政治经济学</td><td>3</td><td>1~2</td><td>3</td><td></td><td></td><td></td><td></td><td></td><td></td><td></td></tr>
<tr><td>形势与政策</td><td></td><td>1~4</td><td>1</td><td>1</td><td>1</td><td>1</td><td></td><td></td><td></td><td></td></tr>
<tr><td rowspan="3">大学英语</td><td>综合英语读写</td><td>14</td><td>1~3</td><td>4+1</td><td>4+1</td><td>3+1</td><td></td><td></td><td></td><td></td><td></td></tr>
<tr><td>综合英语视听说</td><td>6</td><td>1~3</td><td>2</td><td>2</td><td>2</td><td></td><td></td><td></td><td></td><td></td></tr>
<tr><td>拓展英语模块</td><td>6</td><td>4</td><td></td><td></td><td></td><td>6</td><td></td><td></td><td></td><td></td></tr>
<tr><td colspan="2">计算机基础与应用</td><td>2</td><td>1~2</td><td>2</td><td>2</td><td></td><td></td><td></td><td></td><td></td><td></td></tr>
<tr><td colspan="2">大学语文</td><td>2</td><td>1~2</td><td>2</td><td></td><td></td><td></td><td></td><td></td><td></td><td></td></tr>
<tr><td colspan="2">体育</td><td>4</td><td>1~4</td><td>2</td><td>2</td><td>2</td><td>2</td><td></td><td></td><td></td><td></td></tr>
<tr><td rowspan="3">数学</td><td>微积分B</td><td>4</td><td>1~2</td><td>4</td><td>2</td><td></td><td></td><td></td><td></td><td></td><td></td></tr>
<tr><td>线性代数B</td><td>2</td><td>3</td><td></td><td></td><td>2</td><td></td><td></td><td></td><td></td><td></td></tr>
<tr><td>概率论与数理统计B</td><td>2</td><td>2</td><td></td><td>3</td><td></td><td></td><td></td><td></td><td></td><td></td></tr>
<tr><td rowspan="5">选修课</td><td colspan="2">哲学与社会</td><td>2</td><td>1~7</td><td></td><td></td><td></td><td></td><td></td><td></td><td></td><td></td></tr>
<tr><td colspan="2">历史与文化</td><td>2</td><td>1~7</td><td></td><td></td><td></td><td></td><td></td><td></td><td></td><td></td></tr>
<tr><td colspan="2">文学与艺术</td><td>2</td><td>1~7</td><td></td><td></td><td></td><td></td><td></td><td></td><td></td><td></td></tr>
<tr><td colspan="2">科学与创新</td><td>2</td><td>1~7</td><td></td><td></td><td></td><td></td><td></td><td></td><td></td><td></td></tr>
<tr><td colspan="2">数学思维与经济分析</td><td>2</td><td>1~7</td><td></td><td></td><td></td><td></td><td></td><td></td><td></td><td></td></tr>
</table>

续表

课程类别		课程名称	应修学分	开课学期	分学期周课时分布							
					1	2	3	4	5	6	7	8
学科基础课	必修课	微观经济学（Principles of Economics）	3	2		3						
		商务管理原理（Principles of Business Management）	3	3			3					
		服务营销（Services Marketing）	3	3			3					
		跨文化交际与学术写作（Intercultural Communication and Academic Writing）	3	3			2+1					
		跨文化管理（Intercultural Management）	3	4				3				
		战略管理（Strategic Management）	3	4				3				
		会计学（英）	3	4				3				
		人力资源管理（Human Resource Management）	3	5					3			
		计量经济学	3	5					3			
		统计学	3	5					2+1			
		宏观经济学（Economic Policy）	3	6						3		
	选修课		8	2~7								
专业课	必修课	会展概论	2	2		2						
		活动管理原理与实务	2	2		1+1						
		国际会展业概况（The Event Market）	3	3			3					
		会展财务与风险管理（Event Finance & Risk Management）	3	4				3				
		展览项目管理	3	5					2+1			
		企业参展实务（Participation of Trade Fairs and Exhibitions）	3	5					2+1			
		企业活动管理（Management of Corporate Events）	3	6						2+1		
		会展物流（Event Logistics）	3	6						3		

续表

课程类别			课程名称	应修学分	开课学期	分学期周课时分布							
						1	2	3	4	5	6	7	8
专业课	必修课		会议管理（Management of Congresses, Meetings and Seminars）	3	6						2+1		
			场馆与会展目的地管理（Management of Venues and Event Destinations）	3	7							3	
			会展创业管理（Entrepreneurial Management）	3	7							2+1	
	选修课			10	1~7								
个性拓展课	必修课	仿真模拟训练	会展模拟	2	7							2	
			商务英语应用模拟训练	2	1~4	2	2	2	2				
			国际商务模拟训练	2	1~8								
			职业生涯设计	3	1~6								
			创新创业实践	4	1~8								
			军事理论与训练	2	1	2							
			社会实践	3	1~6								
			毕业实习	3	7~8								3
			毕业论文（Bachelor Thesis）	4	7~8								4
	选修课			8	4~7								
合计				184		25	28	31	26	15	12	8	7

注：1. 课程学分中的“+1”表示该课程有 1 个学分的课程内实践；

2. 因为篇幅原因，通识教育课、学科基础课和专业选修课的课程清单未列出。

2. 专业技能

通过专业学习和参与各种形式的实践，本专业毕业生应具备以下几方面的能力：

（1）熟练运用会展管理分析工具的能力；

（2）具有较强的商务应用文写作与跨文化沟通能力；

（3）具有分析和解决会展业发展特别是会展企业管理、会展及活动项目管理中相应问题的专业能力；

（4）掌握文献检索、资料查询的基本方法，具有初步的科学研究能力；

（5）通过浏览专业研究机构或协会网站、研读文献等途径，了解本学科的理论前沿和产业发展动态的能力；

（6）掌握英语的听、读、说、写、译技能，具有一定的第二外语表达能力。

3. 综合素质

（1）拥有健康的体魄和积极向上的心态；

（2）有良好的职业道德修养、强烈的社会责任心；

（3）具有广阔的国际视野，并熟悉国际规则和惯例；

（4）具有较强的创新创业意识、人际沟通能力和团队合作精神；

（5）通过案例教学和社会实践，具备一定的分析会展产业运行、解决会展企业经营管理及项目管理方面等各类实际问题的能力；

（6）在实习和未来工作中，能灵活运用已具备的专业知识和技能在解决实际问题的同时积极开拓创新。

4. 实践及创新能力

通过理论学习和各类实践性环节的历练，本专业毕业生能在具备上述理论知识、专业技能和综合素质的基础上，独立分析并设法解决会展产业、企业或项目发展中的实际问题。同时，具有初步的科学研究能力和较强的创新创业能力，能积极运用所掌握的专业知识和技能进行各类创新。

思考题：请对上海对外经贸大学中德合作会展经济与管理专业（IEMS）的课程结构进行评价。

【推荐阅读】

杨琪：会展经济与管理专业都学习哪些课程？

刘春章：会展经济与管理专业可以学点啥？

第八章 活动管理知识体系与国际活动认证培训

【学习目标】

了解注册节庆与活动经理（CFEE）考核体系的六大知识模块

掌握注册特殊活动专家（CSEP）考核体系的相关知识与实际操作

熟悉注册会议专家（CMP）考核体系的主要内容和最新动态，以及注册展览经理（CEM）[①] 考核体系的框架结构与具体运用

【关键术语】

注册会议专家（CMP）；注册展览经理（CEM）；重新认证政策（Recertification Policy）；注册特殊活动专家（CSEP）；注册节庆与活动经理（CFEE）

目前，国际学术界和业界对 MICE、Event 和 Meetings 等专业术语的边界尚未形成统一的认识，例如，有不少国外学者认为 MICE 包括会议、奖励旅游、协会会议和展览会，也有人认为"E"是各类活动（Event）。国内不少学者和会展业主管部门的官员则认同"大会展"概念，其范围更广，会议、展览、奖励旅游、节庆、体育赛事、文艺演出和公司活动等都被囊括其中。

尽管如此，这种情形并未影响国际上相关职业培训与认证项目的发展。目前，知识体系比较成熟且具有公认影响力的项目有 CIC（现已更名为 Event Industry Council）

① 中国国际贸易促进委员会（CCPIT）和国际展览与项目协会（IAEE）在国内联合推出 Certified in Exhibition Management（CEM）培训证书时将其翻译为"注册会展经理"，本书译为"注册展览经理"。

推出的注册会议专家（CMP）、IAEE的注册展览经理（CEM）、ILEA（现已更名为International Special Events Society）的注册特殊活动专家（CSEP）和IFEA的注册节庆与活动经理（CFEE）等。除此之外，国际大会与会议协会（ICCA）、国际展览业协会（UFI）、国际会议专家联盟（MPI）等国际组织也开发了不同的认证培训项目。

第一节 注册会议专家（CMP）考核体系设计

一、注册会议专家（CMP）简介

目前，国际上主要存在两种会议能力标准体系，一个是由MPI制定的会议与商务活动能力标准（MBECS），它是“活动管理能力国际标准”（EMICS）在会议和商务活动管理中的具体应用。另一个是由美国原会议产业理事会（CIC）制定的注册会议专家国际标准（CMP International Standards，CMP-IS），它是注册会议专家（CMP）认证项目培训与考试的基础。

2011年版的CMP-IS由10个知识领域（Domains）、30项技能（Skills）和106项子技能（Sub Skills）构成。根据Event Industry Council（EIC）官网的最新数据，EIC对CMP考试的内容及分值比例做了一些调整。具体来说，去掉了模块J：专业（Professionalism），知识领域由原先的十个模块缩减为九个模块，对其他的几个知识模块也作出了调整，其中变动比较大的两个模块是会议/活动设计由原来占知识体系的16%提升为34%，项目管理由原来的15%调整为6%，如表8-1所示。

表8-1 2011年版和2017年版CMP考试对知识领域要求的变化情况

考试知识领域（模块）	调整前分值比例	调整后分值比例
模块A：战略计划（Strategic Planning）	16%	10%
模块B：项目管理（Project Management）	15%	6%
模块C：风险管理（Risk Management）	8%	5%
模块D：财务管理（Financial Mangement）	10%	11%
模块E：人力资源管理（Human Resources Management）	3%	4%
模块F：利益相关者管理（Stakeholder Management）	8%	4%
模块G：会议或者活动设计（Meeting or Event Design）	16%	34%
模块H：场地管理（Site Management）	12%	14%
模块I：市场营销（Marketing）	11%	12%
模块J：专业（Professionalism）	2%	

（1）资料来源：Event Industry Council. Certified Meeting Professional-International Standards［R］.2017.

（2）上述每个模块后的百分比为CMP考试中该模块所占的分值比例。

二、会议运营管理师（CMP）简介

和展览业一样，进入21世纪以来，会议业在我国取得快速发展，尤其是产业会议越来越受重视。会议市场迅速扩大，对专业会议管理人才的需求也在不断增加。国内绝大多数开设会展经济与管理专业的院校都开设了专门的会议管理课程，有部分院校甚至将人才培养的重点定位于会议管理。但总体而言，开设会议管理系列课程的院校极少，而且与行业之间的衔接不畅通，从而造成了高素质会议专业人才的紧缺。

为了解决会议人才短缺和专业人才认证的问题，国内相关部门推出了会议运营管理师项目。该项目旨在培养和认定具有会议专业理论知识和较高会议策划与运营管理能力，能够满足会议与奖励旅游市场发展所需的会议策划、管理、运作和服务等实操能力的高级应用型人才，证书由人力资源和社会保障部教育培训中心颁发。虽然其开发既没有依托公认的知识体系，且权威性不足，但由于其首创性，仍引起了国内会议行业的广泛关注。

会议运营管理师培训项目规划分三个层次开展培训活动：针对高校会展、旅游、酒店管理等相关专业在校学生的初级班培训（首期培训于2014年1月4–6日在北京联合大学旅游学院举办）；针对会议会展及奖励旅游行业从业人员的中级班培训；针对会议产业链内管理人员的高级班培训。由于培训周期较短，培训方对专业知识体系进行了精简，因而对学员的个人专业素质要求较高，如表8–2所示。

表8–2 会议运营管理师初中级培训的主要课程

会议目的地综合班（中级班）	高校在校生综合班（初级班）
会议与会议市场分析	会议与会议市场分析
会议中心运营管理与服务	会议策划原理与办法
会议酒店市场营销策略	企业会议及活动运营管理
企业会议及活动运营管理	社团会议运营管理
社团会议运营管理	会议中心运营管理与服务
国际会议营销与服务	政府会议策划与运营管理
会议技术与设备（选修）	会议酒店市场营销
会议中心规划设计及发展趋势（选修）	国际会议营销与服务

资料来源：根据会议运营管理师官网（http：//www.meetingschina.com/ccmp）整理，2018–02–09.

三、对我国注册会议专家考核体系设计的建议

为了推动我国会议行业培训机制的进一步完善，根据CMP认证项目的经验，可以对我国注册会议专家考核体系设计提出相关建议：

（一）确保考核体系的完整性

在对注册会议专家考核体系进行设计时，需要对会议策划人 / 专家（Meeting Planner/Professional）应该具备的能力进行全面评估，确保考核体系能够全面覆盖会议管理所涉及的知识和能力。这些知识和能力不仅体现在会议举办过程中，对会议举办前的策划能力、筹备能力、业务开展能力以及会议结束后的公共关系管理能力、活动总结和分析能力等都需要考虑。只有做到考核体系设计的完整性，才有利于对会议管理专业人士的综合能力进行全面评估。因此，国内会议行业首先需要有相关权威机构牵头，并凝聚业界和学术界的力量，开发具有中国特色的会议从业人员能力标准体系。

（二）确保考核体系的实用性

关于注册会议专家考核体系，各个能力指标的设计要具备针对性和实用性。这些指标要与会议举办过程中的能力需求相适应，切忌设计那些华而不实的能力指标。为此，需要设计者具备丰富的会议行业从业经验，结合会议行业管理过程中所需要注意的事项，设计相应的能力，做到考核技能与现实需要相统一。

（三）确保考核体系的前瞻性

设计注册会议专家考核体系时，还需要确保所设计的能力指标具有前瞻性，做到与时俱进。会议行业的产品和管理技术更新速度很快，尤其是运用于会议现场管理的各类新技术层出不穷。这需要开发者在设计考核体系时，既要充分借鉴国际经验，又能结合当前中国会议业发展的热点及趋势，以确保会议组织者能学习、掌握相应的知识和能力，并运用于会议管理实践中。

第二节　注册展览经理（CEM）考核体系设计

一、注册展览经理（CEM）认证简介

注册展览经理（CEM）认证项目是由原国际展览管理协会（IAEM，现已更名为国际展览与项目协会，即 IAEE）于 1975 年开发的，旨在为当时的美国展览行业建立一个专业化的认证标准。目前，它已得到全球许多国家的认可，并建立了展览行业职业技能考评的最高标准。

要获得 CEM 证书，学员需要通过 9 门课程考试，这 9 门课程是由学员在 CEM 推出的 12 门课程中自主选择的，其中，7 门必修、2 门选修（见表 8–3）。每门课程在培训结束后会安排相应的考试，学员必须在规定课程日期 90 天内进行学习并通过考试，

并且在三年内完成 9 门课程的学习和获得合格的考试成绩。此外，学员还必须具备有在会展和活动管理行业至少 3 年的全职工作经验。

表 8–3 IAEE 注册展览管理（CEM）认证培训的课程结构

课程类型	课程名称	备注
必修课程	观众组织 | Attendancepromotion 现场运营 | Eventoperations 场地规划与布置 | Floorplansandlayouts 项目管理 | Projectmanagement 展位销售 | Sellingexhibitspace 供应商管理 | Servicecontractor 场馆选址 | Siteselection	7门必修
选修课程	会议管理基础 | Basicconferenceandmeetingmanagement 危机管理 | Crisismanagement 潜在参展商开发 | Developingexhibitorprospectus 需求建议书撰写与服务外包 | DevelopinganRFPandoutsourcing 住宿与交通管理 | Housingandtransportation 注册管理 | Registration 展览项目开发 | Showdevelopment	可以任选2门
实践要求	在展览和活动行业有至少3年的全职工作经历	

资料来源：http：//www.iaee.com，2014 年

为提升我国展览业的国际竞争力，提高展览从业人员的专业水平，中国国际贸易促进委员会（CCPIT）与 IAEE 合作，自 2003 年起将 CEM 培训项目引入中国。截至 2018 年，该项目已在国内成功举办 20 多期，参加人员近千人。

近几年，IAEE 根据全球展览业的发展态势，对课程进行了适当调整，主要变化有：增加了“消费展览会管理 | Consumer Show Management”和“战略计划与管理 | Strategic Planning & Management”等新课程，强化了活动销售方面的内容。最新的 12 门课程为：

会议管理原理 | Conference & Meeting Management Principles

消费展览会管理 | Consumer Show Management

活动营销 | Event Marketing

活动运营 | Event Operations

展览与活动销售 | Exhibition & Event Sales Fundamentals

设施与场地选择 | Facilities & Site Selection

财务、预算与合同管理 | Finance，Budgeting & Contracts

场地规划 | Floor Plan Development

住宿与注册管理 | Housing & Registration Management

安全、风险与危机管理 | Security，Risk & Crisis Management

供应商选择 | Selecting Service Contractors

战略计划与管理 | Strategic Planning & Management

二、CEM课程介绍[①]

（一）会议管理原理（Conference & Meeting Management Principles）

学习已成为大多数会议、活动和展览的重要组成部分。无论是正式的，如继续教育项目的授信、培训课程或研讨会，还是非正式的，如参展商提供的示范、演示或社交活动，它们给面对面的体验增添了重要价值。尽管计划和管理展览会与会议有一些共同点，但出色的会议计划和管理仍需要特殊的知识和技能。展览管理人员可能被要求与其组织内部的会议和教育经理紧密合作，并十分了解各种形式的会议的本质。

（二）消费类展会管理（Consumer Show Management）

消费类展会是相关行业的公司向公众消费者展示他们最新的产品、服务和活动的展览活动。消费类展会的组织者必须具备开展消费类展会相关工作的知识和技能，掌握与专门针对私人展会或活动管理相关的不同服务方式的技能。该课程能够为学员提供有效举办成功的消费类展览会所需的技能。

（三）活动营销（Event Marketing）

营销不是一门精确的科学，它包括不断发展的一些战略和策略，以便有效地应对不断变化的社会、文化和经济环境。制订一份包括核心实践以及新思想、创新和独特观点的营销计划，有助于实现可能刚开始只是一个概念的展览会的成功举办。展览会的目标是为买卖双方提供面对面的适当环境。今天的技术越来越多地允许展会组织者通过运用数字工具来延长展览会的有效时间，从而进一步丰富展会体验。

（四）活动运营（Event Operations）

展览会的成功举办往往取决于对展会流程的妥善管理。每个活动都包含着数千个必须有逻辑、有顺序和精确地处理的细节。尽管良好的流程管理至关重要，但展览会的主要目的仍是为了在有利于各自目标实现的环境中将买卖双方聚在一起。展览会的所有利益相关者必须在展会举办之前、展会期间和展会结束之后进行有效的沟通，以确保各自目标的实现。活动运营的关注重点是展会组织者及其团队在组织所有元素方面的独特作用。

（五）展览和活动销售（Exhibition & Event Sales Fundamentals）

为了确保活动或展览成功举办，在计划过程中有一些至关重要的因素需要从头开始进行。无论展览会曾经多么成功，都应将其视为第一次举办的活动，即它的营销和销售

① 本部分资料来自 IAEE 官网上的课程描述，网址为 https：//www.iaee.com/cem-course-descriptions.

相当于从零开始，需要重新制定预算。这要求突出活动的特点和优势，了解销售周期各个阶段的不同特征，以及需要通过合适的工具和资源来支持销售工作，并以全面而有吸引力的方式来准备招展说明书。

（六）设施和场地选择（Facilities & Site Selection）

场地选择涵盖了展览会或活动的位置和设施选择的过程，它是展览会或活动成功举办的关键一步。它需要科学、合理的详细规划，包括考虑残障人士的进出、组织目标和活动主题以及参展商的需求和现场的交通运输。同时，展会组织者应从长远考虑，根据可能影响展会规模的要素，合理预估展会的未来增长空间，从而选择恰当的场地。

（七）财务、预算与合同管理（Finance，Budgeting & Contracts）

熟悉会计、财务和预算等相关知识的应用，能够帮助展览会组织者为项目的成长和财务成功做出更大贡献。为此，展览项目经理必须熟知财务管理中用于制定预算和管理展会财务的相关术语。制订良好的预算管理计划，有利于展会组织者准确地预测和监测项目的收入及支出，及时跟踪现金流，做到成本控制，同时也有助于准确判断展会是否成功和衡量组织的投资回报程度。

（八）场地规划（Floor Plan Development）

精心设计的平面图（floor plan）对于展览会或活动来说至关重要。平面图是展览会现场或活动场地的示意图，其中包括向参展商出租的展台/展位、设施物理特征、主办方官方区域（如注册）等，这些区域构成了展览会的特色区域。在瞬息万变的商业环境中，平面图必须满足参展商和赞助商的后勤需求以及兼顾观众的参观习惯，并具备足够的灵活性以适应展览会现场展位的增长或整合。

（九）住宿与注册管理（Housing & Registration Management）

展览和活动组织者向与会者和参展商提供的附加服务需要建立在了解客人的需求以及酒店相关业务知识的基础上。对于大多数活动来说，两个必不可少的服务内容就是安排客人的住宿，以及确定客人对活动的哪些板块感兴趣。对于住宿安排和活动注册需要做到及早安排，确保客人的住宿需求和注册方便快捷，不能因为这两个因素而阻碍客人参与活动。

（十）安全、风险与危机管理（Security，Risk & Crisis Management）

确保展览会的财务完整性是至关重要的，而实现这一目标的基础是适当的风险评估和规划。风险管理（Risk Management）是一个持续的过程，需要做到识别、分析、评估和处理损失，并监控风险和控制财务资源，以减少损失。这涉及对整个活动安全需求

（Security Needs）的评估，如果发生危机（Crisis），需要立即有一个危机管理团队来对其进行管理。

（十一）供应商选择（Selecting Service Contractors）

一个成功的展览会或活动是由多个服务实体（Entity）共同努力产生的，其中，许多实体企业不属于赞助企业，它们以提供服务的形式参与活动运营。展览会或活动组织者为了成功举办活动，需要购买活动所需的服务和产品，并为这些服务和产品签订合同，寻找合适的供应商。

（十二）战略计划与管理（Strategic Planning & Management）

展览和活动产业是生产性服务业，对推动当地经济发挥着间接作用。例如，奖励旅游是活动和行业相结合的一个例子，它服务于制造企业，同时也创造了一个新的行业。为了保持展览会或者活动的竞争力，组织者必须不断地对预先制定的经营策略进行审查和调整，衡量每一个活动在每个特订的细分市场中的位置，以合适的定位满足市场需求或者与竞争对手竞争，并制定新的市场计划，以确保业务取得持续性增长。

三、CEM 重新认证政策

CEM 推出重新认证制度（Recertification Policy），有利于持有注册展览经理（CEM）证书的人与行业保持时时联系，帮助他们具备在各个时期所要求的技能。该制度要求持证者每 3 年进行重新评估，在重新评估期间，持证者需要修满 15 个学时，主要有三种途径：专业继续教育、参与领导者活动和正规教育。

专业继续教育的学时来自于在教学现场学员与教员之间的互动、接触时间，学员与教员之间的接触时间（不包括在线与教员的闲聊时间、课间休息时间和学员的注册时间），教学现场的一小时等于一学时（见表 8–4）。15 个学时必须在规定的三年时间内完成。重新认证培训期间的教学内容与 CEM 的 12 门课程直接相关，并与行业现实情况保持紧密联系。由于具有很强的针对性，专业继续教育可以帮助持证者解决诸多现实问题，所以重新认证所需的 15 个学时可以全部通过这一单一途径获得。

表 8–4　专业继续教育 15 个学时的具体构成

获得学时的可选方式	学时说明
参加或讲授CEM学习课程（在线或现场）	每个6学时
IAEE教育计划，包括Expo! Expo!会议、网络研讨会、教学章节研讨会	1小时的讨论时间= 1个学时
作为演讲者出席展览会或活动	1小时= 1个学时
参加女性领导者论坛	6学时
参加克拉科夫领导者学院培训活动	12学时

续表

获得学时的可选方式	学时说明
参加公司资助的继续教育或培训活动	1小时= 1个学时
参加联盟协会组织的教育计划（包括MPI，ASAE，PCMA）	1个小时= 1个学时
参加领导者活动等实践类活动	3学时

资料来源：根据 IAEE 官网整理。

参加领导者活动可以帮助重新参加 CEM 认证者获得 3 个学时，其具体构成情况如下：

（1）在展览行业、IAEE 董事会、委员会、工作小组或者章节学习中积极参与，或者作为领导者的角色（每个学期获得 1 学时）；

（2）作为论文的发表作者（每篇文章 1 学时）；

（3）作为 CEM 的监考官（每场考试 1 学时）。

正式教育是获得重新认证 15 个学时的另一个重要途径。IAEE 规定，凡是在重新认证的 3 年期间获得学士学位或者更高级的学位，都可以帮助重新认证者获得 15 个学时。

四、注册展览经理（CEM）认证项目评价

（一）与行业密切结合，实战性强

CEM 项目 12 门核心课程的教学导师都在行业有多年的工作经验，通过现场或在线教学，行业导师把多年积累的行业知识和工作技巧教授给学员，在短时间内高效地帮助学员们快速了解展览或者活动行业，并掌握一些工作技巧。同时，教授的课程不仅涵盖了展览和活动管理的基本知识，也将行业发展正面临的现实问题带到课堂，进行现场剖析和解答。这样不仅可以提高参与培训人员的专业水平，也有助于提高他们解决现实问题的能力。

（二）强调教育功能，而非认证功能

CEM 在其官网上明确说明自己是一个教育项目，而非一个认证项目。创办该项目的出发点是为展览行业的从业人员提供教育培训，帮助其具备从事该行业的基本素质与职业技能。从 IAEE 设计的 12 门课程可以发现，课程设计与行业所需技能保持紧密联系。其重新认证制度的出发点是要求持证者持续学习，不断提高自身的职业技能水平，它还鼓励重新认证者通过接受正规教育来获得重新认证学时。

（三）高标准要求，高水准学员

CEM 的培训课程计划设计非常严格，而且很多内容是行业内最新的动态，对学员的学习能力要求也非常苛刻，学员不仅要熟练掌握课程培训的相关知识，还需要在规定

的课程学习 90 天内，全部通过 12 门课程中的任意 9 门的考核才可以获得 CEM 证书。这有助于学员们熟练掌握相关知识，并将这些所学的知识与现实问题相结合，帮助其成为该领域的专业人才。

第三节　注册特殊活动专家（CSEP）考核体系设计

一、注册特殊活动专家（CSEP）简介

注册特殊活动专家（CSEP）证书由原国际特殊活动学会（International Special Events Society，现已更名为 International Live Events Association，ILEA）于 1993 年推出，至今已有 20 多年的历史。该考核体系详细说明了从事特殊活动行业所要具备的知识、技能和能力。

注册特殊活动专家的考试每年有 4 场，分别为 1 月 15 日—30 日、4 月 15 日—30 日、8 月 15 日—30 日和 12 月 15 日—30 日。参加认证的人员必须在活动行业有 3 年以上的全职工作经历。取得注册特殊活动专家资格的会员需要每隔五年重新认证，重新认证需要参与 ILEA 认证委员会指定的行业工作和 CSEP 课程学习，虽然不需要考试，但为了通过重新认证 CSEP 需要至少 25 分的学习。

二、CSEP 考核体系

CSEP 的考核内容主要分为 4 个部分：开发阶段占考核体系的 28%，筹备阶段占考核体系的 35%，举办阶段占考核体系的 26%，活动后阶段占考核体系的 11%。上述四个阶段对学员从事特殊活动行业的知识和能力要求各不相同。

（一）开发阶段（策划）

在开发阶段，要求从业者能够处理 17 个相关问题，具体如下：

（1）决定活动举办的目的、目标以及活动的对象。

（2）利用 SWOT 分析法对举办活动的优势、劣势、机会和挑战进行识别。

（3）识别选址要求。

（4）判断工作范围，并对活动举办需要的资源和活动的各个组成部分进行识别（例如，技术产品、餐饮、娱乐、装饰等）。

（5）发展活动概念。

（6）对活动的辅助需求作出判断（例如，串场活动、展览）。

（7）制订营销计划，包括环境分析、营销对象、目标市场、营销投资回报率的测量等。

A. 制订促销计划（例如，广告、网页推广、线下促销和比赛）；

B. 制订社会参与计划（例如，移动互联网、社交媒体）；

C. 制订直接销售计划（例如，门票业务、纪念品和促销商品）；

D. 制订公共关系计划（例如，新闻发布、报道、拍照、媒体关系、出版物、活动宣传和邀请嘉宾）；

E. 制订赞助计划（例如，赞助、捐赠者、赠款和礼物）。

（8）制订可持续发展战略（例如，企业，社会和环境）。

（9）确定议定书和仪式需要，并根据需要制订议定书计划（例如，政府要员、文化和宗教习俗）。

（10）进行风险 / 安全评估和分析。

（11）制订活动设计方案。

（12）确保活动符合法律法规。

（13）确保活动符合用工规范。

（14）确定合适的保险范围（例如，责任，事件保险，额外保险）。

（15）制定预算。

（16）准备并提交计划书。

（17）制订合同。

（二）筹备阶段

筹备阶段需要处理的问题有 15 个，分别为：

（1）执行合同。

（2）对可用的资源（例如，供应商、资金和人才）和时间限制进行分析。

（3）对实施过程进行建档管理（例如，会计、项目管理）。

（4）创建时间管理线，包括生产前时间安排和生产过程计划。

（5）建立活动评估标准。

（6）规划和建设合适的网站。

（7）对满足相关需要的活动合作伙伴的协议、合同、租赁条款和其他法律文件进行审查、选择、协商和执行。

（8）确定活动管理结构和人员配置（例如，组织图）。

（9）监督所有相关方之间的沟通（例如，状态报告、预算更新）。

（10）确定表演或活动流程的逻辑顺序合理。

（11）协调活动各组成部分的具体要求：

A. 场地服务（例如，停车、垃圾管理、电力、无线通信、场地规划）；

B. 娱乐（例如，表演嘉宾、表演者预约、现场秩序维护）；

C. 地面交通（例如，清洁、班车服务、摆渡车）；

D. 旅行和住宿（例如，航班、房间安排）；
E. 食品和饮料（例如，酒精管理、餐饮、质量保证）；
F. 技术产品（例如，音频 / 视频、照明、技术演练）；
G. 租赁（例如，确定订单、保证金、交付和执行）；
H. 装饰（例如，场景、道具、花卉）；
I. 风险 / 安全管理（例如，安全、合同责任规定、消防员、人群控制）；
J. 服务和协议（例如，可访问性、翻译、友好服务）；
K. 创意服务和媒体制作（例如，摄影、视频录制、内容展示、演示、脚本撰写）；
L. 附加材料（例如，标志、邀请、小册子、促销品、礼品）；
M. 人员管理（例如，人员和志愿者的招聘、培训、能力评价）；
N. 辅助事物（例如，辅助活动、辅助项目）；
O. 营销、公共关系和社交参与策略（例如，媒体、活动宣传、赞助）；
P. 运输和搬运（例如，拖车、卡车、快递服务）；
Q. 可持续发展战略（例如，社会责任）。

（12）确保活动没有侵犯他人的知识产权。
（13）确保所有必要的保险、营业执照、许可证、特殊准许函和其他文件合规。
（14）制订应急计划。
（15）召开活动动员大会并做好人员分工。

（三）举办阶段

活动举办阶段占整个考核体系的 26%，由 9 个注意事项构成：
（1）执行活动计划。
（2）活动前检查并进行执行前准备。
（3）设置活动现场空间（例如，房子的前面、房子的后面）。
（4）通信系统使用（例如，通信方法、通信协议）。
（5）实施风险监测和布置控制系统（例如，应急计划、安全程序）。
（6）确保活动结构遵循合同之前制定的要求。
（7）执行活动流程。
（8）及时应对突发事件（例如，事件报告、订单变更、签署授权）。
（9）执行装载并进行活动后检查。

（四）活动后阶段

活动举办后阶段占整个考核体系的 11%，它只涉及 5 个注意事项：
（1）利用活动评估标准判断活动是否成功。
（2）分析和评估整个活动管理流程。

（3）审计和核对财务并提出最终财务报告（例如，最终发票/账单、财务报告、损益）。

（4）对相关资料进行存档（例如，法律文档、媒体文档、示例）。

（5）核对是否落实了合同中相关条款（例如，设备退货、付款时间表）。

【经典小实例8-1】

特殊活动的现场秩序风险管理

活动管理是一个由多个阶段构成，需要对人、事、物等资源进行综合管理的过程，在这个过程中，由于种种原因会导致一些风险。其中，有些风险完全是可以避免的。据有关学者统计，2000—2006年，国内外大型活动中共发生85起踩踏事件，造成4026人死亡，751人受伤，平均每起踩踏事故都会造成约47人死亡，平均受伤人数约为88人。主办方如果能提前预知，并采取相应措施，有些踩踏事故是可以避免的。

2014年跨年夜发生的“上海外滩踩踏事件”是一个典型的因为现场秩序失控造成的悲剧。由于现场人流量过大，人口平均密度过于拥挤，流入人口与流出人口相对冲，造成有人摔倒，而后面的人员不清楚前面的情况，继续向前行走，从而造成了严重的踩踏事件。可以看出，这次活动在预防准备和现场管理方面存在很大漏洞，如果管理人员可以提前估计现场聚集人数，对现场人流的进场速度和人数进行一定的调控，并加强现场管理人员的配置，维护现场的秩序，这类事件在很大程度上就可以避免。当然，这个案例，除了现场秩序失控，还和活动信息告知滞后、安全缓冲区域缺失等诸多因素有关。

因此，对于防止此类大型活动发生踩踏事件，活动主办方可以提前对入场人数做好预估，并配备相应数量的现场管理人员，对现场秩序进行维护，同时也要加强应急联动，强化应急处理能力，毕竟有些风险是无法避免的。

资料来源：王起全，王敏.大型活动拥挤踩踏事故人群疏散分析［J］.三峡大学学报（人文社科版），2008（30）：34-37.

三、对我国特殊活动专家考核体系设计的建议

目前，国内还没有成立相关的特殊活动协会，但可以预见，随着我国活动行业的发展与繁荣，行业需要逐渐走向规范，届时需要制定相关的活动行业从业人员能力考核标准，来为活动行业的进一步发展提供更多的专业人才。下文将对我国未来的注册特殊活动专家考核体系的设计提出几点建议：

（一）考核体系的设计要全面，但同时也要有所侧重

活动管理者需要具备全面的能力，不仅包括人员管理能力、市场宣传推广能力、产

品销售能力、财务管理能力，还要求管理者掌握公共关系维护、现场管理、风险控制等知识与技能。活动管理与一般意义上的工程项目管理不同，它更加强调对人的管理，因此，对于管理者如何维护与赞助商之间的关系、如何维护与游客之间的关系、如何维护与媒体之间的关系以及如何调动员工的工作积极性来提供优质服务等内容，在考核体系中需要有所侧重。

此外，在活动管理过程中，大部分工作是在活动筹备和现场管理阶段进行的，因此该体系要在活动现场管理中所需具备的能力以及前期对活动的市场定位、活动项目战略规划等内容上有所侧重。

（二）考核体系设计要具备行业的通用性

目前，国内对活动的概念没有达成统一的认识，这导致许多本该从属于活动的行业在现实中却脱离了这个大组织，自己建立了一套行业标准，如婚庆行业。目前，国内活动行业并没有形成一个有效管理的组织，行业的分支各自形成了自己的一套管理体系，从而制约了国内活动行业的发展，使得国内的活动行业发展与美国、英国等特殊活动行业发达国家存在很大差距。

如果能够制定一个适用于各个分支行业（Sector）的统一的"注册特殊活动专家"考核体系，将会给国内从事活动行业的工作者提供更多元的工作选择，同时也有利于规范国内活动行业的秩序。

（三）考核体系设计要符合国内行业的需求

在设计注册特殊活动专家考核体系时，制定者要对国内活动行业的发展现状有充分的了解，并需要具备丰富的从业经验。制定者如果不具备相应的从业经验，将很难把握活动项目管理过程中会出现哪些问题，以及处理这些问题需要具备哪些知识、技巧和能力。此外，在制定考核体系时，标准开发团队一定要开展充分的行业调研，从调研中总结目前国内活动管理公司或机构对从业者有哪些知识和技能方面的需求，进而针对这些需求来设计实用并有前瞻性的考核体系。

第四节　注册节庆与活动经理（CFEE）考核体系设计

一、注册节庆与活动经理（CFEE）简介

国际节庆与活动协会（International Festivals & Events Association，IFEA）于1955年成立，是国际著名的节庆行业组织，其分支机构几乎覆盖了全球，包括IFEA非洲、IFEA亚洲、IFEA澳大利亚和新西兰、IFEA欧洲、IFEA拉丁美洲、IFEA中东（MENASA）、

IFEA 北美、IFEA 学生。为了推动节庆与活动行业的发展，IFEA 于 1983 年推出了“注册节庆与活动经理”（CFEE）项目。然而，到目前为止，只有数百人获得了 CFEE 证书。

二、CFEE 考核体系

CFEE 考核体系主要包括 6 个知识模块，分别为渠道管理、项目管理、监督管理、营销和媒体关系管理、运营和风险管理、赞助服务管理。

（一）渠道管理

节庆活动的收入来源主要有两大类，一类是赞助收入，另一类是销售收入，如门票、现场餐饮以及商品售卖。这里的“渠道管理”指的是对销售收入渠道的管理，这一部分考核设置是测试学员对销售收入渠道构成部分的认知能力和管理能力。

1. 知识体系核心内容

（1）提供最常见的活动收入来源渠道的知识。

（2）测试现金管理和库存系统操作能力。

（3）强调社会调研能力和调研信息分析能力的重要性——任何一个潜在客户都可能帮助打开一条销售渠道。

（4）掌握各个销售渠道的相关特点以及在该渠道上最容易犯的失误。

（5）根据组织的当前计划，识别能够实现创收的所有可能机会。

2. 关键性与非关键性知识要素

在 CFEE 认证中，关于渠道管理的相关知识如表 8-5 所示。

表 8-5 CFEE 认证中渠道管理模块的知识要素

关键性知识要素			
A.收入渠道正面和负面的基本特征	相关技能： ● 意识到节日在非常狭窄的时间窗内“生存”，在所有创收活动中速度和易操作性很重要。 ● 了解如何最大限度地发挥潜力去开展对主要收入渠道的管理工作（如在节庆活动中该出售哪些食物）。 ● 明白仅仅通过出勤率来估计收入是收入预测中最常见的错误。 ● 学到销售收入的提高在很大程度上取决于投入必要的时间和资源——不存在“立竿见影”效应。	B.人口统计和收入	相关技能： ● 了解受众基本的人口信息，熟悉活动的目标客户是谁。 ● 了解如何用数字来描述各种人口群体的消费特征。 ● 了解国家和地区人口变化趋势是如何影响节庆活动的出席率的。 ● 了解如何通过人口统计研究来开拓销售收入渠道的机会。

续表

C.新渠道思维	相关技能： ● 了解哪些筹资活动与组织的核心任务无关？哪些活动可以创造收入。 ● 了解收入窗口内存在的计划安排（如事件前的炒作时间和事件期间的非最佳时间）。 ● 了解怎样通过创造力和对趋势、时尚的关注来识别潜在的销售渠道。	D.现金和库存控制	相关技能： ● 了解对现金和/或产品的控制，对于实现收入最大化至关重要。 ● 了解是否需要根据现有工作人员和资源建立系统。 ● 了解损失（收缩）计算的基本模型。 ● 了解信用卡和借记卡在商业中的作用。 ● 了解基本现金控制系统。 ● 了解基本库存控制系统。 ● 了解如何利用人来有效监控操作。
E.商品	相关技能： ● 了解自主销售和授权销售模式之间的差异。 ● 了解与商品销售相关的基本问题，其中包括： （1）标题和提出赞助； （2）销售人员的影响因素； （3）销售项目设计、选择和演示； （4）预算和现金流和UBIT。 ● 了解当前的时政热点。	F.餐饮	相关技能： ● 了解所有与食品和饮料操作相关的基本原则，主要包括： （1）盈利能力评估/需求估计； （2）产品质量问题； （3）食品原料、份量，产品成本； （4）天气和销售位置问题； （5）定价； （6）内部与承包商销售计划。 ● 了解与饮酒销售相关的主要问题，主要包括： （1）符合要求的消费计划； （2）销售与活动类型和运营时间之间的关系； （3）产品类型和采购规定； （4）啤酒，葡萄酒和酒类销售的知识要点； （5）法律和保险要求。 ● 了解与食品销售相关的主要问题，包括： （1）饮食作为一种社会活动； （2）菜单，菜单品种，消费者口味是否改变； （3）价值，销售地点外观，演示和人员配置。 ● 了解软饮料种类和与其销售相关的问题。
G.接待	相关技能： ● 根据事件类型和人口统计了解潜在的接待收入机会。 ● 了解常见的接待的收入渠道，其中包括： （1）会员计划； （2）私人派对； （3）贵宾区。	H.入场券	相关技能： ● 了解如何判断一场活动是否应该设立门禁系统，其中包括： （1）收费是否符合组织使命宣言； （2）准确估计收入潜力； （3）考虑公共关系和社区关系问题； （4）周边基础设施的完整性和活动举办地的安全性； （5）进场控制； （6）定价。 ● 了解如何来提高门票收入的相关问题，其中包括： （1）价格上涨； （2）高级票销售类型； （3）门票促销； （4）通过调研确定销售相关问题。

续表

非关键性知识要素			
I.特殊收入项目	相关技能： （1）嘉年华/娱乐活动； （2）艺术和工艺品展； （3）商业展； （4）游行； （5）专业比赛现场指导。	J.成本控制来节约开支	相关技能： （1）标准化标的和合同； （2）集中库存管理； （3）行政审计。

资料来源：根据 IFEA 官方网站整理。

（二）项目管理

项目管理是针对项目各个组成部分的管理，它涉及管理的领域比较广泛，如营销、设计和运营。项目管理涵盖了项目立项、项目策划、项目实施前的准备、项目执行和项目结束后五大阶段，其作用在于对组织掌握的各种资源进行整合，以便有效地满足活动项目利益相关者的需求。在进行项目管理过程中，需要制定一套机制，以便实现有效地与相关利益者进行互动，及时向相关利益者报告项目进展情况以及各个组员负责的工作任务。

1. 知识体系核心内容

（1）将活动管理的科学方法用于实际工作中。

（2）学会运用进度表、任务分析、活动关键节点、委托、利益相关者分析、成本估计和质量控制等工具。

（3）开展可行性研究。

（4）将风险管理理论运用于活动管理领域。

（5）建立一个有效的管理系统，通过该系统可以提供项目计划、风险管理计划和活动管理评估机制。

（6）了解和掌握活动管理相关软件的使用方法。

2. 关键性知识要素

关于项目管理的关键性知识要素，CFEE 认证提出了明确的要求，如表 8–6 所示。

表 8–6　CFEE 认证中项目管理模块的关键性知识要素

A.活动项目管理和背景	相关技能： （1）活动项目的构成部分； （2）在活动中使用项目管理的经验； （3）活动管理阶段。	B.利益相关者管理	相关技能： （1）建立利益相关者管理模式； （2）利益相关者识别； （3）明白利益相关者的要求和识别利益相关者的利益诉求； （4）对利益相关者进行管理和沟通； （5）评估利益相关者与活动之间的关系。

续表

C.活动可行性	相关技能： （1）验证活动项目的可行性并制订相关计划； （2）了解投资回报、核心目标和相关资源； （3）对活动项目中的所有活动进行整合，并确定每个工作的涉及范围。	D.项目工具	相关技能： （1）创建工作分解结构图； （2）任务分解，活动关键路径分析； （3）设置活动项目管理里程碑，并制定活动项目进度表； （4）对活动实施流程进行描述。
E.活动团队	相关技能： （1）建立项目人员组织结构； （2）基于活动实施过程，创建人员委派系统； （3）为活动工作人员制定进度报告； （4）开发活动核对系统。	F. 风险管理	相关技能： （1）明白应用与活动计划和活动实施过程的国际风险管理标准； （2）能够识别风险，如财务、操作、战略、人为过失和“发生概率很小的失误”等风险； （3）为活动项目创建风险注册表； （4）将风险管理运用于活动管理和团队管理。
G.合同管理	相关技能： （1）建立资源模板； （2）进行资源分析和采购计划； （3）整合采购计划和活动管理进度表； （4）明白活动合同术语。	H.活动组合	相关技能： （1）明白活动组合——整年的活动计划； （2）对不同活动项目及其资源进行管理。
I.活动文档和报告	相关技能： （1）能够为项目管理创建一个文档模板管理系统； （2）明白陈述报告的撰写。		

资料来源：根据 IFEA 官方网站整理。

（三）监督管理

对活动执行的全过程进行有效监督，可以帮助活动主办方避免相关资源的浪费，从而在有限的预算条件下，最大化实现活动的目的，并控制活动项目营收。

1. 知识体系核心内容

（1）掌握制订商业计划的相关知识。

（2）了解管理组织所需的领导力。

（3）强调预算和财务要素损益、现金流、资产负债表。

（4）对营销知识的掌握。

（5）评估活动的经济效应和社会效应。

2. 关键性知识要素

在 CFEE 认证中，关于于监督管的关键性知识要求如表 8-7 所示。

表 8-7 CFEE 认证中监督管理模块的关键性知识要素

A.业务计划基础	相关技能： （1）理解业务计划与战略计划的区别； （2）在制定有效业务计划之前，了解四个基本问题： a.你的企业提供什么服务或产品？它满足了什么需求？ b.你的活动的潜在客户是谁？他们为什么参加/购买？ c.你将如何开发这些潜在客户/利益相关者？ d.你举办的这个项目赢利点在哪？ （3）理解任务声明和愿景声明之间的区别； （4）理解一份完整的业务计划的构成部分。
B.领导和员工管理	相关技能： （1）了解如何招聘优秀的员工，如何制定工作描述，如何进行有效的员工面试； （2）对于经常与董事会接触的人，了解如何建立一个高质量的董事会；如何制定有效的董事会职务说明书；如何有效地与董事会和主席进行沟通； （3）了解如何有效对组织内部进行领导；优秀员工成功的来源；怎样招聘和解雇员工； （4）了解何时雇用员工或何时使用签约员工和实习生； （5）了解基本的管理技巧、政策和流程。
C.预算和财务	相关技能： （1）了解损益表相关基础知识，如何预测预算和相关开支，如何有效管理相关开支，了解收入来源； （2）了解活动产生的间接收入的重要性，了解如何实现活动收益最大化； （3）掌握资产负债表的相关知识，知道如何通过资产负债表来反映项目情况； （4）掌握现金流量表的相关知识； （5）了解如何进行有效的财务管理，包括（内部和外部）审计以及与活动相关的现金审计。

资料来源：根据 IFEA 官方网站整理。

（四）营销和媒体关系管理

一份完美的营销指导方案是成功推销产品或服务的基础。在营销过程中，节庆组织者维护好与媒体之间的关系也非常重要，因为媒体可以帮助主办方在大众面前树立良好的企业或产品形象，进而优化产品推广的效果。

1. 知识体系核心内容

（1）提供活动营销的相关知识。

（2）提供营销和媒体关系管理组织结构的基本框架。

（3）提供媒体关系管理的相关知识和技巧。

2. 关键性知识要素

关于营销和媒体关系管理的关键性知识要素，CFEE 认证的要求如表 8-8 所示。

表 8-8　CFEE 认证中营销和媒体关系管理模块的关键性知识要素

A.营销和媒体关系的作用	相关技能： （1）通过媒体关系对营销的两种途径（付费广告和编辑报道）进行比较； （2）了解营销从活动销售到运营管理过程中发挥了怎样的作用。
B.参与者统计	相关技能： （1）了解活动参与者的基本人口统计知识； （2）了解活动现场参与者与原计划参与者之间人口统计信息的比较； （3）了解学习、研究目标受众的休闲模式的意义。
C.品牌基础知识	相关技能： （1）了解品牌概念，如何定义和开发品牌； （2）了解品牌如何运用于节事活动的方方面面，包括市场营销阶段、销售阶段、文案撰写阶段和项目实施阶段； （3）了解如何从视角和体验的角度来开发品牌。

资料来源：根据 IFEA 官方网站整理。

（五）运营与风险管理

风险管理对一个活动来说至关重要，常常会由于风险措施不到位，导致活动的失败。因此，运营和风险管理也是活动管理中的重要模块。对于这一模块，管理者需要全面掌握相关的知识和技能。

1. 知识体系核心内容

（1）核对场地计划进展的关键要素是否无误。

（2）对招标、安保过程进行审查，对合同中提及的服务进行管理。

（3）对保险和风险管理程序有基本了解。

（4）学会人际关系建构技能在活动管理中的重要性。

（5）了解人流量控制、安全性和应变能力规划问题的要领。

（6）清楚活动运营人员的领导作用。

2. 关键性知识

关于运营与风险管理，CFEE 认证对相应的关键性知识也提出了具体要求，如表 8-9 所示。

表 8-9 CFEE 认证中运营与风险管理模块的关键性知识

A. 现场计划制订	相关技能： （1）理解场地选择与组织使命之间的关系； （2）理解场地计划的要素选择是建立在组织目标上的； （3）理解场地计划与安全和访问控制的关系； （4）理解场地计划和选址之间的整合关系； （5）了解与场地计划相关的关键服务和安全问题。	B. 活动计划安排的设置与取消	相关技能： （1）了解各操作要素之间的关系； （2）了解创建活动时间表的流程。
C. 招标和承包服务	相关技能： （1）清楚哪些服务需要对外进行招标； （2）明白如何制定招标清单； （3）了解如何开展招标活动； （4）理解招标方案筛选流程； （5）了解合同的基础知识和制定标准合同格式。	D. 承包服务管理	相关技能： （1）熟悉并掌握服务业务合同的基本术语（如电气合同术语，可回收材料等）； （2）掌握一些让服务承包商对承包服务负责的方法。
E. 保险的关键要素	相关技能： （1）了解运营商评级和运营商选择系统； （2）了解基本保险术语； （3）了解各种不同类型保险的覆盖范围和限制条件； （4）了解发行和接收额外保险证书的相关基本知识； （5）了解保险合同各项条款所涉及的处理过程。	F. 风险管理基础知识	相关技能： （1）明白相关风险管理计划、程序和人员的必要性； （2）了解如何在组织内部培养风险管理意识文化； （3）了解如何与专业人员、监管人员以及相关机构建立积极的合作伙伴关系。
G. 公关技巧	相关技能： （1）明白如何来识别与活动相关的利益群体； （2）明白与其他相关组织各层级官员（如警察局局长、其他部门的负责人）建立联系的必要性； （3）明白开展的活动必须符合公众道德、职业道德、公平、公正和专业性要求； （4）要识别活动涉及的相关人员的重要性程度，并不是每一个公关对象对活动的开展来说是必不可少的。 （5）了解并掌握邀请赞助商的相关技能。	H. 现场安全管理	相关技能： （1）了解安全和人流控制的基本要素； （2）了解与监管机构建立积极的工作关系； （3）了解保护活动现场周边安全和门控安检的过程； （4）了解哪些物品属于禁止物品和如何对物品进行安检； （5）了解如何创建并实施安全认证系统。

续表

I.应急计划	相关技能： （1）了解活动组织机构和监管机构在活动开展中的作用； （2）了解基本的应急计划要求：沟通，指定应急负责人，专门的应急用品和设备； （3）了解基本的安全相关问题（即炸弹威胁、火灾、丙烷泄漏等）和相应的应急计划； （4）了解与气候相关的应急计划； （5）了解场地选择考核指标的建立。	J.交通管理	相关技能： （1）了解观众进入活动现场的最佳路径以及最佳停车地点； （2）了解停车场所需要具备的关键要素，并确保活动主办方具备掌握该要素的能力； （3）了解观众前往活动现场的基本公共交通工具。
K.领导力	相关技能： （1）了解活动运营总监在活动领导中的作用和地位； （2）了解行政/组织与领导之间的区别； （3）了解需要如何培养潜在的、亲和的和有效的领导风格。	L.志愿者管理	相关技能： （1）了解招聘和管理志愿者的基本要素； （2）了解志愿者参加活动的动机、收益以及其对活动的认知； （3）了解如何建立一个有效的志愿者管理部门。

资料来源：根据 IFEA 官方网站整理。

（六）赞助服务管理

在过去，节庆活动往往作为一种政府发起，并由政府财政拨款扶持的活动，现在已经发生转变。目前，许多节庆活动逐渐由企业来负责具体的运营，节庆活动所具备的功能也不仅仅局限于以前的社会价值或传播功能，而是逐渐地融入了一些商业活动，特别是现场的营销宣传活动。

赞助作为节庆活动的重要收入来源，对其进行深入学习和研究十分必要。赞助是一门很复杂的学问，涉及处理赞助过程中的许多要素。而且制订全面的赞助计划和成功实施计划涉及协调众多细节和各种因素。因此，节庆活动管理人员需要掌握赞助所涉及的相关知识和技能。

1. 知识体系核心内容

（1）评估活动赞助的潜在可能性。

（2）安排和评估给予赞助商的合理权益。

（3）评估节庆的无形资产价值，并确定适当的报价。

（4）提出具有吸引力的赞助提案。

（5）明确赞助续约所需的承诺条款。

（6）赞助服务条款的制定和履行。

（7）活动结束后的报告和评估。

2. 关键性知识

CFEE 认证对赞助服务管理的关键性知识也提出了详细要求，如表 8-10 所示。

表 8-10　CFEE 认证中赞助服务管理模块的关键性知识

A．什么是赞助?	相关技能: （1）了解赞助涉及两个经济实体之间的权益条款的交换; （2）了解赞助企业与该活动之间的关联性，最大程度与赞助商进行沟通、协商，开发可利用的潜在商业价值，充分利用活动现场的营销资源; （3）了解赞助商的赞助形式，可以以现金的形式，或以其他等价的实物进行赞助; （4）了解赞助商赞助本次活动的目的，是为了增加产品的曝光度、现场销售、提升公司形象还是希望在现场举小一场招待活动等; （5）了解赞助、筹款和慈善事业之间的区别; （6）了解活动组织者掌握的这些潜在活动赞助资产与可以获得的赞助潜力之间的关系。	B.赞助资产的确定	相关技能: 活动组织的基本构成单元是活动，这些活动可以成为赞助交易基础的资产，它们分为六个基本类别: （1）活动类（Events）：展会、节日、音乐会、体育赛事、狂欢节等; （2）系列类（Series）：表演艺术系列、音乐会系列、赛车系列、剧场系列等; （3）节目类（Programs）：颁奖节目、志愿者节目、艺术家表演、特殊会员节目等; （4）吸引物类（Attractions）：会展旅游、知名团队出场、乐队表演等; （5）名人类（Celebrities）：演员、音乐家、媒体明星等的出席活动; （6）场地类（Venues）：博物馆、画廊、展览场地、体育馆等。
C.活动清单：什么是财产?	相关技能: （1）理解活动的基础组成部分：主题、举办日期、举办场地、组织结构、目标受众等; （2）了解观众的人口特征、例如主要受众的年龄在哪个范围、参与活动的受众是男性观众较多还是女性受众较多等等; （3）了解对受众进行人口信息统计的重要性，以及如何发挥其在赞助招标中的作用; （4）了解组织内部构成的人口统计特征（例如，董事会、成员、志愿者等）。	D.营销清单	相关技能: （1）了解事件营销/媒体广告/促销与赞助商所期望的产品或者企业形象曝光之间的关系; （2）了解活动对外宣传的广告支出和广告组合形式；联合赞助推广的可能性；公关/宣传的历史数据库的可用性; （3）了解活动所需物资（如出版物、现场导览地图、海报、小册子、横幅/标牌）哪些可以挖掘作为赞助资产的角色; （4）了解网站在营销组合和寻找赞助商并达成赞助销售流程中的作用。
E.接待清单	相关技能: （1）了解与活动接待相关所需要注意的事项（门票、通行证、停车场、商品、贵宾区、预留座位、升级体验等）； （2）了解与活动和组织有关的其他潜在接待事项，例如，私人派对和招待会、破冰活动、住宿预订等。	F.项目开发基础	相关技能: （1）了解在对任何项目进行开发之前，需要对其的赞助项目进行全面的思考，为其赞助寻找合理的有力支撑（是否存在不合理的部分，有哪些是活动组织者可以对外进行交换的资源，这些交换资源对赞助商是否具有吸引力等） （2）了解赞助计划所处的级别: ● 冠名级别——将赞助商的名字冠名在本次活动中，对外进行宣传; ● 介绍级别——作为本次活动的承办方、协助单位、支持单位; ● 对活动的某一部分资产进行赞助——场地、节日、子活动等; ● 官方供应商; ● 媒体合作伙伴; ● 捐助者级别。 （3）了解与赞助服务包相关的权利类型: ● 独家权利（仅适用于特定级别的赞助商）; ● 优先权利（赞助商获得选择特定资产或机会的优先权） ● 一般权利可供所有发起人使用，但享受的数量不同，包括：商标使用权、转售权（第三方）、媒体权限（包括电视广播）、促销权（包括出版物，数据库）、现场权利、商品/溢价权、接待好处; （4）了解对外出售的这些不同级别的权益的“包装”过程; （5）了解赞助协议条款，包括：级别、每级对应的权益、排他性、多年赞助、续订选项等。

续表

G.确定赞助标的物价格	相关技能： （1）了解有关建立有形价值评估指标的关键问题，包括测量，典型的可量化收益和行业评估标准； （2）了解无形资产和对其进行价值评估的重要性； （3）了解市场支付相关潜在赞助资产的能力，了解他们所能支付的价格范围； （4）了解有形价值、无形价值和市场因素三者之间的基本估值函数关系。	H.创建引人注目的赞助方案	相关技能： （1）了解有效提案的关键因素，包括：定制化、针对性、“自然契合”、调研、了解潜在的赞助商动机、赞助能给其带来的好处、创意、相应的操作行动方案等。 （2）了解提案中必要的内容，包括：执行摘要、活动概述、活动亮点、观众简介、赞助商机描述、权益摘要、相关费用和条款。
I.赞助服务和履行	相关技能： （1）了解在整个赞助计划中服务和履行的重要性； （2）了解建立专业服务体系所涉及的基本原则，包括： 指派专人对接；跟踪履行；行动激活；沟通；赞助关系维护；现场管理；后期活动报告。		

资料来源：根据 IFEA 官方网站整理。

三、对我国节庆专业人才考核体系设计的建议

（一）重视对具体操作技能的考核

制定我国节庆管理人才考核知识体系的出发点，是为了对节庆活动管理人员的职业技能进行检测。因此，在制定考核知识体系时，应该从节庆管理流程的角度进行分析，考虑活动开展过程中每个环节所需要涉及的相关技能。这样才可以比较全面地检测从业人员是否具备策划、组织和管理节庆活动的能力。

（二）考核指标要全面，但也要有所侧重

对于节庆活动，渠道管理和项目管理所涉及的知识比较复杂，相应地，需要具备的能力也比较多。例如，需要具备营销、设计和运营方面的知识和技能。因此，在设计节庆管理专业人才的考核指标时，需要侧重对这两个知识模块的考核。

（三）国际经验与国内实际相结合

目前，国内很多节庆活动组织机构都比较缺乏风险管理意识。每次举办节庆都存在许多不确定因素，这些不确定因素或许就会造成巨大的事故，给举办地或活动组织者造成严重损失。因此，在设计考核知识体系时，要重视风险管理考核指标，这样不仅可以增加活动从业者对风险管理知识的重视，也会督促他们掌握风险管理的相关技能。

【本章小结】

本章系统地介绍了注册会议专家（CMP）、注册展览经理（CEM）、注册特殊活动专家（CSEP）和注册节庆与活动经理（CFEE）的考核知识体系内容。其中，CMP-IS分为10个知识模块（Domains）、30项技能（Skills）和106项子技能，而MBECS多了两个知识模块：行政管理和沟通。CEM由12门课程构成，学员需要选择其中的9门课程，并通过考试方可获得证书。CSEP考核体系分为四个部分，分别为开发阶段、筹备阶段、现场管理阶段和活动后阶段。CFEE考核体系主要包括六个知识模块，分别为渠道管理、项目管理、监督管理、营销和媒体关系管理、运营和风险管理、赞助服务管理。

上述4种不同类型的国际考核体系针对大会展行业的不同类别，各个类别的考核体系大同小异，而且有许多互通之处。市场营销、项目管理、财务管理和风险控制是4类考核体系的重要组成部分，在考核中所占比例均较大。

【复习题】

1. 请结合具体案例，阐述CMP-IS与MBECS有哪些区别？

2. CEM认证的12门课程包括哪些内容？

3. 结合具体案例，阐述CSEP考核体系的4个阶段。

4. 结合具体案例，阐述CFEE考核体系对风险管理部分的知识与技能要求。

5. 对比CMP、CEM、CSEP和CFEE 4种考核体系，中国会展行业能够获得什么启示？

6. 如果要改进本章介绍的4类国际会展认证项目的考核体系，你有什么意见和建议？

【案例分析】

“上海外滩踩踏”事件的风险防控分析

2014年12月31日23时35分，正值跨年夜活动，因为人数众多，峰值时段接近31万人，众多游客、市民短时间内聚集在上海外滩迎接新年，加上现场警力安排不够，疏通不及时，上海市黄浦区外滩陈毅广场东南角通往黄浦江观景平台的人行通道阶梯处底部由于人流对冲，下行的人流不断增加，导致有人失衡跌倒，继而引发多人摔倒、叠压，致使拥挤踩踏事件发生，最终造成了36人死亡，49人受伤的悲剧。

（一）新年倒计时活动准备情况

2011年起，新年倒计时活动连续三年在外滩风景区举办。鉴于在安全等方面存在一定的不可控因素，黄浦区政府经与上海市旅游局、上海广播电视台协商后，于2014年11月13日向市政府请示，新年倒计时活动暂停在外滩风景区举行，将另择地点举行。2014年12月9日黄浦区政府第76次常务会议决定，2015年新年倒计时活动在外滩源举行，现场观众人数限额3000人，由黄浦区旅游局承办。

1. 黄浦区政府

2014年12月9日黄浦区政府第76次常务会议明确："区公安分局要会同区市政委等部门做好活动预案，尽快梳理活动当天全区范围内各类迎新活动，认真研究应对方案，做到统筹协调、有序安排，合理部署各类保障力量，确保外滩、人民广场、新天地等重点地区安全有序。"

2. 黄浦公安分局

12月25日，黄浦公安分局制定了新年倒计时活动安全保卫工作方案，主要内容是成立新年倒计时活动安保工作指挥部，下设现场管控、外滩及南京路沿线秩序维护两个分指挥部。新年倒计时活动共安排安保警力771名、主办方保安180名。其中，外滩、南京路沿线秩序维护警力350名（陈毅广场60名，阶梯处7名），其余警力分别用于外滩源活动现场管控、反恐处突、综合保障、公共安全管理、机动力量武警等。

3. 黄浦区市政委

12月31日，黄浦区市政委及其下设的黄浦区外滩风景区管理办公室，共安排了108名城市管理执法人员和社会辅助力量，参加外滩风景区中班时段的管理工作（中班日常工作时间为14时15分至22时15分，当日安排工作时间为14时15分至次日凌晨1时）。

4. 黄浦区旅游局

2014年12月9日黄浦区政府第76次常务会议，通过了黄浦区旅游局制定的在外滩源举办的新年倒计时活动方案。12月30日上午9时30分，黄浦区新闻办召开新闻发布会，由黄浦区旅游局对外发布了新年倒计时活动信息。

（二）事件发生情形

2014年12月31日22时37分，外滩陈毅广场东南角北侧人行通道阶梯处的单向通行警戒带被冲破以后，大量市民游客逆行涌上观景平台。23时23分至33分，上下人流不断对冲后在阶梯中间形成僵持，继而形成"浪涌"。23时35分，僵持人流向下的压力陡增，造成阶梯底部有人失衡跌倒，继而引发多人摔倒、叠压，致使拥挤踩踏事件发生。

23时35分拥挤踩踏事件发生后，在现场维持秩序的民警试图与市民游客一起将临近的摔倒人员拉出，但因跌倒人员仍被上方的人流挤压，多次尝试均未成功。此后，阶梯处多位市民游客在他人帮助下翻越扶手，阶梯上方人流在民警和热心的市民游客指挥下开始后退，上方人员密度逐步减小，民警和市民游客开始将被拥挤踩踏的人员移至平地进行抢救。

（三）事件发生原因分析

黄浦区政府和相关部门领导对此次活动判断失误，以为新年倒计时活动更换场地后，前往的游客会减少，降低了公共安全风险防范意识，对重点公共场所可能存在的大量人员聚集风险未作评估，导致预防和应对准备严重缺失。再加上事发当晚预警不力，外滩源安排了400多名警力，而其他地区仅有300余名警力，对当时外滩风景区峰值时段的31万名游客来说，警力安排严重不够、事发前应对措施也存在不当，是这起拥挤踩踏事件发生的主要原因。

1. 对新年倒计时活动变更风险未作评估

大量市民游客认为外滩风景区仍会举办新年倒计时活动，南京路商业街和黄浦江对岸的上海中心、东方明珠等举办的相关活动吸引了部分市民游客专门至此观看。对此，黄浦区政府在新年倒计时活动变更时，未对可能的人员聚集安全风险予以高度重视，没有进行评估，缺乏应有认知，导致判断失误。

2. 新年倒计时活动变更信息宣传严重不到位

新年倒计时活动变更后，主办单位应当提前向社会充分告知活动信息。但是，直至12月30日，黄浦区旅游局才对外正式发布了新年倒计时活动信息，对“外滩”与“外滩源”的区别没有特别提醒和广泛宣传，信息公告不及时、不到位、不充分。

3. 预防准备严重缺失

黄浦公安分局未按照黄浦区政府常务会议要求，在编制的新年倒计时活动安全保卫工作方案中，仅对外滩源新年倒计时活动进行了安全评估，未对外滩风景区安全风险进行专门评估。黄浦公安分局仅会同黄浦区市政委等有关部门在外滩风景区及南京路沿线布置了350名民警、108名城市管理和辅助人员、100名武警，安保人员配置严重不足。

4. 对监测人员流量变化情况未及时研判、预警，未发布提示信息

12月31日20时至事件发生时，外滩风景区人员流量呈上升趋势。黄浦公安分局指挥中心未严格落实上海市公安局指挥中心每半小时上报人员流量监测情况的工作要求，也未及时向黄浦区委区政府总值班室报告。黄浦公安分局对各时段人员流量快速递增的变动情况未及时采取有效措施，未报请黄浦区政府发布预警，控制事态发展。对上海市公安局多次提醒的形势研判要求，未作响应。

5. 应对处置不当

针对事发当晚持续增加的人员流量，在现场现有警力配备明显不足的情况下，黄浦公安分局只对警力部署作了部分调整，没有采取其他有效措施，一直未向黄浦区政府和上海市公安局报告，未向上海市公安局提出增援需求，也未落实上海市公安局相关指令，处置措施不当。当人流冲破单向通行警戒带时，当时现场警力未能及时采取措施，

任由游客逆向行走，致使人流在楼梯处形成对冲，存在着巨大的安全隐患。

案例来源：人民网．上海外滩拥挤踩踏事件调查报告全文［EB/OL］. http：//politics.people.com.cn/n/2015/0121/c1001-26424342.html，2015-01-21.

思考题：尽管突发事件无法预知，但是提前采取哪些风险防控措施可以避免这次踩踏事件的发生？

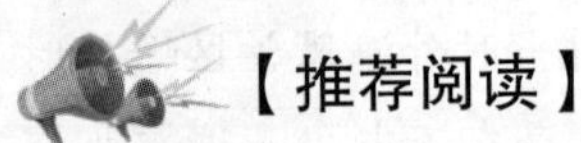

刘春章：节庆执行官认证（CFEE），一个严格的认证

杨荫稚，夏颖：国际节庆协会 IFEA

第九章 活动管理知识体系与活动项目经理培养

【学习目标】

了解项目经理的影响力范围、活动项目经理的成长策略

掌握活动项目经理的价值、使命、主要职责与工作内容

熟悉活动项目经理的一般工作流程以及不同活动管理模型的优、缺点

【关键术语】

活动项目经理（Event Project Manager/ Event Planner）；活动项目经理的使命；项目经理的影响力范围；展览项目经理的胜任力要素；项目管理办公室 / 项目管理中心（PMO）；Watt 活动管理过程模型；Goldblatt 活动管理模型；Allen 活动管理模型

活动项目经理是受活动主、承办方或客户委派，并基于包括质量、风险、进度和成本管理等在内的责任制体系，领导团队实现活动目标的个人，其主要职责是对活动的举办过程全面负责，确保活动与客户的愿景、使命和目标保持一致，领导和激励团队成员完成既定的活动目标。对于轻资产型的会展和活动管理公司，项目经理属于稀缺人才，其发展与培养值得企业管理者重视。

第一节 活动项目经理的价值与使命

项目经理在领导项目团队达成项目目标方面起着至关重要的作用。在整个项目期间，这个角色的作用非常明显。很多项目经理从项目启动时参与进来，直到项目结束。在某些组织内，或者对于某些项目项目经理可能会在项目启动之前就参与相应的评估和分析工作。总之，项目经理在其影响力范围内担任多种角色，这些角色反映了项目经理的能力，体现了项目经理这一职业的价值和作用。

一、活动项目经理的价值

和其他项目一样，一次活动想要取得成功，就必须明确界定活动的目标及工作中的任务分工、权责、计划、资源配置、意外情况和参与规则。活动项目经理存在的价值就是确保正确地做事（Do the Things Right），换句话说，项目经理要做的就是对活动进行计划、协调、控制和执行。以展览行业为例，项目经理是展会的操盘手，因而是项目团队的领导者，是展会主办方的将才（张凡，2015）。

概括而言，活动项目经理的价值就是“推动事情往前走”，因而首先要培养自己的不是经验，而是一种意愿，一种实现“业务目标”的意愿。具体而言，对内代表客户的利益，整合相关资源、协调团队成员的工作，对外代表承办方的利益，做好与客户之间的沟通，并处理好社区、政府等各种关系，目的是为了在计划的质量、进度和预算范围内达成活动的既定目标。

【经典小实例9-1】

项目经理的核心价值是什么?

纯粹的项目管理理论体系和方法论，无外乎“成本”“进度”“质量”“风险”。这些稍微展开一点来讲，就是考虑怎么花最少的钱（成本），在最短的时间内（进度），把事情做到最好（质量），同时不要捅娄子（风险）。

在项目管理早期确实是这样，而且我自认为要做到这些并不难。这得益于我们当时的团队成员，大家几乎全部都是“全栈”（注：即指啥都会），并且也都认可很多项目管理的理论和方法。毫不夸张地讲，在配合最默契的时候，连话都不用讲，一个眼神，团队里的小伙伴们就知道要做什么了，并且能够保质保量并且按时交付工作。既然大家的能力都强了，就开始逐步脱离团队了，有的选择去别的团队，有的会去独立负责其他工作。

问题就从这个时候开始了。

有新的团队成员进来了。我发现，新的成员开始出现之前所说的那种“岗位细分”

的情况。有一件事令我至今都记忆犹新：一个负责后端开发的“码农”完成了自己责任范围内的代码编写任务后，完全不顾与前端页面开发的对接。当项目的功能出现BUG时，他的态度是：“那与我无关，我的代码是能够正常运行的，不信我run给你看”。相对应地，负责前端的小伙伴当然也不会主动承认是自己的问题。我花了很多时间去协调这件事情，而其中大部分精力都花在了说服两个人并且向他们提出一个可行的技术解决方案上面，其中也包括测试方案。

另一件令我印象深刻的事情是，当时，一个项目正处于测试上线阶段，用户向我提出了一些改进意见，主要都是与UI交互和操作便捷性有关的建议。我将这些建议反馈给开发团队，出乎意料的是，有关开发人员完全不愿意针对这些意见进行调整，理由是“我开发的功能没有任何问题，是用户自己不会用”。为了这件事情我与这个开发人员起了争执。他是从一家所有人都知道的国际IT巨头跳槽出来的程序员，浑身上下透露着一股典型的程序员的傲气：“我是最牛的程序员，我来自超级巨头公司，你们这些傻X懂什么”。

在后来的两三年，我发现几乎这一时期所有的新人程序员们都被“细分化”了，所有人无一例外地认为自己在某个细分领域是专家。我并不反对“技术专精”，但其实在很多情况下，技术只要够用就可以了，有时候稳定和可靠才是最重要的……

后来我又在进度方面发现了很多新的问题。所有安排好的进度，在执行时，我得不到任何的主动反馈。只要我不问，就没有人会主动来进行沟通，甚至包括当项目的进展出现问题的时候。而当我召开例会，甚至是按照计划进行评审会议的时候，才发现开发人员的工作成果早就已经跑偏……

所以，在很长一段时间内，我的项目管理工作状态都是，对外保持与客户及现场的及时沟通，对内承受来自公司高层的压力，同时还要像“事儿妈”一样每天盯在所有团队人员屁股后面，好像他们每个人都欠了我的钱一样。甚至是，我还需要坐下来帮他们解决代码上的技术难题……

所以我觉得，一个项目经理的核心价值，也是决定一个项目成败的关键，绝不是所谓的平衡“成本、进度、质量、风险”，而是“操心”——看你究竟能操多大的心。

资料来源：女儿控老徐的专栏．项目经理的核心价值是什么［EB/OL］. https：//blog.csdn.net/freezingxu/article/details/70233636，2017-04-18. 有改动

二、活动项目经理的使命

顾名思义，“使命”就是指个人或组织所领受的任务，或应担负的责任。从这个意义上来讲，活动项目经理的使命是其价值的具体表现。

为什么需要活动项目经理？因为必须要有一个人把一群目标和利益可能都不一致的专业人士组织在一起，让他们通过活动去（为客户或组织）完成共同的目标，而且实现这个目标往往面临很大的挑战。因此，活动项目经理的第一使命应该是创造一个大于其

各组成部分的总和的真正的整体，并且让这个集体富有活力和战斗力。他（她）需要制定目标并安排与协调工作，激励和培训团队成员，开展内外部的沟通，同时也需要考核团队和个人的工作绩效。

其次，活动项目经理通过将相关专业知识、技能、工具与技术应用于项目，促成所管理的活动按照既定的目标、要求和计划推进。因此，活动项目经理对于一次活动的成功举办至关重要。从图 9-1 可知，项目经理需要在其影响力范围内担任多种角色，这些角色反映了项目经理的能力，体现了项目经理这一岗位的价值和作用。例如，项目经理需要在组织内扮演强有力的倡导者角色，并与其他部门负责人有机互动。同时，还致力于展现项目管理的价值，提高组织对项目管理的接受度，以及提高项目管理办公室 / 项目管理中心（PMO）的效率。

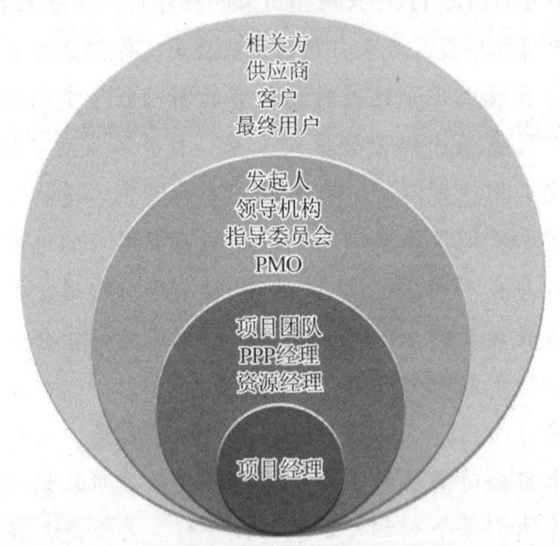

图 9-1　项目经理的影响力范围（PMI，2017）

总体而言，会展和活动产业是轻资产的现代服务业，发展主要靠高素质的人才。对于很多会展活动的主办方，项目经理是企业核心竞争力的重要构成，属于战略性人才。活动项目经理的职责范围涉及协调活动的每一个细节，包括制定活动预算、遴选赞助商、撰写需求建议书（RFP）、预订各类设施设备与服务、翻译等。

第二节　活动项目经理的核心职责与工作内容

一、活动项目经理的核心职责

《项目管理知识体系指南（PMBOK® Guide）》（第 6 版）新增了一章专门讨论项目

经理的角色，包括项目经理的影响范围、能力和执行整合（见表 9-1）。参照相关内容，可以明确活动项目经理的核心职责与相关要求。

表 9-1　活动项目经理的主要职责与相关要求

核心职责	影响力范围		能力和执行整合
使活动目标与主办方或客户的战略目标一致（Strategic Objectives）； 使项目管理团队中的每个人朝同一方向努力（Event Project Objectives）	项目：带领团队实现活动目标和相关方的期望；利用一切可用资源，以平衡相互竞争的制约因素；充当活动的发起人、团队成员和其他相关方之间的沟通者； 组织：与项目发起人合作处理内部的政治和战略问题；在组织内扮演强有力的倡导者的角色；积极地与其他利益相关者互动； 行业：紧跟行业发展的最新趋势，并思考其对当前的活动是否有影响或可用； 专业学科：分享知识和专业技能；参与培训和继续教育； 跨领域：向其他领域的专业人士传播活动管理的知识与方法	活动管理技术； 战略和商务管理技能（包括风险、财务、商业价值、成本效益等）； 领导技能（包括人际交往、批判性思考、领导者品质、风格及个性等）	过程层面（为实现活动目标而采取的一系列过程和活动）； 认知层面（活动管理的知识领域）； 背景层面（新技术、社交网络、虚拟团队等新的环境因素）

资料来源：美国项目管理协会（PMI）. 项目管理知识体系指南（PMBOK Guide）（第 6 版）. 2017.

从表 9-1 可知，活动项目经理的核心价值在于使活动目标与主办方或客户的战略目标一致，以及使项目管理团队中的每个人朝同一方向努力。PMI 的观点可以在相关实证研究中寻找到佐证。例如，巩建军（2011）提出了展览项目经理的胜任力模型，该模型将展览项目经理的胜任力要素概括为组织管理、营销公关、个人特质和创意策划 4 个维度，其中，组织管理主要包括战略管理、执行力、团队建设和危机管理（见图 9-2）。

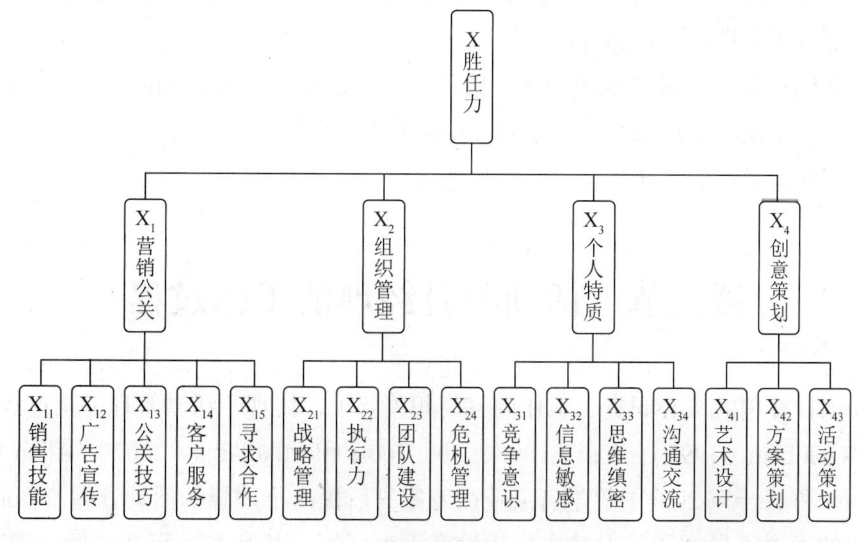

图 9-2　展览项目经理的胜任力要素

二、活动项目经理的工作内容

项目经理负责管理由项目管理所定义的功能。如果直接把项目管理的知识领域理解成项目经理的工作职责，根据《项目管理知识体系指南（PMBOK® Guide）》（第 6 版），活动项目经理的职责包括十个方面，即整合管理、范围管理、进度管理、成本管理、质量管理、资源管理、沟通管理、风险管理、采购管理和干系人管理。

基于实际工作中的需要，本书作者将活动项目经理的主要职责概括为 9 个方面：

（1）目标管理：确保活动目标的实现，保证客户（或组织）满意，这是活动项目经理的基本职责，也是检查和衡量项目经理管理水平高低的根本标志。

（2）工作分解：在完成工作分解结构（WBS）的基础上，制定项目阶段性目标和总体控制计划。

（3）团队管理：组织精干的项目管理团队，并根据工作分解结构，将量化后的任务合理分配给相应人员。

（4）工作进度：在工作分解、团队组建和进度计划制订的基础上，跟踪项目进度，协调项目组所有成员的工作。

（5）客户沟通：与客户保持良好的沟通，及时反馈阶段性的成果，并根据客户提出的合理需求对工作计划进行调整。在项目执行过程中，如遇需求变更，项目经理需要与客户真诚沟通，在无法判断新的需求对项目的影响程度的情况下，需同项目组成员商量，最后决定是否接收客户的需求，然后再跟客户协商。

（6）合同管理：以合同当事人的身份，运用法律手段，把活动的各利益相关方统一到项目目标和合同条款上来，履行合同义务，监督合同执行，处理合同变更。

（7）风险管理：根据相应的合同条款和既定的风险管理计划，对活动项目执行过程中可能出现的风险进行预防和处理。

（8）文档管理：监督产生活动各阶段的文档，以保证项目文档的完整性和规范性。活动完成时需要撰写项目总结，整理和保存所有项目文档。

（9）内部沟通：如实向上级反应相关情况。

第三节　活动项目经理的工作过程

活动项目经理的核心职责、工作内容与相关要求，体现于活动管理的全过程。Getz（1997）、Goldblatt（1997）、Watt（1998）、O’Toole 和 Mikolaitis（2002）、Allen（2002）以及 Shone 和 Parry（2004）等学者或业内专家先后提出了理想的活动管理流程或模型，尽管所用的术语不尽相同，但基本思想没有太大区别。其基本过程都包括：调查研究；明确目标及其可行性；策划和制订初步计划；组织和协调；项目实施；结束收尾工作；

活动回顾和评价（Tum et al.，2006）。

一、Watt 活动管理过程模型

1998 年，瓦特（Watt）提出了活动管理过程（The Event Planning Process）模型，如图 9-3 所示。该模型把一个完整的活动管理过程分为 7 个基本步骤，即概念、可行性研究、活动目标、执行要求、执行计划、监控评估与未来方案，这 7 个步骤构成了一个循环。特别值得一提的是，对活动管理的每个步骤，该模型都同时从内部资源与外部关系两个方面进行了描述。例如，他认为，活动目标一方面是由客户需求决定的，另一方面取决于活动组织者的发展计划。

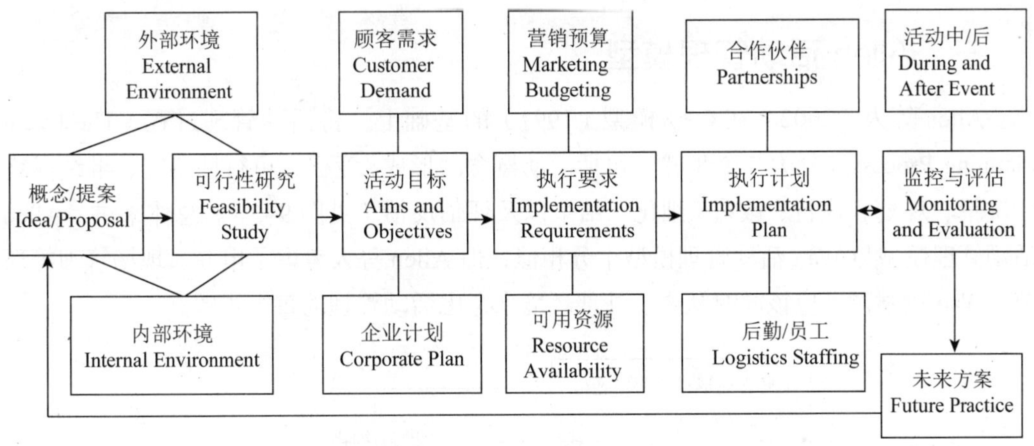

图 9-3　Watt 活动管理模型（1998）

资料来源：Watt D C.Event Management in Leisure & Tourism. New York：Addison Wesley Longman，1998.

二、Goldblatt 活动管理模型

2001 年，国际特殊活动学会（ISES）[①] 首任主席、被誉为“现代活动管理之父”的乔·戈德布莱特博士（Joe Goldblatt）就提出了著名的 Goldblatt 活动管理模型（The Goldblatt Event Management Process，见图 9-4）。从图 9-4 可以看出，戈德布莱特把研究与策划分开，并且把活动的前期筹备和现场管理放到了一起，统称为“协调”，这种概括存在一定的缺陷。

① 现已更名为“国际现场活动协会”（International Live Events Association），英文简称 ILEA

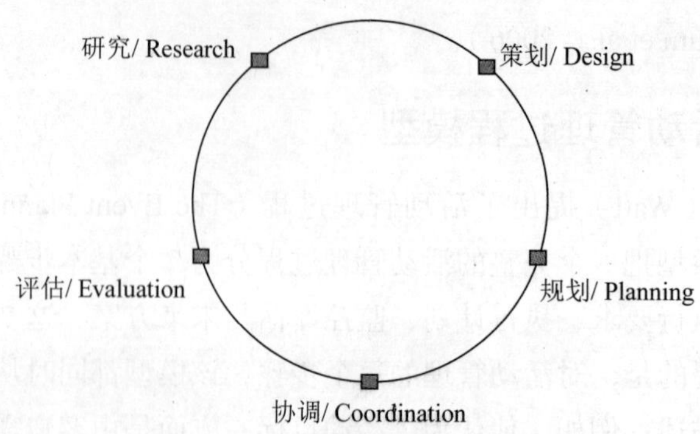

图 9–4　Goldblatt 活动管理模型

三、Allen 活动管理模型

Allen 等人（2002）在 Getz 模型（1997）的基础上，将活动管理过程（The Event Planning Process）分为 7 个步骤，包括活动概念的形成 / 竞标、可行性研究、继续或终止决策、规划和执行、改进 / 细化、结束以及评估反馈（见图 9–5）。总体来讲，Allen 活动管理模型与 Watt 活动管理模型十分相似，但 Allen 等人考虑了申办、现场管理等环节，Watt 则强调了应该同时从内、外部环境来考虑活动管理的每个步骤。

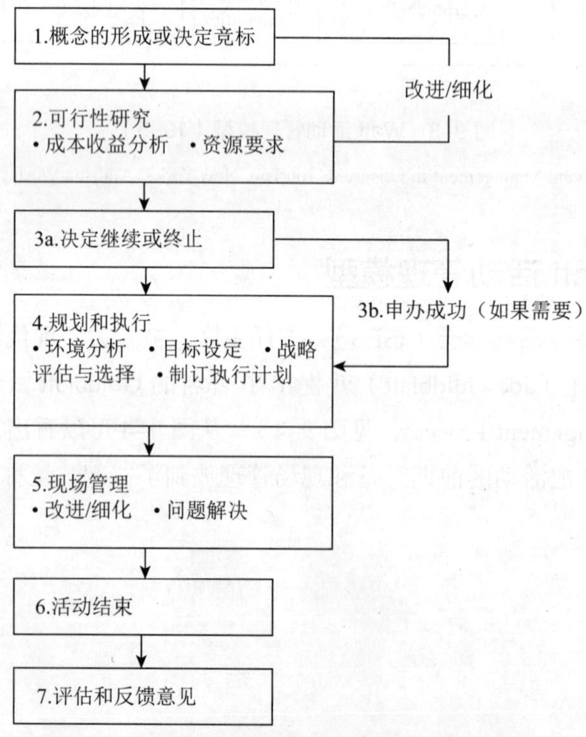

图 9–5　Allen 活动管理模型

四、活动项目经理的基本工作流程

不论是会议、展览会，还是婚庆、旅游节庆或者其他，每个一般意义上的会展项目都属于不同类型的活动；而且每个活动就是一个项目。以展览会为例，以戈德布莱特活动管理模型为基础，并结合展览会的特点，可以勾勒出展览项目管理的基本流程及主要内容，如表 9–2 所示。

表 9–2 活动管理模型对展览项目管理的指导作用

<table>
<tr><th>活动</th><th>基本划分</th><th colspan="3">事前（Pre–Event）</th><th>事中（Event）</th><th>事后（Post–Event）</th></tr>
<tr><td rowspan="3">展览项目</td><td>阶段</td><td>研究和策划</td><td>计划</td><td>筹备（包括营销）</td><td>现场管理</td><td>评价和事后工作</td></tr>
<tr><td>英文</td><td>Research & Design</td><td>Planning</td><td>Coordination</td><td>Operation</td><td>Evaluation</td></tr>
<tr><td>主要工作</td><td>概念构思；
详细可行性研究；
展会项目定位；
撰写立项策划书</td><td>工作分解结构；
场地规划；
资源计划；
进度计划；
人员组织计划；
现场管理计划；
……</td><td>数据库管理；
供应商选择与管理；
宣传推广；
招展；
专业观众组织；
邀请演讲嘉宾；
广告和赞助销售</td><td>场地布置；
现场管理与服务（开幕式，观众入场管理、闭幕式等）</td><td>数据库更新；
活动评估；
其他善后工作（感谢，总结，新闻报道，催款等）；
启动下一届展会的相关工作</td></tr>
<tr><td colspan="2">工具（举例）</td><td>调查表；
SWOT分析；
费用估算</td><td>WBS；
关键路径法；
干特图</td><td>网络图；
责任矩阵；
数据挖掘</td><td>风险管理</td><td>鱼骨图法</td></tr>
</table>

资料来源：Preuß，2007；王春雷，2006。

第四节 活动项目经理的成长历程

关于活动项目经理应具备的知识与能力，可以结合第八章中所介绍的代表性行业认证培训的要求来理解。以注册展览经理（CEM）培训为例，展览项目经理需要熟练掌握展览会管理的流程及领域以及每个领域对从业人员的相应要求。张凡（2015）将“展会项目经理的修炼”归纳为学习和掌握 9 种能力，即认知项目、利用公共资源、掌握关键业务、带领团队、与人沟通、处理危机、执行、学习、修德养性的能力。

一、成为活动项目经理的五个阶段

2016 年，第 7 期中国会展集训营的主题是“会展项目经理的修炼”，集训营的联合发起人、"张凡的会展洞察"订阅号创始人张凡（2016）提出，一名大学生或年轻人作为新人进入会展公司（主办方），如果以项目经理为职业发展目标，一般需要经历五个阶段[①]。虽然他讨论的是展览项目，但对一般意义上的活动项目经理也比较适用。

（一）学习岗位业务技能

一位新人在进入会展公司的某个项目团队后，一般会在销售、营销或运营三方面的业务中获得一个岗位。从岗位需求看，在销售部门工作较为普遍，其次是营销，而从事运营管理工作的会更少。但无论从事哪方面的业务，新人都需经历岗位业务技能的学习阶段。这种学习可以是实习或见习，其身份是实习生或见习生。

新人学习业务技能的时间长短，要依据岗位技能的难度而定。全面掌握销售技能，至少需要半年；掌握营销、运营技能，至少需要一年。

（二）顶岗操作业务

在熟练掌握岗位技能后，新人就进入了顶岗操作的阶段。在这个阶段，衡量新人能力的标准是业绩，且业绩指标与收入挂钩，指标考核趋于严格。新人顶岗操作业务大体有两种状态：一是，只需业务主管常规关注，就可完成业绩指标；二是，需要业务主管特别关注才能完成业绩指标，抑或不能完成指标。

经历这一阶段，新人已转型为员工。受业绩水平、个人秉性与趣向、团队构成与氛围等因素的影响，每个人在此阶段停留的时间已出现分化。少数人可以在一两年内步入下一个阶段，多数人则长期停留，成为老资格的销售代表、营销代表或运营代表。

（三）成为业务骨干

以展览公司为例，要在展览项目团队中成长为业务骨干，其标准大体如下：（1）营销岗位：可独立负责观众邀约、宣传推广、自媒体维护、会议等配套活动组织、广告和赞助销售等业务工作。（2）销售岗位：在项目销售收入中占有较大份额（中小型项目一般不少于 25%，大型项目不少于 15%），且业绩增长稳定。（3）运营岗位：可独立负责项目的场馆对接、展品物流安排、现场服务组织等业务工作。

（四）成为业务主管

活动项目团队的业务主管，已属管理岗位。以展览会为例，其职责大体包括：（1）营销业务主管（或营销经理），全面负责包括观众邀约、自媒体维护、会议等配套活动组织、广告和赞助销售、市场调研等在内的管理工作。（2）销售业务主管（或销售经理），全面负责项目销售业务的管理工作，重点从事渠道销售和指导大客户销售。（3）

---

① 资料来源：张凡. 成为项目经理的"五步走"［EB/OL］. 张凡的会展洞察，2016-12-03. 经许可，本书作者对原文进行了改编，在此，衷心感谢张凡老师的支持！

运营业务主管（或运营经理），全面负责项目的现场管理工作。

活动项目的业务主管来自业务骨干，但不是所有的业务骨干都能升职为业务主管。业务主管与业务骨干的区别在于：前者管人为主，后者做事为主。

（五）成为项目经理

项目经理是活动项目的主要管理者，也是项目业绩指标的总承担者。他（她）不仅要全面管理项目的营销、销售或运营等业务工作，而且要管理主办方内部的沟通、资源配置、与客户的沟通，还要参与对外关系的拓展、整合和维护工作。只有极少数的业务主管可以晋升为项目经理。

二、优秀活动项目经理的成长策略

如今的会展和活动产业日新月异且竞争激烈，因此努力在行业内占得先机、鞭策自己不断进步显得尤为重要。如何成长为一名优秀的活动项目经理？关于这个问题，2015年，活动经理博客（*Event Manager Blog*）曾经刊发过英国著名活动管理专家贝琪·克罗斯（Becki Cross）女士的一篇文章《十种途径帮你成为一名更优秀的活动经理》（*10 Ways to Be a Better Event Manager*），文中所提的建议十分中肯和实用①。

（一）相信熟能生巧

不断增加自己的工作经验是成为一名更优秀的会展和活动专业人士的最简单的办法。根据马尔科姆·格拉德威尔（Malcolm Gladwell）提出的“一万小时”定理，不管是从事什么领域，要想成为一个行业的专家，就必须在该领域内付出一万小时的有效时间。所以，不管是做志愿者、帮别人打工，还是自己开公司，只要是在活动领域内的，我们都应该多多参与和尝试。

活动从业人员应该抓住每一个磨炼技艺的机会，去参加各种类型、规模不同的活动，并在专业团队内多多轮岗。因为每一个活动项目都是不一样的，没有什么万用的办法可以一次性解决全部问题，所以要想自己做主时能马上反应出该用什么办法，就必须先去积累大量的实践经验。

（二）坚持广泛阅读

很多从业者忽视了一个问题，那便是会展和活动产业其实是学习型行业。如今市面上关于会展和活动的书籍很多，包括理论性的会展专业教科书、行业杂志以及电子书籍、博客等。我们应该有计划地留出一些时间专门来了解这些信息，这样才能把握最新的活动管理技术和潮流。广泛的阅读，还有利于活动管理人员开展跨界思考与合作。

---

① Cross B. 10 Ways to Be a Better Event Manager（EB/OL）. https://www.eventmanagerblog.com/better-event-manager，2015-09-03.

（三）时常自我反思

每一次亲自经手的活动结束后，活动项目经理都应该自我反思、分析客户反馈，然后与团队一起讨论改进下一步工作的办法。

面对褒扬可以小得意一下，但是那些负面的评价更值得关注和分析。作为项目经理，应该跟团队分享自己的所思所想，不管是经历的状况还是自己的收获都可以。就算是获得了成功也千万不能洋洋自得。记住：对于会展和活动项目，每一个小细节都可能会有大影响，而且改进的空间永远都存在。

（四）适当运用科技

各种潮流科技很炫酷，但是用起来要小心谨慎，对于投入产出比不理想的技术就该敬而远之。同时，作为管理者，会展和活动项目经理应该去了解相应的科技背后运作的原理，这样能更好地理解其应用的空间以及可能带来的价值。

（五）靠近意见领袖

现在的社交网络破除了很多交流障碍，因而是了解行业动态、紧跟业内“大佬”思想的好平台。这些“大佬”是能够改变我们的思路、挑战我们的思维的人物。通过在微博微信上的互动，加入领英上的群组，看优酷上“大佬”侃侃而谈的视频……，活动项目经理可以经常获得新鲜的观点，并激发自己的灵感。

另外，行业内的专业活动也要有选择地参加，因为在那里能更快捷地知道会展和活动行业的大佬们脑子里正在想什么。与此同时，我们也会被这个行业的律动和创新所鼓舞。

（六）时刻关注办法

为客户提出的各种稀奇古怪的要求找到解决方案，是活动管理专家的使命。当我们能够从过往的经验中得知客户的想法可能会出问题时，我们自然会好好解释不推荐这种做法的原因，此时，我们更应该做的是尽力寻找能够传达客户理念和愿景的办法。更重要的是，这种办法相比较客户之前的想法更加切实可行。

（七）向竞争者学习

作为会展和活动项目经理，经常去看别人的项目而不是简单地批判是很难的，特别是在与竞争对手的思路不同时，自己心里往往会暗笑“你们干吗要这样！”或者“我才不会像你们这样弄呢！”。

正确的做法是看自己的同行们是怎样化抽象为具象的，并细细思考他们每一个决定背后的考量；去看看别人做得好的地方，享受作为观众或听众参加其他活动的过程，而不是永远默默无闻在背后闭门造车。

（八）讨论改进策略

活动项目经理应该定期把团队成员召集起来进行头脑风暴，一起来想想如下的问题：一个理想的活动应该是什么样的？假如时间、资金、资源都没有问题，我们该补充些什么？我们可以如何进一步提高用户的体验？我们该怎样跨过这道坎儿？为什么我们老是用那个思路，有更好的办法吗？……

在规划活动蓝图的时候，项目经理应该从每一个参加者的角度来考量，想想他们各不相同的需求。这里的参加者包括但不局限于参会代表、演讲嘉宾、参展商、贵宾、媒体人员、残疾人等。

（九）注意充分休息

要让自己到达最佳状态，就必须有充足的休息时间。只工作不玩耍是不行的，睡眠是非常重要的，这对每一个活动从业人员都适用。活动项目经理应该有规律地从工作中抽身，去到可以放松身心的地方。这样一张一弛之下，才能在工作中有百分百的精力和积极性。

达尼·史蒂文斯（Dani Stevens）在“活动策划人生活方式文库”（*The Event Planner Lifestyle Boost*）上发表的《如何在策划成功的活动时做到休息工作两不误》（*Take Care of Yourself While Planning Successful Events*）也许能给我们一些启发。

（十）热爱活动行业

成为优秀活动项目经理的最佳办法就是对活动产业充满激情。活动策划与组织是压力最大的十类工作之一，并且不可以敷衍了事、半途而废。

假如我们不热爱活动行业，可以早点找一个不像活动这样会占用那么多时间、精力并且容易让血压升高的稍微平和一些的工作。当一位活动项目经理真的爱自己所做的工作时，一点点小满足都能支撑他（她）走很长时间。

【本章小结】

项目经理存在的价值就是确保正确地做事（Do the Things Right），换句话说，项目经理要做的就是对活动项目进行计划、协调、控制和执行。

本章借鉴《项目管理知识体系指南（PMBOK® Guide）》（第6版）中关于项目经理角色的解释，提出“活动项目经理的核心价值在于使活动目标与主办方或客户的战略目标一致以及使项目管理团队中的每个人朝同一方向努力”，进而介绍了活动项目经理的主要职责。在此基础上，比较分析了不同活动管理模型的优、缺点，并提出了活动项目经理的一般工作流程。最后围绕活动项目经理自身的发展，从成长阶段和维度（修炼）两个方面提出了相应建议。

【复习题】

1. 如何理解活动项目经理的价值与使命？

2. 请结合自己在某次活动中的工作内容，分析活动项目经理的主要职责。

3. 对照《项目管理知识体系指南（PMBOK® Guide）》（第6版）中的知识领域，对活动项目经理的主要工作内容进行分析。

4. 请对展览项目经理的胜任力要素（巩建军，2011）进行评价。

5. 请比较分析本章中介绍的几种常见的活动管理模型。

6. 请对照英国著名活动管理专家贝琪·克罗斯（Becki Cross）提出的成为一名优秀的活动项目经理的十种途径，对自己目前存在的不足进行分析。

【案例分析】

今天是个大日子

太阳跃出地平线，万缕蓝色和粉红色的光芒射向大海，也洒在度假村酒店里精心修剪的高尔夫球场上。伴着海浪的翻腾和海鸥的鸣叫，人们可以听到晨曦中度假村的各种声音：车门被关上的砰砰声，问候和告别之声，瓷器和银器碰撞之声，以及满载物品的推车车轮发出的吱吱声。此时，大部分客人还在睡梦中，而许多酒店员工已经开始工作了，其中有一人正在指挥各车辆将物品运送到指定区域。

今天是个重要的日子。国际混汞法专业人士协会（AAP）将在此举办第35届年会，并于当晚举行盛大的开幕招待会。为此将有1900名与会者和几百名供应商抵达该度假村。为了避免传达使用奢华炫目会场的形象，经过双方协商，酒店特意将名称中的“度假村（Resort）”遮挡起来。

酒店的会议服务经理（Convention Services Manager，CSM）托德·克里夫（Todd Cliver）刚和承接本次年会的服务团队开了最后一次筹备会。自打从销售与营销部那里接过这个项目开始，托德已经为此不知疲倦地奋战了近9个月，并就会议的各类计划和需要等问题，随时与客户代表、AAP的高级会议经理芭芭拉·泰恩（Barbara Tain）沟通。托德与芭芭拉之间的电子邮件、电话、视频会议和面对面会谈已数以千计，今天终于到了收获的时刻。过去9个月，托德和酒店的各个部门协同作战；芭芭拉则与AAP的相关工作人员、志愿者们以及供应商紧密沟通，同时负责管理年会支持团队。

AAP年会是该酒店自开业以来承接的最大会议。自芭芭拉于两天前抵达开始，作为主导签下该项目的部门负责人，酒店销售与营销部经理唐娜·米勒（Donna Miller）一直在一丝不苟地落实客户提出的最后要求和各种变更。

酒店的前厅部经理大卫·斯特恩（David Stern）再次核对最新的房间预订情况以及

客人们预计抵达的时间及人数。今天一整天，他要与团队成员一起，确保在前台有足够的人手来完成入住办理手续，并安排好行李员处理蜂拥而至的行李和高尔夫球杆，同时还要安排好门童、代客泊车、礼宾和客房服务等人员。

餐饮部总监大卫·芬纳（David Fenner）报告了最新情况，并对厨房和宴会厅的准备工作做了评价。在接下来的三天，他们要提供相当于12000份的膳食以及大量的果汁、牛奶、咖啡、茶、苏打水和酒精饮料。另外，酒店的餐厅和咖啡吧要准备比平时更多的食物和酒水供应，在储备和人员方面也要做好相应安排。

酒店其他部门的工作人员都要向从销售与营销部经理以及会议服务经理（CSM）汇报，包括休闲（高尔夫、网球、健身俱乐部和游泳池），维修，安保和会计，甚至是鹦鹉饲养员也要纳入其中。用鹦鹉来迎宾是该酒店的一个特色，这样工作人员就必须确保鹦鹉的健康以及表现完美。

总之，AAP的这次年会（Convention）已经影响到了酒店运营管理的方方面面。在一切准备就绪后，托德前往会场，他要和芭芭拉召开最后的会前筹备会（Preconference Meeting）。

与此同时，在另一个角落，简·莱弗（Jane Lever）正走进费城国际机场的B候机楼，她手里紧握着登机牌、电子客票行程单（注：享受了特别的会议折扣价）以及身份证明。她刚办理了行李托运手续，并确保用的是经美国运输安全管理局（TSA）认证的锁，以备可能的安全检查。她在机器上查询了自己的航班信息，在今天的行程中，她将在两个机场转机，其中，在第一个航班上会吃点小食，在第二个机场转机时再以巧克力棒充饥，同时还要打许多电话，买一份报纸或杂志，最后乘坐出租车抵达酒店。在全国各地，还有1899位混乘法领域的专业人士像简一样，为了相同的目标奔赴同一个地方——这次会议（Meeting）。

此刻，在酒店所在城市——目的地（Destination），云雀（Skylark）目的地管理公司（DMC）总经理凯西·塞克斯（Kathy Sykes）已经坐在办公室，她正在核查所有VIP的地面交通接待、场外活动、主题招待会及娱乐节目等方面的最后安排。凯西已经从来自将出席今晚招待晚会的大牌摇滚明星的经纪人那里接到了两项要求：这位明星只用钢化玻璃喝鲜榨橙汁，在洗浴按摩后只用海军蓝颜色的毛巾。毋庸置疑，凯西将妥善处理好这些要求，她不希望在今晚的招待会之前出现任何问题。

另外，根据天气预报，明天下午会有雷暴雨，为此她正在思考高尔夫比赛的各种替代方案。她知道虽然高尔夫选手们可以在雨中打球，但雷暴雨可能会造成安全事故。

在酒店现场，一家视听设备公司的高级技术工程师杰克·阿杜罗思凯（Jack Ardulosky）正在进行最后的检查，以确保卫星信号完整、画面清晰、音质良好。因为届时会有三家国际性的无线电广播和网络广播进行直播，他必须保证万无一失。当看到花卉供应商卸下新鲜的花卉时，他意识到叶子和花瓣可能会像会议室的柱子一样影响信号。由于周围都是正在为展台卸货的卡车和货车，他环顾四周，看是否可以找到停放信号车的地方。杰克注意到周边环境的气温还在上升，而且接着的一天会很炎热，他必须要找到一个阴凉的地方，尽管为此他需要走很远的路。

虽然眼神中已透露出些许疲惫，但芭芭拉仍全神贯注。她已经在现场待了两天，不断地检查各个细节使得她睡不好一个安稳觉。她不停地奔走于注册处、信息中心和有wifi的咖啡区，以确保会场布置妥当，并能满足会议的创造教育机会等目标。此时，她正在去和克里夫及芬纳开会的路上。芭芭拉只是在与协会负责人和委员会关键成员的会谈中，简单吃了几口早餐，然而，尽管这样，她还是因为与协会员工和志愿者讨论最后的细节而迟到了。

只是扫了一下四周，她再次开始浏览长长的检查清单：演讲者和培训师的抵达情况及要求，宴会编排表（BEOs），交通安排，胸卡，工作人员，餐桌中间设计与运送，电话和数据线，电脑和打印机，Wi-Fi带宽，展台布置，VIP接待流程，明天的天气状况，特殊入住手续流程，视听设备，开幕式彩排的时间和需要，幻灯片文件，分发材料，对残障与会者和食物过敏者的安排，以及VIP设施等。对这些细节，她都需要了然于胸。

除了这些，芭芭拉的脑海里还浮现出更多事情，但她现在最关心的是——“在接着的三天里，可能会出现什么突发事故？天气？与会者推迟抵达？延迟离开？与会者、供应商或演讲者生病，甚至更为糟糕的，突然死亡？地震之类的自然灾害？我准备得如何了？酒店、供应商以及其他场地服务商做好迅速、有效反馈的准备了吗？”事实上，对与会者而言，不管计划多么周全，有些事情都未必尽如人意。当预测和应对危机时，会议策划人和会议服务经理（CSM）显得尤为重要。

开幕式的一切准备工作就绪，如箭在弦。

资料来源：（美）乔治·芬尼奇，王春雷译．会展业导论［M］．重庆：重庆大学出版社，2018.

思考题：作为AAP年会的项目经理，芭芭拉·泰恩（Barbara Tain）需要协调哪些部门和人员的工作？

【推荐阅读】

张凡：看（展览）项目经理的8个维度

如何做一个有价值的项目经理？

第十章

活动管理知识体系与活动学学科体系

【学习目标】

了解会展和活动产业发展以及活动学作为一门学科所面临的发展机遇和挑战

掌握基于泛系理论的活动学研究体系以及 Getz 关于活动研究的本体构建的论述

熟悉扩展后的活动管理知识体系（EMBOK）的具体内容及其在会展教育和职业培训中的应用

【关键术语】

扩展后的活动管理知识体系（Extended EMBOK）；活动学（Eventology）；会展业理事会（Convention Industry Council）；活动产业理事会（Event Industry Council）；伪活动（Pseudo-event）

受第二次世界大战后各国经济迅速复苏、国际政治局势渐趋稳定等诸多因素影响，特别是随着人们闲暇时间和可自由支配收入的增加，20 世纪后半叶，各类节庆与特殊活动（FSE）在全球广泛兴起（Allen，2011）。特别是在 20 世纪 80 年代，各国政府开始意识到活动具有对当地经济及社会福利特别是旅游业发展产生积极影响的巨大潜力后，这种趋势更加明显（Jago & Shaw，1998）。与之相对应，在 20 世纪后期，节事活动以及活动产业开始引起学术界的关注，而且各类研究成果不断涌现（Getz，2009）。随着活动产业的价值在全球范围内被日益认识和关注，相关的理论研究得到蓬勃的发展，从而衍生出对“活动研究”作为一门学科的可行性、必要性和发展方向的探讨。

第一节　扩展后的活动管理知识体系

1974 年，德雷索与马瑟对美国高等教育进行了总结，认为学科被大众接受的标准体现在其最少能拥有一个被恰当实施逻辑分类的知识总体，从而能让学者们对于知识的分界有个清晰的认识（赵炬明，2014）。在 Kuhn（1962）提出的定义一门学科的 5 个基本标准中，也包括“有公认的需要团队成员去构建的知识体系”。2013 年 11 月，《旅游管理类（本科）会展经济与管理专业教学质量国家标准》专家咨询会在上海师范大学举行，与会代表们一致认为，除了公共政策、产业经济和企业管理等领域，在项目管理层次上，可以按照国际上流行的“活动管理”（Event Management）来理解“会展经济与管理”（国内会展本科专业的名称为“会展经济与管理”）的范畴，这样有利于会展经济与管理专业从主干学科上找到支撑和借鉴。

正如本书第一章所述，EMBOK 和 MBECS 都侧重于项目管理，不能涵盖一名活动管理专家应该具备的核心知识的全部内涵。根据相关学科的知识关联及会展和活动经营管理的内在逻辑，活动管理知识体系至少主要包括经济学和管理学基础知识、活动管理专业基础知识、活动项目管理知识以及支撑性专业知识。

因此，可以按照活动项目管理不同阶段所涉及的主要理论和知识点对 EMBOK 进行适当的修正（王春雷，2013）。以此为基础，本书提出了一个扩展后的活动管理知识体系新框架（见图 10–1）。

在图 10–1 中，活动管理知识体系超越了管理学范畴，包括经济管理基础知识、会展经济与管理/活动管理专业基础知识、活动项目管理知识以及支撑性专业知识，其中，经济管理基础知识对应《经济学原理》《管理学原理》等学科基础课程，会展经济与管理/活动管理专业基础知识对应《会展学概论》《会展产业导论》《活动管理原理与实务》等专业平台课程，活动项目管理知识对应《策划学》等专业模块课程和不同类型的活动课程，支撑性专业知识对应《餐饮服务与管理》《场馆经营与管理》《场景设计与布置》等辅助知识课程。一个合格的活动项目经理需要掌握和了解上述所有知识，特别是要熟练掌握活动项目管理各阶段的关键知识。

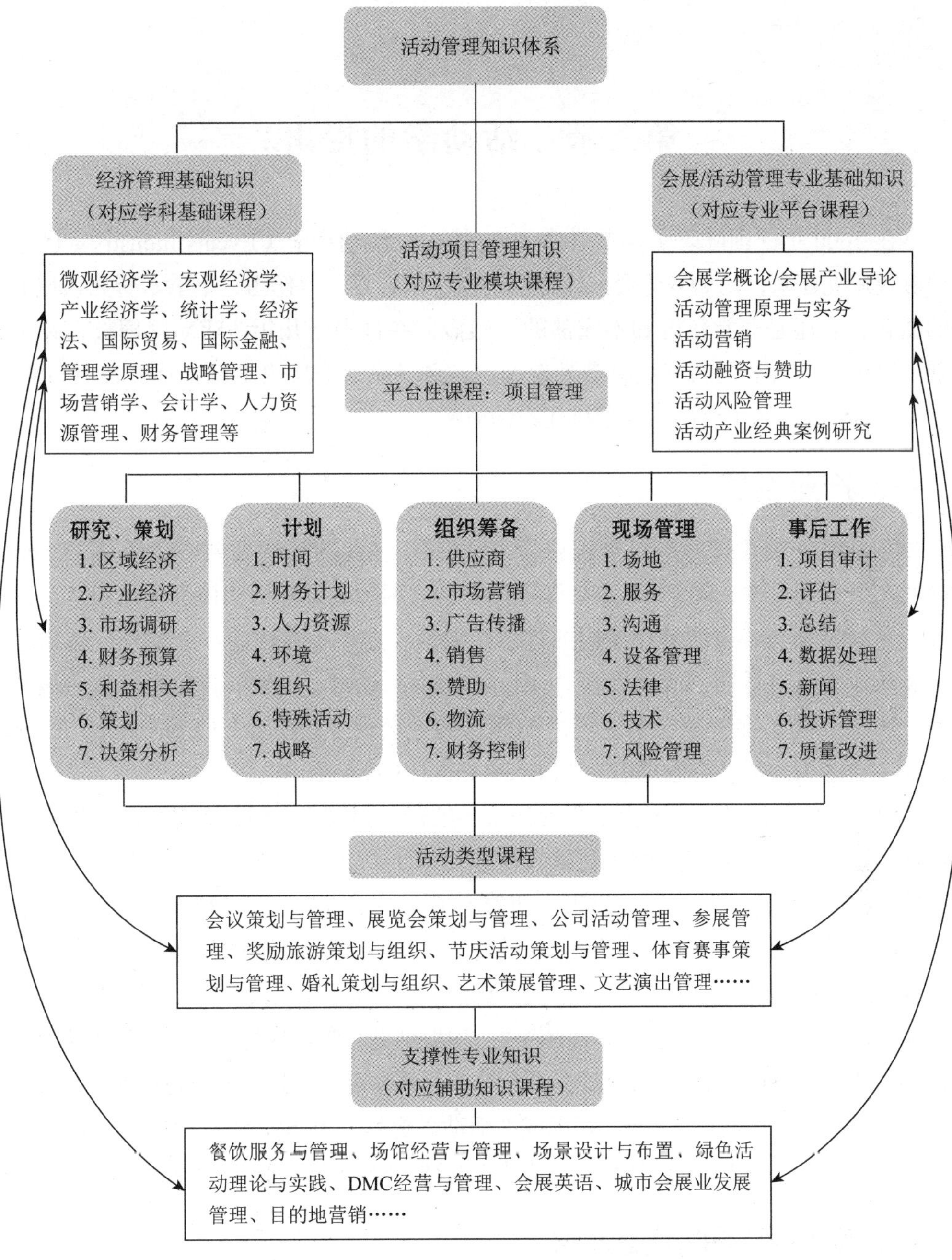

图 10-1　一个扩展后的活动管理知识体系

注：该知识体系没有讨论价值观、项目过程等维度

第二节　活动学的提出

早在2000年，国际著名会展学者Getz提出，活动产业（Events Industry）已经以多种形式建立起来，比如展览会、体育营销或音乐会等，但作为一个学术研究领域或研究的话题，它还是非常新鲜和不成熟的。然而，在过去十几年，活动管理教育在全球特别是以中国为代表的新兴国家蓬勃发展，各种学术研究层出不穷（Mair & Whitford，2013），似乎已经到了讨论活动学科建设的时候。

一、产业发展

2006年初，美国国际展览管理协会（IAEM）在新的战略规划中将活动（Events）明确列入组织使命中，同年12月又将协会更名为国际展览和活动协会（IAEE），这标志着贸易展览会与各类活动在美国的进一步融合。这似乎在传递一个信号，越来越多的会展从业人员将认同"活动管理"（Event Management）作为一门独立科学的地位和影响。2017年初，在美国会展业界影响深远的"会展业理事会"（Convention Industry Council）更名为"活动产业理事会"（Event Industry Council）。

然而，目前我国学术界和企业界提法最多的仍是会展业，而且大多数城市更加看重展览业，这样会展业的产业内涵就被人为地变窄了，会议、节庆、公司活动、体育赛事等活动领域的潜力还远未开发出来。随着中国会展业的长足发展和会展教育的日益成熟，国内会展产业和教育正在发生相应的转变，以迎接活动时代的到来。

本书第七章已经讨论了活动管理与会展经济与管理的联系及区别。在这里，本节不再分析究竟是采用会展学还是活动学的提法，对此话题，学术界尚未形成统一的认识，但其英文都对应"eventology"。而无论从学科知识体系角度，还是从社会特别是产业需要以及学生的终身发展角度，"Event"翻译成"活动"更好。当然，活动学所讨论的"活动"是指有特定目标、经过精心设计和组织的特殊活动（Special Events或Planned Events）。

二、活动研究的历史演进

可以按照不同的维度将管理科学的发展划分为相应阶段，其中，最常见的方法是按时间顺序。下文将主要遵循经典性原则和文献树原则，对国际活动研究的发展历史做一个大致的回顾与概括。

（一）形成和起步阶段：20世纪60—80年代

1961年，美国历史学家Daniel J. Boorstin出版了《形象：美国"伪活动"导论》

（*The Image: A Guide to Pseudo-Events in America*）一书，尽管本书的视角是社会文化，但这是迄今为止可知的西方关于活动研究的最早著作，许多机构和个人对其给予了很高的评价。在该书中，Boorstin 阐述了新闻发布会、总统选举辩论等“伪活动”（Pseudo-event）的意义，同时从传媒、文化、旅游等角度表述了它们在美国社会中起到的作用。

根据 Carlsen 等人（2001）的观点，大型活动方面最早的研究成果是 Burns 等学者于 1986 年开展的有关首届澳大利亚格兰披治大赛（Australian Grand Prix）影响的研究。其实，早在 1936 年，Fortes 就研究了澳大利亚黄金海岸腹地的节庆仪式与社会凝聚力之间的关系。早期的一些学者和机构主要围绕标志性活动对旅游业的影响、活动的经济影响、节庆管理等主题开展了相关研究。例如，1974 年第 2 期的《旅游研究杂志》（*Journal of Travel Research*）刊登了 Ritchie 和 Beliveau 的文章，他们以加拿大魁北克地区的冬季嘉年华（The Quebec Winter Carnaval）为例，通过深入分析该节庆活动的横截面数据以及 20 年的演变过程，研究了标志性活动（Hallmark Events）在应对旅游市场季节性中的战略地位。1983，Gartner 和 Holecek 以 1980 年的大密歇根地区船艇与垂钓展览会（Greater Michigan Boat and Fishing Show）为例，研究了一个年度博览会的经济影响。

20 世纪 60—80 年代，休闲、旅游与娱乐等方面的学术研究与产业实践如火如荼，但活动研究并未被作为其中的一个独立研究领域（Page & Connell，2012），这期间虽然有少数学者从人类学、社会学等角度开展了相关研究，但大多数早期成果都是对单个节庆与特殊活动的经济影响评估（Getz & Page，2015）。在 20 世纪 80 年代，澳大利亚新英格兰大学的 Hall 教授指出了当时学术界在活动研究上存在的不足，即现有成果大多关注经济领域，而对于同样重要的社会和设施影响则关注较少（王春雷，2007）。

（二）迅速发展阶段：20 世纪 90 年代

对活动管理研究而言，1990 年是非常关键的一年，Goldblatt 的代表作《特殊活动：庆典的艺术与科学》（*Special Events: The Art and Science of Celebration*）在这一年出版，接着 Getz（1991）的《节庆、特殊活动与旅游》（*Festivals, Special Events and Tourism*）和 Hall（1992）的《标志性旅游节事活动：影响、管理与策划》（*Hallmark Tourist Events: Impacts, Management and Planning*）先后出版，对活动研究起到了较明显的指引作用（Getz & Page，2015）。进入 20 世纪 90 年代后，各国日渐重视在重大活动（Mega-events）以及标志性活动（Hallmark Events）上的投入，申办重大活动时的竞争日益加剧（王春雷，2008）。对于申办国家和地区来说，准备一份合适的经济影响陈述报告有利于在申办过程中发挥不可忽视的促进作用，该现实需求加快了活动经济影响研究的发展。

总体而言，20 世纪 90 年代，相关活动研究成果明显侧重于节庆与特殊活动（FSE）的经济影响与评估、市场营销策略、赞助、管理以及趋势预测等方面，而对活动的社会、文化及心理学等人文维度关注很少（Formica，1998；Baum 等，2009；Getz，2010）。同样，在这一时期，有关活动的政治环境、居民态度、社区参与及生态环境影响等方面的研究也相对很少（May，1995；Fredline &Faulkner，1998；Mihalik & Simonetta，1998）。以澳大利亚为例，尽管在 20 世纪后期和 21 世纪初活动研究在全国范围内取得了长足的发展，但利用活动促进经济增长无疑是活动研究和活动管理发展的核心驱动力，有关活动经济效益的应用研究占据了活动管理研究的中心（Wood 等，2005）。

国内学者戴光全（2005）对 1994 年至 2002 年期间《活动管理》（*Event Management*，其前身是 *Festival Management & Event Tourism*）上所刊论文的关键词做了分类统计，共划定了 17 个类别，关键词总数达 259 个，其中，活动影响研究的比重为 11.6%，仅次于对活动吸引物的研究之后（注：戴光全将“Event”翻译为事件）。

在对 1990 年起 11 年中的相关研究文献进行综合分析后，Hede 等人（2002）指出了该阶段活动研究关注的主要话题，包括：（1）体育活动的经济影响评估；（2）活动的社会影响评估以及借助三重底线法则（Tripple Bottom Line）在经济、社会和环境三个角度开展的综合效益研究；（3）特殊活动的风险管理；（4）活动的运行管理。

还有一点值得指出，20 世纪 90 年代早期，在全球范围内，几乎都没有以活动管理甚至节事旅游为特色的课程或学位项目；90 年代中后期，活动管理的学术建制化开始起步。例如，在美国乔治・华盛顿大学（GWU）率先开展了活动管理教育，来自该校的 Hawkins& Goldblatt（1995）专门研究了活动管理教育必要性及其与旅游教育的关系。正是因为有活动管理方面的学位项目被细分出来，并采用相关学科的基础理论和方法为活动方面的课程提供支持，休闲、旅游和酒店等学科为活动教育与研究的发展提供了相当一部分基础（Getz & Page，2015）。

（三）面向新机遇的阶段：2000—2006 年

进入新千年，全球范围内组织了无数的活动来庆祝，这无疑加快了活动产业的爆发式增长。主要的推动要素还有重大活动中的全球媒体策略、公司活动的蓬勃发展、活动和活动旅游被广泛认为是现代生活方式的重要构成部分并成为许多学科及研究领域的话题等。2000 年 7 月，由悉尼科技大学澳大利亚活动管理中心（Australian Centre for Event Management）主办、主题为“2000 年以后的活动研究：议程的设定”（Events Beyond 2000：Setting the Agenda）的国际会议在悉尼举办，国际著名特殊活动与节事旅游学者 Getz 教授（2000，P. 9）在会上就此做出了如下评论：“活动产业（Events Industry）的存在形式五花八门，包括展览会、体育活动营销、音乐会等，然而，从学术研究角度来看，这个领域还不成熟”。

戴光全在 2005 年的著作中指出，从 1999 年 2 月至 2006 年 10 月，在国际著名旅游学术期刊《旅游研究杂志》（*Journal of Travel Research*）上发表的与活动相关的论文达到了220篇，其中，有10篇文献在标题中就有“event”。Mair（2012）通过梳理2000—2009年的144篇研究商务活动的论文发现（注：大部分发表在《会展与节事旅游研究》/JCET上），要想对该领域的研究进行充分统计仍然是十分困难的；这一领域的主要研究话题包括会议策划者行为、经济影响评估、技术、场地选择、满意度评价、目的地形象对活动参加者的影响以及观众的决策过程等。

（四）进入系统化研究阶段：2007年至今

尽管很难对进入21世纪以来国际活动研究的发展脉络进行清晰的划分，但仍旧可以找到一些标志性的成果或事件。2007年，Getz的代表作之一《活动研究：关于特殊活动的原理、研究与政策》（*Event Studies: Theory, Research and Policy for Planned Events*）出版，该书以编年的方式对活动研究这一新兴的学科作了系统的梳理，但还存在一些明显的不足：出于其教育的功能，有些章节读起来显得孤立，容易让人误解为是会议论文集；虽然有学习目标和复习题等教科书的元素，但缺少有解释力的案例研究和花絮来检验学习的效果（Madichie，2009）。

2000年后特别是2010年前后，有关活动管理的一般原理或特定主题的著作特别是教科书的大量涌现有力推动了活动与节事旅游方面的研究。例如，由Routledge公司出版的活动指南（*Routledge Handbook of Events*）提供了一份活动管理的纲要。总体而言，活动研究正在向更广阔意义上的社会和环境影响、遗产管理、奖励旅游及活动体验等方向拓展（Mair，2012；Getz & Page，2015）。

另外，在21世纪第一个十年，活动教育项目在全球范围内取得了长足的发展。在提升活动管理研究的学术地位方面，英国的投入力度值得肯定。2008年，由国际活动管理教育协会（The Association of Event Management Education）等机构倡导，英国国家质量认证署（The National Quality Assurance Agency，QAA）在对接待、休闲、体育和旅游类本科专业标杆的阐述里，历史性地把活动管理（Event Management）单列。在我国，2004年1月，国家教育部正式批复上海师范大学和上海对外贸易学院（现已更名为“上海对外经贸大学”）开设会展经济与管理本科专业，同年9月上述两所院校开始招生。2012年末，教育部颁布了新的《普通高等学校本科专业目录》，把“会展经济与管理专业”纳进旅游管理的范畴。仅2013年5月，教育部就新批准了18所院校设立会展经济与管理专业。截至2018年5月，国内有116所院校开设了会展经济与管理本科专业，另外有260多所高校设立了会展策划与管理专科专业。

在研究生教育层次，至2014年底，四川大学、北京第二外国语学院、上海对外经贸大学三所高校陆续开设了会展与节事管理、会展管理以及会展经济与管理二级学科目录外专业硕士点，同时还有23所高校在旅游管理、新闻传播学等专业下开设了会展方向（杨琪，2014）；2011年，华南理工大学拥有了节事旅游与会展管理博士点，开了全国之先河，并于第二年正式招生。此外，中山大学、上海大学等高校亦在旅游管理、新闻传播等博士研究生专业中设立了会展方向（王春雷，王晶，2013）。

三、活动研究作为一门科学

Goldblatt（2008）提出，“活动学”（Eventology）的研究对象是特殊活动，其宗旨是借助不同类型的庆典活动，创造更多正面的社会影响。2012 年，Getz 深入讨论了活动研究的本体构建问题，并提出可以人类学、社会学等 12 个基础性学科和休闲、旅游等 15 个紧密相关的研究领域作为支撑。

关于会展学的学科属性，2005 年，俞华和朱立文出版了《会展学原理》，该书通过信息经济学以及博弈论来解构会展经济现象，通过“场”的情报学前沿理论以及信息学、传播学理论对会展现象展开研究，并初步构架了十几个会展学分支学科，被誉为国内首部将会展学作为独立新学科来研究的学术专著。马楠和马新宇（2007）认为，各种会展的理论体系和操作流程涉及自然科学、社会科学和技术科学的一些领域，因而会展是一门典型的多学科、多专业交叉的新兴学科。许传宏（2010）认为会展学是在吸收社会学、经济学、艺术学、管理学、文化学及传播学等成果基础上形成的新兴人文学科，具有交叉性、应用性、人文性和互动性等特点。

王春雷、杨婕和 Larry Yu（2015）基于对相关文献和学科评判标准的研究，对会展经济与管理成为一门学科的合理性进行了辨析，提出会展学是一门新兴的交叉学科，但目前尚处于“前科学”阶段。进而构建了一个更加符合中国会展产业发展实际和会展学科发展基础条件的会展经济与管理知识体系，在此基础上，参照泛系理论中的大系统、系统和子系统三层次功能结构，设计了一个比较有解释力的会展学学科体系分析框架。从内涵上看，他们当时所提的“会展学”就是 Goldblatt 所指的“活动学”（Eventology）。

参照 Kuhn（1962）提出的学科基本标准和学科范式理论，目前，活动研究已经达到了传统学科的标准，但作为学科显然还没有达到范式阶段，而是处于前科学（Pre-science）阶段。处于这一发展水平的学科可以有自己的研究领域，但由于没有学术范式的保卫，结果是形成一个专业和业余混淆的状态。

以学术期刊为例，截至 2017 年年底，活动研究领域已经有 5 份专门的国际期刊，即《活动管理》（EM，创刊之初名为 *Festival Management and Event Tourism*，2000 年更名）、《活动与节庆管理研究》（IJEFM）、《旅游、休闲与活动政策研究》（JPRTLE）、《会展与节事旅游研究》（JCET）和《国际活动管理研究》（IJEMR），但各有侧重。例如，EM 覆盖活动管理的方方面面，如特殊活动与目的地管理、活动对举办地的影响、活动运营管理、节事旅游等；JCET 主要定位于活动管理与节事旅游；IJEFM 虽然不侧重于旅游，但所刊载的许多论文都与旅游有关，如表 10–1 所示。

表 10-1 活动领域的主要学术期刊及其定位

期刊名称	刊物定位	备注
《活动管理》（*Event Management*）	会议、节事活动、运动和博览会等活动形式的管理问题研究	季刊
《国际活动与节庆管理研究》（*International Journal of Event and Festival Management*）	全球活动管理视角下的市场营销、风险管理、财务管理、人力资源管理和志愿者、赞助等问题研究	3期/年
《旅游、休闲与活动政策研究》（*Journal of Policy Research in Tourism, Leisure and Events*）	旅游、休闲和特殊活动的政策讨论和实践操作问题	3期/年
《会展与节事旅游研究》（*Journal of Convention & Event Tourism*）	会议、展览、节事旅游等不同活动形式的管理、运营、发展趋势、教育和创新问题研究	季刊
《国际活动管理研究》（*International Journal of Event Management Research*）	活动管理范畴的理论研究和实践问题	半年刊，是免费的在线刊物

资料来源：相关学术期刊的官方网站 .

从整体上看，目前，活动领域的几份学术期刊都是管理导向的，其直接表现是都有“管理”（Management）的后缀。为此，Baum 等学者（2013）提出了一个很有意思的问题——类似于旅游领域的《旅游研究纪事》（*Annals of Tourism Research*）和休闲领域的《休闲科学》（*Leisure Sciences*），《活动研究》（*Event Studies*）或《活动科学》（*Event Sciences*）是否会出现？如果会，可能在什么时候？

未来一段时期，活动研究可能会迅速由前科学向常规科学转变，并在常规科学与科学革命这两种状态的交替中不断发展，并形成新的范式。在这一过程中，来自不同专业背景的活动研究者将突破原来相对狭小的视角，横跨不同学科、机构、文化等领域来拓宽研究范围，从而使得活动研究成为一门理论不断得到完善、内容不断得到丰富的新兴交叉性科学。然而，活动研究实现由前科学向常规科学转变的分界在哪里、标志是什么，值得进一步研究（王春雷等，2015）。

第三节　活动学学科体系的构建

著名学者 Donald Getz（唐纳德 · 盖茨）在构建活动研究的概念体系上作出了奠基性的贡献（Baum 等，2013），2007 年，他将“活动研究”视作活动教育金字塔的顶端，底端是更具有应用性的“活动设计”（Event Design）和“活动运作”（Event Production），中间是“活动管理”（Event Management）。

2012 年，Getz 深入讨论了活动研究的本体构建问题，并提出了可以作为支撑的 12 个基础性学科（人类学、社会学、哲学、宗教、心理学、经济学、管理学、政治学、法学、历史学、人文地理学与未来学）以及 15 个紧密相关的研究领域（休闲、旅游、酒店、教育、传播 / 传媒与表演、艺术与文化管理、文化、体育、场馆 / 俱乐部与集会、剧院、健康、城市与社区、贫困、土著 / 少数民族与跨文化，以及旅游者研究）。这种多学科、多领域支撑的知识架构使得活动研究向更富有社会科学特点的领域演进。

2015 年，在 Getz 和 Page 所构建的新体系中，“活动研究”包含了更广泛的活动专业知识，“活动管理”和“节事旅游”都被作为其基础模块，如图 10–2 所示。

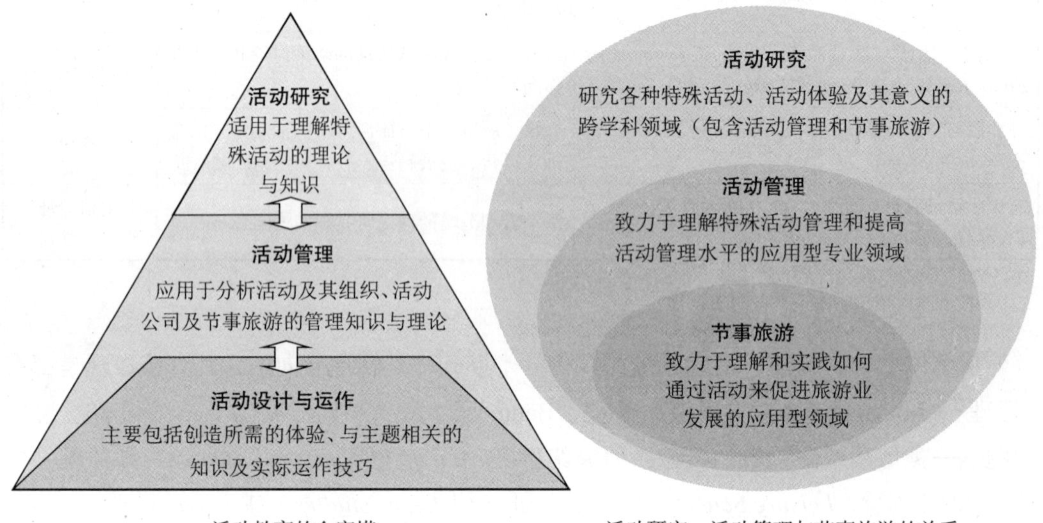

图 10–2　Getz 对活动研究、活动管理与节事旅游之间关系的理解

根据王春雷、杨婕和 Yu（2015）提出的“会展学学科体系构建的泛系分析框架”（注：这里的会展学类似 Goldblatt 提出的“Eventology”），活动研究可以与我国国家标准《学科分类与代码》中的众多学科之间建立联系，基于泛系理论，可以逐步形成一个更完善的活动学研究体系，如图 10–3 所示。

在图 10–3 中，在大系统层次，综合考虑产业发展和学科发展的需要，活动学与《授予博士、硕士学位和培养研究生的学科、专业目录》（2011 版）中的哲学、法学、历史学、管理学、艺术学等学科门类交叉，形成相对明显的 16 个二级学科，涉及经济、政治、社会、心理、文化、传播、历史、地理、信息、建筑、环境、安全管理、公共管理、企业管理、美学和设计。在系统层次，活动研究中的相关知识领域与不同学科相结合，形成一系列的和活动相关的应用学科，包括项目管理、市场调研、策划、人力资源管理、营销、管理、服务以及物流等（许传宏，2010）。

在子系统层次，因为其综合性和平台性特点，与活动相关的专业很多。除了旅游管理专业大类下的旅游管理和酒店管理，主要还包括工商管理、市场营销、文化产业管理、国际经济与贸易、国际商务、社会体育指导与管理、广告学、传播学、英语等外语专业以及环境设计等设计学下的相关专业，这些专业与会展活动理论研究及实践融合，从而形成包罗万千的学科专题内容，譬如文化、旅游、体育赛事、广告和英语等。

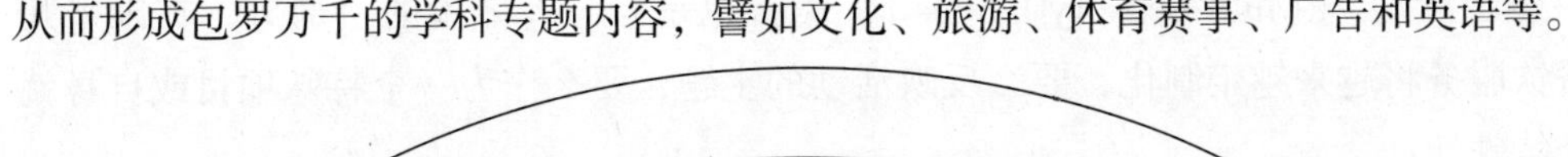

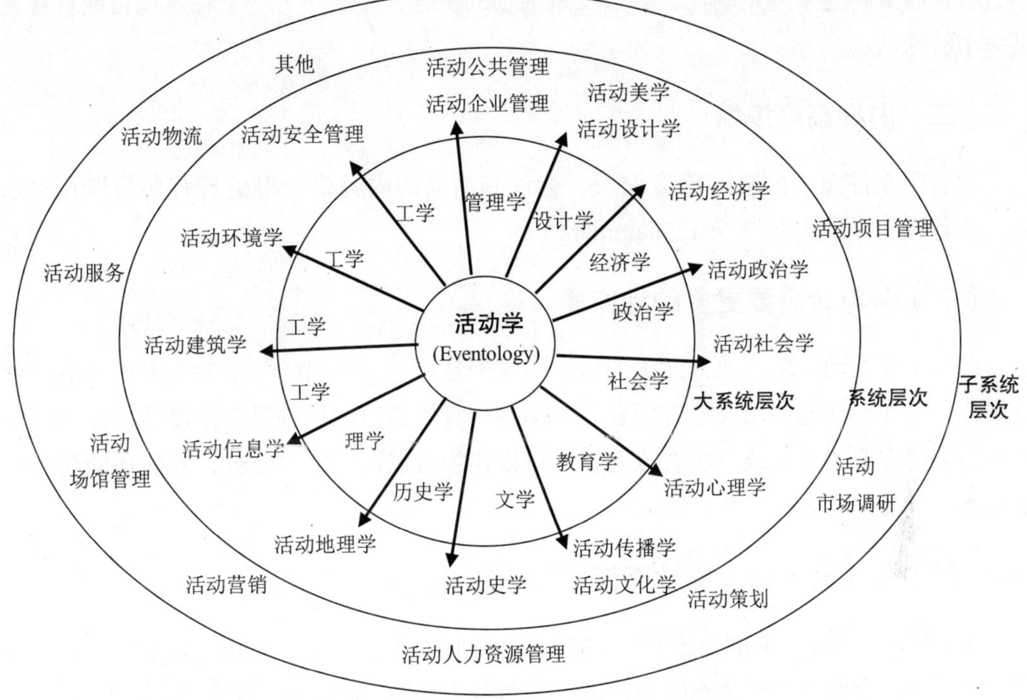

图 10–3 基于泛系理论的活动学研究体系

第四节 活动学学科发展的未来趋势

一、会展和活动产业发展趋势

乔治·费尼奇（George G. Fenich）教授在 *Meetings, Expositions, Events and Conventions: An Introduction to the Industry*（《会展业导论》第 4 版）中提出，在可以预见的未来，会展和活动产业发展将呈现出十大趋势①。

（一）会展和活动就是体验

今天的会展和活动早已不是以交换商业信息为单一目的的面对面会谈。相反，它们的发展方向是带来一种参与者永远珍藏的体验。越来越多的会展和活动专家正以多样化的形式创造非同凡响的体验，譬如，有时只是通过选择特别的或出人意料的场地，就能带给人们很大的惊喜（WOW Factor）。

另一种方式是通过连接人们的五种感官来打造令人难以忘却的体验，我们可以称之

① 资料来源：Fenich，G. 会展业导论 . 重庆：重庆大学出版社，2018.

为“多感官活动”（Multi-sensory Events）。美食也是参与者体验的一部分，在未来几年，餐饮服务将越来越定制化，要么反映活动的主题，要么作为一个特殊项目或自身就是一个特殊活动。

（二）内容高度浓缩

随着观众注意力的时间跨度缩短，会议和活动的内容将变得更具有参与性和娱乐性，或者说“娱乐式参与”（Edutainment）。

（三）参与者需要更多的地方感

在会议和活动中融入地方元素的做法将越来越流行——目的是给参与者们营造一种地方感，譬如，让他们品尝地方美食。帮助参与者体验目的地的另一个途径是在活动中嵌入当地的志愿者活动或志愿者旅游，这可以作为会议内容的一部分，同时还能与可持续发展的重要性及需要等联系起来。

（四）关注员工的多样性将变得更加重要

在多代人（具有不同的工作理念和特点）协同工作、代际公平和种族多样化日益重要的背景下，企业和组织会不断地改进招聘与员工发展策略，并为他们提供更有认同感和创意的解决方法。

（五）运用移动技术成为一种新常态

对于许多组织者而言，为一个活动建设网站、App 和社交媒体平台曾经是一种美好的愿望，但今天已成为一种必备（Table Stakes）。

在最近一次的国际会议专家协会（MPI）会议上，没有任何印刷资料，所有资料都必须通过会议 App 或 MPI 的官方网站获得。如何在活动之前、之中和之后与参与者进行有效互动？移动技术使得会展和活动组织者不仅可以向参与者推送信息，而且还可以从他们那里获得信息，从而帮助他们提前制定计划，并在活动举办过程中做出相应调整，这样能为与会者创造更大价值。另外，伴随足够的带宽，随时接入可靠的 Wi-Fi 指日可待。

（六）技术将推动更深入的连接

随着每个活动都向多维度体验（Multifaceted Experiences）发展，而且线上和线下的界限让“混合式”的含义变得更加模糊，会展业将向更深入的连接迈进。

（七）社交媒体的作用会更大

在整个会展产业中，在营销和传播策略方面，社交媒体将发挥更重要的作用。

（八）场地成为卖方市场

酒店在商业谈判中的地位会提高。为此，会展和活动组织者将在活动的举办日期、场租费、空间使用和地点选择上，开始有创新的考虑。

（九）会展业的经济重要性将得到进一步认识

作为重要的经济衡量指标（Economic Indicators），会展和活动有望受到应有的关注。至少在五个大的市场，开展会展业的经济影响研究是必需的，而且确确实实已经有相应的研究基于严格的标准开展了。

（十）面对面会谈将持久下去

有不少人曾经预言，技术和虚拟会议将带来“面对面会谈”的消亡，现在看来完全不是这么回事。毕竟，人类是社交动物——在与他人当面互动方面，他们有与生俱来的需要。举个例子，天知道有多少人会选择举办一次虚拟婚礼以及虚拟地度过婚后的初夜？技术将继续被用于改善和支持面对面会谈，特别是在活动举办前和活动结束后。

二、活动学学科发展展望

（一）质疑与挑战

包括 Getz 在内的多位著名学者对活动研究（Event Studies）作为一个独立研究领域的成熟度以及作为一个显著的学术领域的地位提出了疑问（Getz，2012；Page & Connell，2012；Thomas & Bowdin，2012）。在分析现有研究缺陷的基础上，Baum 等人（2013）提出，活动教育者和研究者需要付出更多努力去应对当下及未来的挑战，以增强活动研究的综合实力，并提高其作为一个学术领域的可信性。他们还提出了一个充满趣味的问题：活动研究（Study of Events）是否会经历与休闲、接待、旅游学科类似的发展路径？因为就活动研究而言，不管是内部还是外部，都遇到了更为苛刻的质疑。

Rojek（2014）也认为，活动研究的出现使得休闲研究感到了压力，然而，活动管理领域的学者们对此不能过于乐观。如果在今后几年里，活动管理领域无法及时出现科学完善、涵盖足够内涵和外延的理论体系，则肯定会再次输给旅游、休闲那些老牌的学科（Baum，Lockstone-Binney & Robertson，2013）。

2014 年，Rojek 对全球活动管理研究进行了批评性的审视，但他没有区分活动学术领域中的“研究”（Studies）与“管理”（Management）。与“活动管理”相比，用“活动研究”的提法的确能提供更宽阔的视野，并呈现出更多的活力。正如 Baum 等学者（2013）所提出的，期待《活动研究》（*Event Studies*）或《活动科学》（*Event Sciences*）这样的学术期刊早日出现。

Getz 和 Page（2015，P.28）认为，活动在城市更新与发展中的角色将远远超越场所营销和形象影响的范畴，并让人们的日常生活富有活力，换句话说，活动对个人和社会发展的各个方面都能产生影响，这对活动研究的理论构建提出了巨大的挑战。以举办重大活动为例，尽管在许多城市的发展中重大活动被作为一种战略而广泛使用，但活动举办与城市长远发展规划的融合程度受到越来越多的质疑和挑战（Lenskyj，2002）。

Baum 等学者（2013）提出了“活动研究”在向一门学科迈进的过程中活动教育者和研究者所面临的主要挑战：（1）要想在学术身份上与同级领域相竞争，在“活动研究”领域就必须出现有解释力的模型，它有利于概念化新的相关知识，从而形成这一领域的基础构成部分；（2）虽然目前特殊活动在教学和研究中都受到了空前关注，但由于学术竞争压力增大、学者个人或学院均更强调在高层次期刊上及时发表论文等原因，活动研究仍十分缺少具有自身学科特色的理论；（3）与旅游科学相比，专门服务于活动研究的学术期刊屈指可数，而且许多只有不到五年的历史；（4）为了支持活动理论的发展，活动教育项目任重而道远。只有向活动教育的金字塔顶端发展，并从更多的理论视角来丰富活动研究，活动教育项目才可能长期生存下去。

（二）机遇与前景

针对现有相关研究存在的不足，并参照 Getz 和 Page（2015）对节事旅游研究的趋势分析，可以对国际活动研究在未来一段时期的发展作初步的展望。以下话题可能成为未来一段时期活动研究的热点：（1）从目的地的长远发展甚至全球竞争力角度出发的活动及节事旅游战略；（2）活动背景下目的地的媒体管理策略及效果；（3）活动在城市更新、城市发展再定位和大众生活中的综合作用；（4）特殊兴趣导向的活动及节事旅游；（5）活动的长期评估、综合影响评价与预测；（6）活动产业发展与经营管理中的绿色创新；（7）活动产业的预测与发展趋势分析。

上述观点可以在一些有影响的研究中得到佐证。例如，通过系统梳理当前国际上活动研究领域的代表性文献并对主流话题进行分析，Mair 和 Whitford（2013）认为，学术界亟须在活动的社会文化、环境影响方面增加研究力度，同时有必要充分探讨学者们所采取的具体方法。

总之，鉴于活动在人类社会生活中的重要作用，活动研究拥有广阔的前景。正如 Mair 和 Whitford（2013）所言，加入全球活动研究者行列的魅力之一在于对不同领域充满激情并擅长运用最合适的方法来研究既定问题的同行们一直都有成果产生，并对未来研究提出了各种建议，正是这些成果在不断丰富活动研究的文库。

【本章小结】

本章讨论了“活动研究”作为一门学科的可行性、必要性和发展方向。第一节介绍了一个扩展后的活动管理知识体系（Extended EMBOK），该知识体系超越了管理学范畴（没有讨论价值观、项目过程等维度），为会展教育和职业培训等提供了新的指导框架。第二、第三节从产业发展和学科发展角度，讨论了提出活动学的背景和可行性，在此基础上，构建了一个基于泛系理论的活动学研究体系。其中，在大系统层次，活动学与《授予博士、硕士学位和培养研究生的学科、专业目录》（2011 版）中的哲学、法学、历史学、管理学、艺术学等学科门类交叉，形成了相对明显的 16 个二级学科。

最后一节分析了会展和活动产业在未来一段时期的发展趋势，以及活动学作为一门学科所面临的主要发展机遇和挑战。

【复习题】

1. 本书提出的扩展后的活动管理知识体系（Extended EMBOK）有什么优点和不足？
2. 你如何评价 Getz（2012）关于活动研究的本体构建问题所作的论述？
3. 活动管理与活动学之间的主要区别是什么？
4. 请对基于泛系理论的活动学研究体系进行简要评论。
5. 你如何看待 George Fenich 教授提出的会展和活动产业发展的十大趋势？
6. 你如何看待活动学作为一门学科的未来发展前景？

【案例分析】

我们这样做大一学生的会展产业认知实习

上海对外经贸大学中德合作会展经济与管理专业（IEMS）的人才培养一向以“国际视野、知行合一”为指导准则。为了增强会展专业一年级新生对会展市场结构的认识，了解会展市场中主要的服务供应商和买家之间的关系，进而为二年级的“理论印证”打下基础，特安排此次实践教学活动[①]。

一、实习设计依据

本次实践教学活动的设计参考了 McCabe（2000）提出的营销视角下会展市场主要供应商框架，如图 10–4 所示。

上述模型把会展市场（MICE）分成了供应商和购买决策者两大块，进而把供应商分成主要供应商和二类供应商，将购买决策者分成一级决策者（会展活动的最终发起方）和二级决策者（会展活动的代理方）。具体解释如下。

---

① 此次产业认知实习的时间为2016年4月下旬，总结汇报时间为5月上旬，面向IEMS 2015级学生，当年上海对外经贸大学会展经济与管理系有专业教师 9 名，所以分成了 9 个组。

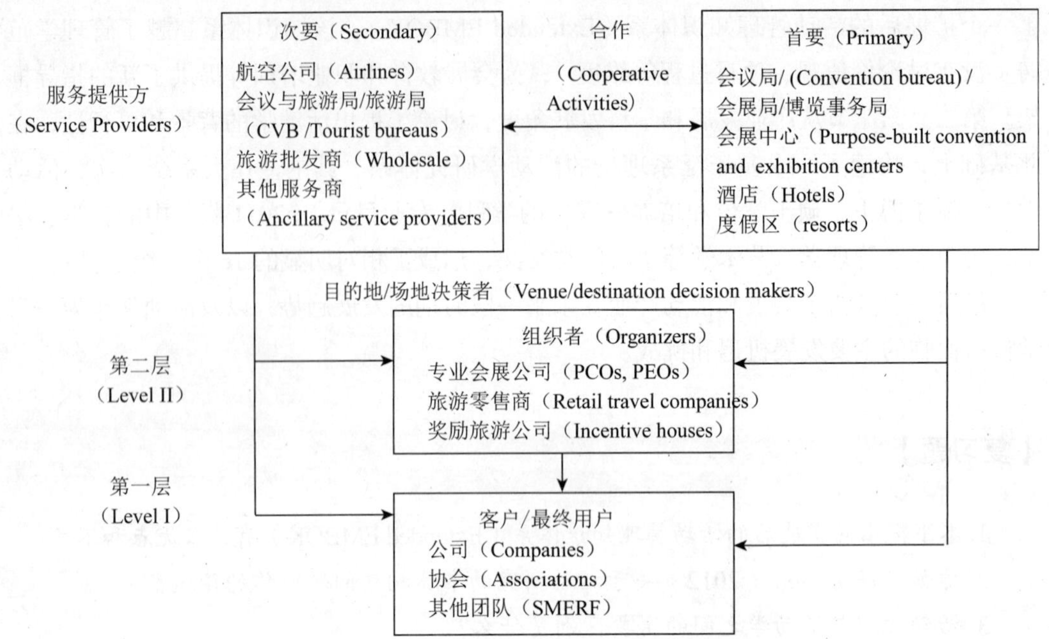

图 10-4　营销视角下 MICE 市场的关键服务供应商（McCabe，2000）

一级决策者：公司、协会，还包括政府、SMERF 团体、NGO 组织，在中国市场还有事业单位。

二级决策者：专业会议组织者（PCO）、展览公司、旅游零售商、会奖旅游公司。

主要供应商：会议观光局（CVB）、展览馆、会议中心、酒店、度假区等。

二类供应商：航空公司、旅游局、批发型旅游公司、其他服务商（餐饮、住宿、演艺公司、设计公司、搭建商……）。

需要指出的是，上述模型并不是价值链模型，而是反映会展市场中会议、奖励旅游、展览、活动中共性的供需关系模型。虽然该模型不能很精确地表述每一种会展活动所牵涉的全部买家和卖家，但可以帮助学生形成对会展市场的整体认识，进而为大学二年级开始的理论学习打好基础。

二、实习目标

（1）帮助学生从营销视角了解会展市场的整体结构，认识所考察企业 / 组织在市场中的位置以及与供应商和购买决策者之间的关系。

（2）通过聆听其他小组对采访企业 / 组织的介绍，使学生明白上海会展市场的总体结构和运营状况。

（3）了解与会展业相关的工作内容，拓宽对未来在会展行业的就业选择的认知。

三、实习团队与对接单位

基于上述教学设计和实习目的，本次实习将 2015 级会展经济与管理专业的 75 名学生分为 9 个小组，IEMS 中方教师团队的每位教师带领一组同学完成实习活动。对接企业/组织和学生组长名单如下：

（1）一级决策者

王春雷—黄京建：Association（上海市科学技术协会，上海船舶与海洋工程学会）。

李艳霞—段雨含：Company（合海橡塑设备公司）。

（2）二级决策者

张丽—戴绮：PCO（旅行社资讯网）。

（3）主要供应商

丁忆—陈希：CVB（上海旅游会展推广中心）；

蔡萌—申倩：Venue（上海世博展览馆）；

黄辉—王楠：Resort（Club Med，即地中海俱乐部）。

（4）二类供应商

蓝星—周郁康：Ancillary Service Provider（宽创国际）；

杜佳毅—詹森云：Ancillary Service Provider（申迪集团）；

丁烨—于萌：Ancillary Service Provider（同济城市规划设计研究院）。

四、主要内容

本次实习分为企业/组织拜访、汇报交流两部分。其中，实习报告和汇报交流中需要回答本计划中布置的问题，其他内容由各组指导老师自行安排。另外，每个小组需在有公司 LOGO 的地方和被采访人合影，并粘贴在实习报告中。

每组必须但不限于回答的问题如下：

（1）王春雷—黄京建：Association（上海市科学技术协会，上海船舶与海洋工程学会）

◆ 上海市科协的组织性质是什么（事业单位/国企/合资/私营）？

◆ 科协是协会吗？有自己的会员吗？会费是其运营资金来源的一部分吗？

◆ 科协每年举办的会展活动有哪些？什么形式（展览、会议）？

◆ 科协的会展活动是自己主办（In-house PCO），还是委托给外面的 PCO 来运作？

◆ 场馆和相关的运输、同传、印刷等服务由谁决定购买？会议的主题、议程、演讲嘉宾由谁决定？

（2）其余各组（略）

五、时间要求

（1）企业拜访要求在 5 月 6 日前完成。

（2）5 月 8 日前上交不少于 3000 字的实习报告，纸质版交至博闻楼 322，电子版发至 ding×××@suibe.edu.cn

（3）5 月 13 日下午进行汇报交流，每个小组的交流时间为 15 分钟（要求制作 PPT）。

六、实习评定、经费使用等内容

略。

【推荐阅读】

Eventology：事件学？活动学？会展学？

陈泽炎：关于“会展”若干基本概念讨论之我见

参考文献

［1］Allen J，O’Toole W，Harris R，McDonnell I. Festival and Special Event Management（5thed.）［M］. Brisbane：John Wiley & Sons，2011.

［2］Baum T，Deery M，Hanlon C，Lockstone L，Smith K.（Eds）. People and Work in Events and Conventions［M］. Wallingford：CABI，2009.

［3］Baum T，Lockstone-Binney L，Robertson M. Event studies：finding fool’s gold at the rainbow’s end?［J］. International Journal of Event and Festival Management，2013，4（3）：179-185.

［4］Behrer M，Larsson Å，Sandgren J O. Event marketing：att använda evenemang som strategisk resurs i marknadsföringen［EB/OL］. Institutetför Högre Marknadsföring Working Paper，1998.

［5］Boorstin D J. The Image：A Guide to Pseudo-Events in America［M］. New York：Atheneum，1985：1-15.

［6］Bowdin G A J，Allen J，O’Toole W，Harris R，McDonnell I. Events Management（2nd ed.）［M］. Oxford：Butterworth-Heinemann，2006.

［7］Canadian Tourism Human Resource Council. Event Management：The International Competency Standards［R］. 2011.

［8］Carlsen J，Getz D，Soutar G. Event evaluation research［J］. Event Management，2001，6（4）：247-257.

［9］EIC. Certified Meeting Professional-International Standards［R］.2017.

［10］Fenich G G，Hashimoto K. Towards a Framework for Development of Courses of Study in Meetings，Expositions，Events and Conventions（MICE）［J］. Journal of Convention & Event Tourism，2010，11（4）：329-334.

［11］Formica S. The development of festivals and special events studies［J］. Festival Management and Event Tourism：An International Journal，1998：5（3）：131-137.

［12］Fortes M. Ritual festivals and social cohesion in the hinterland of the Gold Coast［J］. American Anthropologist，1936，38（4）：590-604.

［13］Fredline E，Faulkner，B. Community perceptions of the impacts of events［C］//in Allen J，Harris R，Jago L K，Veal A J. Events Beyond 2000：Setting the Agenda. Proceedings of Conference on Event Evaluation，Research and Education，Sydney：Australian Centre for Event Management，School of Leisure，Sport and Tourism，University of Technology，2000.

［14］Fredline E，Faulkner B. Resident reactions to a major tourism event：the Gold Coast Indy car race ［J］. Festival Management & Event Tourism，1998，5（4）：185–205.

［15］Gartner W C，Holecek D F. Economic impact of an annual tourism industry exposition［J］. Annals of Tourism Research，1983，10（2）：199–212.

［16］Getz D. Developing a research agenda for the event management field［C］，//Allen J，Harris R，Jago L，Veal A J. Events Beyond 2000：Setting the Agenda.，Proceedings of the Conference on Event Evaluation，Research and Education，Australian Center for Event Management，UTS，Sydney，2000：10–21.

［17］Getz D. Event studies：Discourses and future directions［J］. Event Management，2012，16（2）：171–187.

［18］Getz D. Eventstudies：Theory，researchandpolicyforplannedevents. Amsterdam：Butterworth–Heinemann，2007.

［19］Getz D. Policy for sustainable and responsible festivals and events：institutionalization of a new paradigm ［J］. Journal of Policy Research in Tourism，Leisure and Events，2009，1（1）：61–78.

［20］Goldblatt J J. Special Events：The Art and Science of Celebration［M］. John Wiley & Sons Inc，1990.

［21］Hawkins D，Goldblatt J. Event management implications for tourism education ［J］. Tourism Recreation Research，1995，20（2）：42–45.

［22］Hede A，Jago L，Deery M. Special events research during 1990–2001：key trends and issues ［C］. //Jago L，Deery M，Harris R，Hede A，Allen J. Paper Presented to Events and Place Making Conference，Sydney，2002.

［23］Jago L，Shaw R. Special events：a conceptual and definitional framework［J］. Festival Management and Event Tourism，1998，5（1–2）：21–32.

［24］Lenskyj H J. The Best Olympics Ever? Social Impacts of Sydney 2000［M］. New York：State University of New York Press，2002.

［25］Lloyd N. Competency Standards and Qualifications Frameworks：Exploring the Value of Bloom’s Taxonomy as a Tool for Mapping and Analysis. The Canadian Tourism Human Resources Council，2010.

［26］Madichie N O. Event Studies：Theory，Research and Policy for Planned Events ［J］. Management Decision，2009，47（10）：1665–1666.

［27］Mair J. A review of business events literature ［J］. Event Management，2012，16（2）：133–141.

［28］Mair J，Whitford M. An exploration of events research：event topics，themes and emerging trends ［J］. International Journal of Event and Festival Management. 2013，4

（1）：6–30.

［29］May V. Environmental implications of the 1992 Winter Olympic Games ［J］. Tourism Management，1995，16（4）：269–275.

［30］Mihalik B J， Simonetta L. Resident perceptions of the 1996 Summer Olympic Games – Year II［J］. Festival Management and Event Tourism，1998，5（1–2）：9–19.

［31］Page S J， Connell J. The Routledge Handbook of Events ［M］.Abingdon：Routledge，2012：1–23.

［32］Preuss H. The impact and evaluation of major sporting events［M］. Routledge，2007.

［33］Ritchie B， Beliveau D. Hallmark events：an evaluation of a strategic response to seasonality in the travel market［J］. Journal of Travel Research，1974，14（2）：14–20.

［34］Rojek C. Global event management: a critique［J］. Leisure Studies，2014，33（1）：1–16.

［35］Ruth P Stevens. Trade Show & Event Marketing：Plan，Promote & Profit［M］. South–Western Educational Publishing，2005.

［36］Shone A， Parry B. Successful Event Management：A Practical Handbook［M］. London：Thomson Learning，2004.

［37］Silvers J R. Risk Management for Meetings and Events［M］. London：Routledge2013.

［38］Silver J Bowdin，G O' Toole W， Nelson K. Towards an international event management body of knowledge（EMBOK）. Event Management，2006，9（4），185–198.

［39］Sperstad J. Purposeful Meetings：How to plan with deeper meaning，innovation and insight in mind［R］. IMEX Faculty Engagement Meeting，2017–05–18.

［40］Thomas R， Bowdin G. Events management research：state of the art ［J］. Event Management，2012，16（2）：103–106.

［41］Wood E H，Robinson L， Thomas R. The contribution of community festivals to tourism：an assessment of the impacts of rural events in Wales：Assessing the impact of tourist events［R］. University Nice，TMP Research Group，Juan Les Pins，8–9 December，2005.

［42］乔治·芬尼奇 . 会展业导论［M］. 重庆：重庆大学出版社，2018.

［43］乔治·路易斯，比尔·皮特兹 . 广告的艺术［M］. 海口：海南出版社，1999.

［44］戴光全 . 重大事件的影响研究：以' 99 昆明世界园艺博览会为例［D］. 中山大学博士学位论文，2005，3–5.

［45］巩建军．会展项目经理胜任力模型研究［D］．中国海洋大学硕士学位论文，2011.

［46］刘春章．如何成为一名“活动人”（EventProf）？［EB/OL］．https：//mp.weixin.qq.com/s/iREDK1ZiqVxTaNSUUIYY5Q，2017-08-04.

［47］刘春章．【能力标准】活动管理能力标准：EMICS、CMP-IS、MBECS［EB/OL］．http：//mp.weixin.qq.com/s/EyWPVkB-J6Qs_gH_ZwWlsw，2016-11-28.

［48］刘春章．【EMBOK】活动管理知识体系中的阶段、过程和核心价值［EB/OL］．http：//mp.weixin.qq.com/s/yBViC-ZOeg9G1dQmBLlYHQ，2017/12/05.

［49］马楠，马新宇．中国会展高等教育的产业背景与学科建设［J］．教育与职业，2007（12）：62-64.

［50］王春雷．国外重大事件影响研究述评［J］．旅游科学，2007（2）：52-60.

［51］王春雷．国外重大活动经济影响研究［J］．旅游学刊，2008（4）：88-96.

［52］王春雷，王晶．全国会展本科专业统计分析报告［R］．中国会展教育发展十年论坛，上海，2013-01-12~13.

［53］王春雷，杨婕，Larry Yu. 会展经济与管理：是一门学科还是一个领域［J］？旅游论坛，2015，8（2）：14-22.

［54］王春雷，李艳霞，丁烨，杨婕．国际活动研究：历史演进，进展与展望［J］．旅游论坛，2016（4），1-10.

［55］许传宏．会展的学科定位问题探讨［J］．教育与职业，2010（1），108-109.

［56］杨琪．全国会展硕士点、博士点情况简介［R］．天津，2014.

［57］杨正．关于 CMP，你必须知道的一些常识！［EB/OL］．https：//mp.weixin.qq.com/s/4TnLRagPezr-LrSUbl2VPQ，2015-08-08.

［58］杨正．会展活动人的几个特质［EB/OL］．https：//mp.weixin.qq.com/s/yi-24qMExcbVH1tEWOITrA，2015-03-18.

［59］俞华，仇薇．会展学科定位探究［C］.2007 中国会展经济研究会学术年会论文集，191-197.

［60］俞华，朱立文．会展学原理［M］．北京：机械工业出版社，2005.

［61］张凡．看项目经理的 8 个维度（EB/OL）．http：//blog.sina.com.cn/s/blog_61666d100102w1sl.html，2015-11-02.

［62］赵炬明．学科、课程、学位：美国关于高等教育专业研究生培养的三个争论及其启示［EB/OL］．http：//edu.nju.edu.cn/wang/news/?1460.html，2014-10-10.

［63］庄伟练．解读万科的运营会议管理体系［EB/OL］．http：//www.docin.com/p-1300717779.html，2018-05-22.